¿Por qué cuernos me engañaste?

¿Por qué cuernos me engañaste?

Todo lo que hay que saber sobre la infidelidad

Texto e ilustraciones de
Ana von Rebeur

Bogotá, Barcelona, Buenos Aires, Caracas, Guatemala,
Lima, México, Panamá, Quito, San José, San Juan,
San Salvador, Santiago de Chile

Von Rebeur, Ana, 1958-
 ¿Por qué cuernos me engañaste?: Todo lo que hay que saber sobre la infidelidad / Ana von Rebeur. -- Bogotá: Grupo Editorial Norma, 2010.
 336 p. : il. ; 23 cm.
 ISBN 978-958-45-2936-7
 1. Infidelidad - Anécdotas, chistes, sátiras, etc. 2. Adulterio - Anécdotas, chistes, sátiras, etc. 3. Relaciones de pareja - Anécdotas, chistes, sátiras, etc. I. Tít.
306.736 cd 21 ed.
A1255992

 CEP-Banco de la República-Biblioteca Luis Ángel Arango

Copyright © 2010 de textos e ilustraciones Ana von Rebeur

Copyright © 2010 para todos los países de habla hispana
de Editorial Norma S.A.
Avenida El Dorado No. 90-10, Bogotá, Colombia
www.librerianorma.com

Reservados todos los derechos.
Prohibida la reproducción total o parcial de este libro,
por cualquier medio, sin permiso escrito de la Editorial.

Impreso por Worldcolor

Julio de 2010

Diseño de cubierta, Alejandro Amaya Rubiano
Diagramación, Nohora Betancourt Vargas

CC: 26024694
ISBN 978-958-45-2936-7

CONTENIDO

Capítulo 1: ¿Todo el mundo es infiel? 9
Capítulo 2: ¿Por qué le tememos tanto a una traición? 23
Capítulo 3: ¿Por qué se es infiel? 35
Capítulo 4: ¿Quién inventó la monogamia? 55
Capítulo 5: Carcomidos por los celos 77
Capítulo 6: Cómo mienten los hombres 91
Capítulo 7: Cómo mienten las mujeres 103
Capítulo 8: ¿Cómo te enteras? 117
Capítulo 9: ¿Qué pasa cuando lo descubres? 133
Capítulo 10: Hombres infieles. ¿Por qué engañan ellos? 153
Capítulo 11: Mujeres infieles. ¿Por qué traicionan ellas? 161
Capítulo 12: ¿Con quién te engaña? 173
Capítulo 13: "La otra" 183
Capítulo 14: ¿Cuándo se puede perdonar? (y cuándo no) 205
Capítulo 15: El placer de la venganza 223
Capítulo 16: Ventajas y desventajas de ser infiel 235
Capítulo 17: Cómo ser infiel con éxito 247
Capítulo 18: ¿Hay que confesarlo todo? 271
Capítulo 19: Infidelidades frustradas. ¡No tengo con quién poner lo cuernos! 287
Capítulo 20: ¿Cómo prevenir y evitar la infidelidad? 305

PRÓLOGO

Hablar de la infidelidad con humor equivale a contar chistes mientras te pica una serpiente venenosa. Pero hay que hacerlo, para que duela menos. Científicamente, está demostrado que la risa provoca endorfinas que mitigan el dolor, y como nada duele tanto como la traición, más vale que estudiemos el tema con una sonrisa a flor de labios.

Algunos informes internacionales indican que el 70% de los hombres son o han sido infieles, o piensan serlo, y el 30% restante calla por encontrarse afónicos. Las mujeres no responden preguntas indiscretas, pero hay quien afirma que muchas suelen practicar el sexo con hombres que no son sus maridos. Así que este libro también está escrito para los hombres que aún no pueden creer que ellas sean infieles como ellos.

En estas páginas, conocerás por qué la gente es infiel, cómo detectar a un infiel a primera vista, cómo salir incólume de una infidelidad, qué aprender de los cuernos que te ponen, cómo quitarle a tu pareja las ganas de retozar por allí (para que se quede retozando por aquí) y cuándo es totalmente legal echarse una cana al aire.

El libro te cuenta cómo saber cuándo se trata de un desliz pasajero o de una infidelidad crónica, cuándo perdonarlo y cuándo organizarle la boda con la otra.

Te cuenta cómo mienten los hombres, cómo estafan las mujeres y, de paso, te enteras cómo detectar si tu electricista miente, aunque sea el único que no te pone los cuernos.

Te dice si podrás volver a llamarlo "bichi, cariño, cielo, mi vida, bebé" otra vez, después de lo mucho que él se lo ha dicho a otra; te dice si eres de las cornudas crónicas que solo se relacionan con hombres infieles y por qué no distingues a un donjuán de un hombre honesto. También, te explica cuándo conviene dejarlo para buscar a aquel que te sea fiel por el único motivo que logra que haya hombres fieles: para no perderte.

En fin, este libro es un monumento a la indiscreción, porque habla sin tapujos de lo que es mejor no hablar.

Bienvenidos al inquietante mundo de los romances prohibidos.

CAPÍTULO 1

¿Todo el mundo es infiel?

Tener un *affaire*, tener una aventura, tener un programa, vivir un romance, tener un festejante, estar de juerga, dormir con otro, tener una aventura, echar una cana al aire, andar con otro, tener escarceos amorosos, tener una historia, cometer un desliz, dejarse llevar, reencontrarse con un viejo amor, reavivar las brasas, concretar la asignatura pendiente, levantarse a alguien, estar viéndose con alguien, entenderse con alguien, andar de trampa... son todos sinónimos de la misma historia: estar pasándola muy bien con alguien, sin que tu pareja oficial se entere. Que te suceda alguna de estas variantes equivale a estar en la gloria, porque no hay nada más lindo que vivir un encuentro apasionado, si no fuera porque la pareja oficial casi siempre se entera y nos arruina la fiesta, debido a que maridos y esposas tienen la fea costumbre de ofenderse si compartimos nuestra vida sexual con alguien más. ¡No entienden nada de solidaridad sexual! Y de un momento a otro, el jolgorio romántico de estar con alguien nuevo pasa a ser un lío que no es simple, ni doble, sino con tres implicados:

- El personaje infiel lleno de culpas o temor a ser descubierto.
- El o la amante, llenos de miedo de que el asunto dure poco.
- El marido cornudo o la esposa engañada, llena de sospechas y de furia.

Y hasta quizás haya una cuarta persona implicada: el marido o la esposa de la persona del infiel.

Toda una bomba de tiempo en las manos, ¿verdad? La pregunta es: ¿Puede uno divertirse en grande con una bomba de tiempo, haciéndole tic tac entre las manos, sin ser talibán?

Con tanto lío entre manos, ¿vale la pena poner los cuernos?

¿CUÁNTA GENTE ES INFIEL?

Cada dos por tres aparece en los diarios una noticia que dice: "Las mujeres son más infieles que los hombres". Creo que eligen esos titulares para que los hombres compren el diario y verifiquen si el nombre de su esposa aparece ahí. Esta noticia no es cierta. Las mujeres no tenemos tiempo, ni ganas, ni maneras de entablar relaciones amorosas. Si el gran problema universal se trata de millones de mujeres maravillosas buscando novio pasable y sin encontrar a ninguno, ¿qué pelota nos van a dar los hombres maravillosos a las comprometidas, ocupadas o "recicladas"? Las mujeres tenemos mejor gusto que los hombres hasta para decorar el hogar, y si metemos los cuernos, será con alguien mejor que nuestro marido; de otra forma, ¿para qué molestarse? Pero nos quedamos con nuestro marido, no porque sea el mejor, sino porque –a juzgar por lo que cuentan nuestras amigas solteras– el resto es aún peor.

Cada tanto, alguna revista publica una encuesta sobre la infidelidad en el mundo. Dicen que el 80% de los hombres casados engaña a sus esposas en los Estados Unidos. El resto lo hace en Europa. Dicen que el 80% de los hombres es fiel a su pareja. El 80% de las mujeres dice que sospecha de su marido, especialmente al verlo responder afirmativamente esta encuesta. El 80% de los hombres dice que su infidelidad no cuenta, porque cuando lo hicieron estaban 100% borrachos. El 80% de las mujeres dice que nunca ha sido infiel porque no lo recuerda, y por que si lo hubiera sido, se llevará el secreto a la tumba. El 100% de los hombres confiesa haber deseado a otra mujer. El 100% de ellos se arrepiente de habérselo confesado a la esposa. El 80% de los hombres infieles cree que "nadie lo hace como él" y que diez centímetros son veinte. El 80% de los hombres confiesa haber sido infiel a su pareja con una mujer más joven que ella. El 80% de sus amantes miente su edad. El 100% de los hombres infieles cree que sus esposas jamás sospecharon nada y que si hace dos años que no les dirigen la palabra es porque "ella está en esos días femeninos...".

Otras encuestas dicen que en Hispanoamérica un 80% de los hombres son infieles, y un 60% de las mujeres lo son. ¿Qué significado aporta este dato? ¿Que ese 20% excedente de hombres viaja a Brasil para ser infiel? ¿O que ese 60% de mujeres infieles tiene un amante entero y una pierna de otro hombre? Como los solteros buscan jovencitas libres, una casada tendría que buscarse un amante entre ese 80% de hombres casados infieles. Esto indica que un 20% de hombres infieles tiene dos amantes casadas. Esto convertiría cualquier aventura romántica en un verdadero infierno: ¿Tres esposas que lo regañan por dejar todo tirado? Los sultanes tenían harenes, ¡pero bien lejos de la residencia del sultán, para evitar que ellas se quejaran de que él dejaba el turbante y las sandalias tiradas por cualquier parte! El 33% de los franceses dice que la fidelidad no es indispensable para la estabilidad de una pareja. Pero un 85% de franceses son infieles, o sea que, ¿más de la mitad de los franceses son infieles que piensan: "¡Al diablo con la estabilidad de mi pareja!"? ¿Son los que opinan, como Oscar Wilde, que "la única manera de tratar una tentación es cediendo a ella"?

Desconfío de las encuestas. No sé qué clase de tonto respondería a una encuesta en el casillero de "¿Usted es infiel?" con un "Sí, soy infiel". Lo primero que quiere el infiel es ocultar lo que hizo. Estaría loco si dijera que sí a un encuestador, por más anónima que sea la encuesta. ¿Qué sabe si esa planilla no llega de casualidad a manos de una amiga de su esposa que trabaja en la empresa de encuestas y que descubre que es él quien responde, porque en la misma encuesta, confiesa tener un bote y preferir el helado de melón?

Si un 80% de los hombres han sido infieles, ¿por qué la mayoría de mujeres atractivas e interesantes que conozco no han tenido propuestas deshonestas desde que están casadas, aunque sus maridos estén en viaje de negocios por dos meses seguidos? Ese 80%, ¿con quién es infiel, entonces?

Quizás las encuestas digan la verdad, pero los encuestados mienten, porque queda muy bien hacerse el galán enamorado ante una joven y bonita encuestadora. La realidad es que la muchacha de 20 se le acerca a un tipo de 50 y le dice: "Buenos días, señor. Una pregunta: ¿Usted ha sido o es infiel?". Y los tipos la miran ansiosos y le dicen: "No solo lo he sido, sino que lo sería contigo ahora mismo, muñeca...". Y ella, sin mirarlo a los ojos, apunta en su formulario: "Sí".

Las entrevistas más conservadoras hablan de un 50% de mujeres infieles. Si así fuera, cinco de cada diez de mis amigas deberían ser infieles. Pero teniendo muchas amigas, no conozco una sola que lo sea. Se divorcian, pero jamás son infieles. Cuando una mujer está harta de su marido, está harta: no espera conocer un donjuán que la rescate del infierno, como hacen los hombres; se va sola, dando un portazo. Pero si las encuestas dicen que más de la mitad de las mujeres son infieles, ¿tengo que ir ya a pelearme con mis amigas, porque más de la mitad de ellas me oculta algo tan importante como un romance prohibido? ¡Eso entre amigas no se hace! ¡Es sumar deslealtad a la infidelidad!

Más que infieles, las mujeres son coquetas. Que un compañero de trabajo o el profe de gimnasia las halague, piropeándolas, es una cosa. Pero de ahí a divorciarse por el compañero de trabajo o por el profe de gimnasia –que está a punto de ser 100% gay–, hay un trecho largo.

Hace poco, una periodista de la revista chilena *Mujer* me contaba que esta revista hizo una encuesta nacional para saber con cuánta frecuencia tienen sexo las mujeres chilenas. Y los resultados fueron algo así como que un 30% sostiene tenerlo tres veces por semana, y un 35% dice que todos los días. ¡Mentirosas! ¿Por qué lo dicen, si todas sabemos que no hay tiempo, ni fuerzas, ni horas quitadas al sueño para eso, salvo que estés casada con un *hippie* que no hace nada más que chupar caramelos de Viagra y luego querer chuparte a ti, al cual aguantarías por vago?

Por eso, sospecho que cuando una entrevista, encuesta o estadística habla de un 60% de mujeres infieles, obtienen esa cifra por uno de estos motivos:

a. Las encuestadas se hacen pasar por más atrevidas de lo que son.
b. Las entrevistadas cuentan como infidelidad haber tenido una fantasía sexual con Antonio Banderas, haber chateado con un ex novio y desear tocar los bíceps de su profesor de tenis.
c. Las encuestadas estarían dispuestas a tener una aventura con George Clooney, si este se les lanzara encima. Y como le dirían que sí, ellas se consideran potencialmente infieles.
d. El encuestador es un joven de 25 años con bíceps más grandes que los del profe de tenis y Antonio Banderas juntos.

La inmensa mayoría de las mujeres casadas –de modo consciente o no– estamos esperando que llegue a nuestra vida ese galán romántico que nos lleve a tomar champagne en París y nos llene de besos en la Torre Eiffel, y de paso nos compre un par de carteras de Dior. Nos pasamos toda la vida esperando ser infieles con alguien así. Pero eso jamás ocurre. Por eso, nos consolamos leyendo infidelidades ajenas en revistas del corazón o en novelas románticas, donde a todas las mujeres casadas les llega un galán que las rescata de la rutina. Nos creemos la publicidad del galán que nos visita en la cocina con una botella de limpiador multiacción... y corremos a comprar Míster Músculo... ¡esperando que de la botella de limpiador salga un amante, como si fuera el genio de la lámpara de Aladino!

Cualquier cosa que nos permita creer que los sueños de amantes ardientes se cumplen se vende como pan caliente. La novela *Los puentes de Madison*, de Robert James Waller –seguida por la película supertaquillera protagonizada por Meryl Streep y Clint Eastwood– fue traducida a 25 idiomas y vendió 12 millones de ejemplares. Fue *best seller* por tres años y la gente sigue emocionándose con el tórrido romance entre Francesca –una abnegada madre de familia de Madison, estado de Iowa– y Robert Kincaid, un apuesto fotógrafo de la National Geographic que estaba de paso por el pueblo. Dicen que Waller aprovechó su parecido con Clint Eastwood (el protagonista en la película) para levantar mujeres del estado de Iowa, diciendo: "Aunque no lo creas, yo soy el autor de *Los puentes de Madison*". Y si no lo hizo, fue un estúpido gigantesco. Waller sí que sabía lo que una mujer quiere escuchar de un amante: "Esta clase de certeza se tiene una sola vez en la vida", "Cuando pienso en por qué saco fotos, lo que pienso es que fue por hacerme camino hacia ti. Todo lo que he hecho en mi vida fue para llegar hacia ti", "Ahora que te llegó mi amor, guárdalo para siempre", "No te engañes, Francesca, eres cualquier cosa menos una mujer simple". ¿No es un sueño que alguien te hable así cuando tu marido solo te dice: "Pásame la sal"? ¿Y sabes cuánto dura ese romance que le da vuelta a la vida como una media a Francesca y que sus hijos solo descubren cuando ella muere? ¡Cuatro días! Porque en solo cuatro días, una mujer bien tratada puede entregar su alma al diablo con tal de vivir un romance ardiente. La gente lee el romance de Francesca y se emociona pensando que siempre quedan esperanzas de que un guapo fotógrafo entre en tu vida, te haga sentir más amada que nunca, se marche discretamente, y nadie sepa nada de eso hasta que te mueras… Si a Francesca le hubieran preguntado en una encuesta si es o ha sido infiel, ella hubiera respondido con un rotundo "no". Las que responden "sí" lo hacen con las ganas de que les caiga el fotógrafo aventurero en la azotea entre las sábanas tendidas, ofreciéndole una botella de Míster Músculo.

¿Por qué no prueban preguntando si "serías" infiel sabiendo que tu pareja jamás lo sabrá? Apuesto a que el 100% de hombres y mujeres responde que sí. Mientras tanto, la verdadera cifra de los infieles es el secreto mejor guardado, un misterio mayor que el de la Atlántida y

los agujeros negros. Los encuestados mienten, las encuestas falsean y los resultados no van con la realidad. Después de todo, la estadística es esa ciencia que dice que si una persona comió dos pollos y otra no ha comido nada, cada una comió un pollo. Así que seguimos sin saber cuánta gente es infiel. Mejor que así sea, porque si se llega a saber la verdad... correrá sangre.

¿ERES POTENCIALMENTE INFIEL?

Estar enamorado es una experiencia deliciosa. Que una persona totalmente nueva te adore y solo piense en ti, que te envíe mensajes a toda hora y quiera respirar tu aliento, que un roce de su mano te haga vibrar de pies a cabeza, que te diga cosas lindas y te haga reír, ¿no es lo mejor que puede pasarte en la vida? Por cierto que sí, especialmente, si se compara esta situación con la que vives en tu vida de casada. Toda la historia con un o una amante parece lo opuesto de estar en casa, donde nuestro cónyuge mira al refrigerador más que a tus ojos. ¿Cuántos años de casados llevan? ¿Cinco? ¿Siete? Es el momento en que su pareja lo invita a salir cada vez con más frecuencia: "¡Sal, sal de aquí!". El motivo es simple: el amor es una borrachera de hormonas que segrega el cerebro, que inundan nuestro organismo. Estas hormonas, las endorfinas, nos hacen sentir que nuestro amor es todo, y nuestro enamorado es el centro del mundo. Claro que no hay sinapsis que resista tanto estímulo cotidiano, y al cabo de unos 17 meses, los receptores neuronales se "saturan" de endorfinas; es en este punto cuando ambos empiezan a descubrir que el otro tiene mal aliento, que tiene una voz muy aguda y que ese chiste del lorito que antes nos tronchaba de risa, ahora empieza a parecernos aburrido. Pero a esta altura de la relación, suele suceder que muchas parejas tienen bebés que requieren cuidados permanentes (pañales, biberones, pediatras, nebulizadores, buscar niñera, etc.). Como el bebé humano es muy vulnerable y lento en crecer, se precisan dos para vigilar que no meta sus tiernos deditos en los tomacorrientes y no trague lejía, creyendo que es jugo. La pareja se une para que se perpetúe la especie, como los pingüinos deben unirse en parejas monogámicas de por vida para que sobreviva un pichón de pingüino en un ambiente de vientos gélidos a 40 grados bajo cero. El hábitat humano es un poco más amable, pero nuestros pichones son pajarones tan duros de crecer como el pichón de pingüino. La principal razón biológica de la monogamia es que tenemos bebés de crecimiento exasperantemente lento. ¡Tan lento, que nos quita toda posibilidad de diversión, sexo, drogas y *rock and roll* por décadas! Por tratar de que los bebés sobrevivan es que una pareja sigue unida aun cuando ya se haya evaporado el romance. Los humanos crecemos lentamente, porque nuestro complejo cerebro tarda más en desarrollarse que el cerebro de un chimpancé... La verdad es que cuando tu bebé se convierte en adolescente, dudas de que se haya desarrollado más que un chimpancé. Además, mientras los chimpancés tienen bebés que en pocos meses se las arreglan solos, el bebé humano nace en estado fetal. Dicen los antropólogos que en la época de las cavernas, nacían más acabados, peludos y listos para morder carne cruda y atarse los cordones de los zapatos, de haberlos tenido. Pero que el hecho de que decidieran caminar en dos patas y convertirse en homo erectus y andar erguidas obligó a las mujeres a estrechar sus caderas, y esto las obligó a parir hijos prematuros. Pasaron de andar en cuatro patas a caminar solo en dos, porque hubo sequía y escasez, y eso los obligó a ser nómades y a tener que cargar con los brazos sus petates de aquí para allá, por lo que solo se desplazaban con las piernas. Por esto, si ahora tenemos hijos que tardan en crecer es por no querer desprendernos de nuestras bananas.

¿Qué tiene que ver esto con la infidelidad? Que apenas el niño logra cierta autonomía, entra a la escuela de doble turno, se viste solo y abre el refrigerador para alimentarse solo (imitando al padre), la pareja empieza a decir "lo nuestro ya no es lo mismo de antes" o "ya no estoy enamorado". Esto generalmente sucede entre los 5 a 7 años de casados, coincidentemente con el comienzo de la escolaridad del niño. Y por eso, Marilyn Monroe protagonizó una película llamada *La comezón del séptimo año*: superar 7 años juntos sin querer divorciarse es todo un reto.

Y acá, se abren dos caminos que debes tomar, dependiendo del tipo de persona que seas:

a. Gente de familia

Si prefieren armar una familia a largo plazo, ella queda embarazada de otro bebé y tienen 5 o 7 años más para seguir juntos y atender a esa criatura tan demandante. Ponen empeño en ser buenos padres, y para eso deben estar aliados contra esos monstruitos, que son los hijos, que a veces parece que se portaran como el mismísimo diablo para mantener a los padres unidos formando un frente común. ¡No puedes ni pensar en separarte si tienes hijos trepándose al techo! Los padres que priorizan la familia tienden a llorar desesperados por lo que los hijos les hacen. Se consuelan, se abrazan y cada abrazo libera una hormona llamada oxitocina, la hormona del apego, la confianza y el cariño. Las mujeres liberamos oxitocina si nos abrazan durante 20 segundos, y esto nos llena de ganas de más abrazos.[1] Y así, llegamos a cumplir las bodas de oro.

b. Adictos al romance

Si piensas que casándote estarás toda la vida sintiendo mariposas en el estómago e irrefrenables ganas de regalarle perfumes y bombones a tu amor... no sabes cómo funciona el amor. El romance es un astuto sistema químico hecho para que hagas lo imposible por reproducirte con quien te lo permita. Es decir, que quieras tener sexo con el otro

---

1   Una mujer casada puede llegar a ser infiel solo para que la abracen.

hasta pasmarte. Pero una vez que la descendencia está garantizada, las endorfinas sobran. Si no te interesa abrazar a tu mujer para que no acabe el romance, ni te ilusiona compartir sueños con ella y ver cómo los proyectos se hacen realidad, te queda un solo camino: proveerte de una nueva dosis de endorfinas que te hagan sentir vivo y pasional otra vez. No, esto no se consigue en droguerías o farmacias.

Esto se consigue de tres maneras, que describo en orden descendente de conveniencia:

- Practicar deportes intensos que te lleven a bombear sangre a 170 pulsaciones por minuto (el ejercicio produce endorfinas).
- Buscarse un amante con quien ponerle los cuernos a tu esposo o esposa para sentirte enamorado otra vez.
- Separarse... para vivir el romance sin poner los cuernos.

Los más holgazanes prefieren evitar transpirar haciendo deportes; se consiguen un amante, que es mucho más relajado. ¡Amante! ¡Qué palabra! ¿Quién no querrá tener un amante? ¡Es mil veces más interesante la palabra *amante* que la palabra *esposo* o *esposa*, que sugieren cárcel, encierro, y que te lleven detenido con prisión perpetua! ¡Es mucho mejor un amante que un "marido", palabra que se refiere a un señor aburrido que se lleva bien con ciertas comidas, como el "maridaje" de los vinos! Y es mejor tener una amante en casa a tener una "señora", palabra que huele a rulos, crema humectante y pantuflas.

Así que ya que todos estaríamos encantados con un amante que nos adore, dentro de las posibilidades de que en la infidelidad entre una pareja, existen dos alternativas igualmente riesgosas:

a. Que sea uno quien decide probar suerte con un amante.
b. Que sea nuestra pareja la que se da el gusto primero.

En el primer caso, eres el infiel. En el segundo, eres el cornudo.

En ambos casos, el único problema que plantea la infidelidad es que en una pareja uno de los dos tiene más sexo que el otro.

Si molesta, es por envidia.

CAPÍTULO 2

¿Por qué le tememos tanto a una traición?

¿POR QUÉ LE TEMEMOS TANTO A UN ENGAÑO?

Por lo general, se piensa que las mujeres les temen a tres cosas: a las arañas, a quedarse con el auto averiado de madrugada en una carretera oscura y a engordar dos kilos después de las fiestas.

No es cierto; a lo que más le temen las mujeres es a ser engañadas. A toda mujer la saca de quicio si el carnicero la engaña, dándole falda por lomo. O a toda mujer la enloquece que el mecánico le cobre medio sueldo por atar una pieza del motor con alambre. Pero lo resuelve no yendo más a esa carnicería y a ese taller, y contándole a todo el mundo que la estafaron. Pero ¿qué haces si te enteras de que *tu* hombre te traiciona?... ¡No hay carnicerías donde puedas conseguirte otro hombre!

Muchos piensan que los hombres temen mucho a tres cosas: perder su computadora, volverse impotentes y quedarse sin trabajo. Pero la verdad es que ellos también le tienen pánico a la idea de que su mujer se acueste con otro, aunque sea por un rato. ¿Y si descubren que el otro es más varonil que él? ¡Qué horror!

¿Por qué tanto miedo a la traición?

Porque formar pareja cuesta muchísimo trabajo.

Primero hay que buscarla, después elegirla, después ver si ella o él están libres, después ver si le interesamos a él o ella, si no hace cosas desagradables en la mesa; luego, decidirse a avanzar. Después viene el cortejo, los regalitos, el primer beso… Ver si ella huele rico y si él es apuesto y varonil… Y, finalmente, concretar. Después de concretar, hay que mantener, hay que preservar, hay que recordar cumpleaños, aniversarios y cumpleaños de suegros y cuñados. Hay que recibir en casa a amigos y parientes insoportables de ambas partes que nos gastan la bodega y las sonrisas. Él a su vez tiene que ser un buen proveedor, y acompañarla a ella al centro de compras a ver cuantos zapatos le encantan, pero no le combinan con nada. Hay que pasar vacaciones, operaciones, tratamientos de conductos, indigestiones, cambios de muebles, mudanzas, fracturas expuestas, tensiones premenstruales, pagos de cuentas y reparaciones de tejados en armonía, con una sonrisa y sin discutir delante del plomero, albañil, dentista, suegra, niños y vecinos. Así quieras matar a tu esposo, los dos deben parecer un bloque sólido, sin fisuras, frente al mundo. Llevar adelante un matrimonio es un trabajo de locos, que por más que se haga con la mayor cautela, no siempre tiene resultados felices. Pero ya que se invierte tanto tiempo en lograr una pareja más o menos consolidada, queremos que esta dure el mayor tiempo posible. ¿Por qué queremos que dure? Los motivos pueden ser varios:

- Uno se siente más a gusto en pareja que solo con su alma.
- Se aprecia más lo que costó mucho conseguir.
- Nos acostumbramos a su cara.
- Él es el único que sabe adonde llevar a reparar tu computadora.
- Ella es la única que sabe dónde están las cosas.
- Porque no se puede comer media pizza congelada.

- Si estás solo, no tienes quien te alcance una toalla cuando ya estás en la ducha.
- El otro sabe demasiado de uno y no conviene dejarlo libre para que vaya a ventilar nuestras intimidades.
- Así como costó enganchar a este, sabemos lo que va a costar enganchar a otro.
- Ya hemos invertido demasiado tiempo en ser un bloque sólido.

Para colmo, conocer otra persona es un proceso que se complica de manera directamente proporcional con el paso del tiempo. Convengamos que no es lo mismo buscar novio a los 23 –cuando todos quieren tener sexo contigo–, que a los 43, cuando los únicos que te gritan "¡Mami!" son los recolectores de la basura, y que en verdad te lo gritan porque no es tu cuerpo el que los tienta, sino el aroma a estofado de gallina que sale de tu casa.

Además, nuestras amigas solteras nos narran historias de amor parecidas a un tren fantasma, lo que indica que el mercado de novios está complicado. Nuestro marido o novio estará fallado… ¡pero al menos sus fallas son conocidas!

Entonces, que venga alguien de afuera a quitarte a *tu* hombre con fallas es inadmisible. ¿Y qué es lo que más te duele?

a. Él le hará a ella regalos que no te hace a ti.
b. Él tendrá con ella el sexo que –por falta de tiempo o ganas– no tiene contigo.
c. Con esa aventura, él está llenando de fisuras ese bloque que tanto le costó consolidar.
d. Mientras él se divierte con su amante, tú no has tenido tiempo de buscarte un amante que te divierta. Y lo más grave de todo: mientras él se divierte, tú no tienes diversión.

Has invertido tiempo de tu vida en afianzar tu relación con él, en limar asperezas y en soportar fallas de fábrica. Y ahora, él tira todo ese tiempo por la borda, consolidando una relación con una desconocida. Necesitas sus abrazos para prolongar la relación… ¡y el muy canalla le regala a otra tu dosis completa de oxitocina!

¿Por qué algo tan deseado acaba siendo algo tan temido?

La infidelidad no sería algo agravante si ambos miembros de la pareja fueran infieles simultáneamente. Claro que hay matrimonios que llevan relaciones paralelas, fingiendo ni enterarse y tomando el té con total elegancia como si nada. Pero eso ya no es adulterio: esas personas son fanáticas de la doble monogamia. Y hasta supongo que aunque se harten de su amante, no lo dejan por temor a la soledad. Imagina que si para la gente común perder la pareja es sinónimo del vacío absoluto, para la mujer que precisa dos hombres en su vida, arriesgar a perderlos es quedarse en bajo cero de soledad. La desventaja de sostener demasiado tiempo esta relación paralela es que acabas cuidando en el hospital no a un anciano (tu marido), sino a dos: tu marido y tu amante. Pensando en eso, la mayoría de los *affaires* acaban pronto, apenas uno de los dos nota que el otro se agita al subir las escaleras. La gente se priva de tener amantes y enamorarse otra vez para no perder lo más difícil de recuperar: la confianza del otro.

Cuando uno tiene eso en cuenta, sigue fiel. Cuando no lo tiene en cuenta… se divierte más.

¿POR QUÉ DUELE TANTO SABERLO?

Mira cómo le cayó a Violeta Parra el engaño:

Maldigo del alto cielo
la estrella con su reflejo (…)
Porque me aflige un dolor,
maldigo el vocablo amor

con toda su porquería,
cuánto será mi dolor.
Le pongo mi maldición
en griego y en español
por culpa de un traicionero,
cuánto será mi dolor.

La cantante y poeta chilena sí que debe haber sido traicionada, para cantar versos tan rotundamente dolidos. De hecho, se quitó la vida al no soportar estar enamorada de un francés menor que ella que, de pronto, decidió ignorarla.

¿Por qué duele tanto una traición?

Cuando nos enamoramos y formamos pareja estable, nos entregamos por completo al otro... Pero, de repente, el otro decide entregarse a una tercera persona. ¡Caray, eso no estaba en el trato!

Él podrá decirte: "Bueno, quedamos en que yo te amaba, pero jamás hablamos de no ver a otras personas". Porque te juro que hay cretinos que te dicen eso. Lo que sucede es que, en toda pareja, la parte más importante y básica del trato de estar juntos es la que menos se habla... ¡porque se infiere tácitamente que debe ser así! Y es la que dice: "Serás solo mío". Porque el amor es exclusivista. Se han hecho experimentos de vida comunitaria en parejas de *hippies* mezcladas, y esposas compartidas, porque ya sabes, querida, "paz y amor"... y todos han fallado en medio de refriegas terribles donde una *hippie* le arrancaba a otra el collar de mostacillas, y la otra le desgarraba la pollera hindú a la primera, mientras le lanzaba pachulí a los ojos. Y el marido, muy campante, les decía a las dos: "Vengan, chicas; hagamos el amor, no la guerra". Y ellas le clavaban un palito de incienso en la garganta.

No, señores; los seres humanos no somos una especie promiscua, como los conejos y las chinchillas. Somos más del tipo de los pingüinos, los kaikenes (gansos patagónicos) y las arañas: un amor para toda la vida. Y que agradezcan esto los machos, porque allí donde la vida sexual es promiscua, las hembras los echan de la manada después

de acoplarse a ellos y viven muy felices entre tías, hermanas y primas, sin macho a la vista, como hacen las manadas de elefantas en África, que son grupos exclusivos de hembras. Los elefantes machos siempre andan perdidos por ahí sin saber qué hacer, aburridísimos porque en las llanuras africanas no hay *Play Station*. Lo mismo con el macho humano: en las comunidades promiscuas, las mujeres los echan por infieles y ellos van de bar en bar, sin saber qué hacer, porque no hay *Play Station*. Así que si un hombre prefiere que no lo echen a patadas de su hogar, ante todo, debe cumplir con la premisa número uno: ser fiel a su pareja.

Cuando te enteras de que tu amor rompió el pacto de exclusividad y abrió el juego, repartiéndose su atención hacia otra persona, sientes que ya no puedes contar con el otro.

Toda relación de pareja está basada en la confianza mutua. Y es cierto que cuando estás enamorada, sientes que es para toda la vida. Pero también es cierto que las relaciones de pareja no son una cosa plana, estable, siempre igual, porque sus componentes son dos personas que tampoco son planas, estables, siempre igual. Hay días en que ambos están en un idilio; otros días en que ambos están en un infierno; un día, uno tiene ganas de atenciones y el otro quiere dormir, y estos roles van cambiando todo el tiempo, porque la vida en pareja es cambio, pasando la mayor parte del tiempo en románticas situaciones en que –cuando parece que se miran el uno al otro– él está pensando cuándo cambiar los neumáticos del coche, y ella está pensando cambiar las cortinas de la sala. Así que, en cualquier relación, lo único inmutable es el cambio.

No es necesario que nos pongamos paranoicos pensando que algo malo pueda suceder, que él deje de amarte, o que contrates a una empleada doméstica igual a Angelina Jolie, que atienda a tu marido mejor que a ti (aunque en verdad te conviene despedirla al primer día, aduciendo que deja pelusa debajo de los muebles). La verdad: si te casas con un tipo pensando que él se irá detrás de la primera mujer parecida a Angelina Jolie que se le cruce, mejor no te cases con él.

Porque solo hay dos clases de hombres en la vida:

a. Los que jamás te pondrían los cuernos.
b. Los que te los pondrán en cada oportunidad que puedan.

Te conviene encontrar a uno de la clase a, aunque dicen los especialistas que son el 0,5% de la población masculina. Pero que los hay, los hay.

Por eso, se dice que "ya no hay hombres"; todas las mujeres andan corriendo detrás de ese 0,5% que te garantiza fidelidad.

Es más: creo que solamente deberías casarte con quien sientas que esta consigna se cumplirá:

"Aunque Angelina Jolie se le cruzara, insinuante, José se quedaría conmigo".

Damos así por descontado que para tu José, tú eres mucho más que Angelina Jolie (y si puedes contarnos tu secreto, nos harías un gran favor).

La verdad es que cuando te casas, confías en ese hombre.

Confías en poder contarle todo y en que él te cuente todo.

Confías en que es tu socio y aliado, y que sabe que tiene otra socia y aliada en ti.

Este es otro truco de oro para elegir pareja estable:

"El / ella es mi mejor amigo/a".

Si te sientes enamorada, pero sabes que si le cuentas algo de manera confidencial, él corre a decírselo a otro, estás en problemas.

Así que un buen matrimonio es una relación en que si uno de los dos dice: "Tenemos que hablar", el otro no huye despavorido ni entra en una crisis de nervios, sino que se sienta y escucha.

Por eso, tu marido es de los buenos si se cumple esta otra regla:

"Si hay problemas en la pareja, los conversamos".

Ahora bien, ¿qué ocurre cuando tú estás convencido de que forman una pareja basada en el respeto mutuo, la amistad, la confianza y el apoyo, y te enteras de que él o ella se dedica, ahora, a darle apoyo, confianza y respeto... a otra? ¿Y todos los suéteres que le has tejido? ¿Todas las conversaciones que le has soportado a tu suegra? ¿Todas las falsas sonrisas a tu cuñada? ¿Y los litros de perfume que has desperdiciado para esta persona? ¿Y el dinero derrochado en peluquería y tratamientos de belleza? Toda esa inversión de años... ¿para que se vaya con otra? Es doloroso, como que te roben los ahorros de toda tu vida. Pero es aún peor, porque si te roban, vino un ladrón y se llevó lo ajeno. Pero aquí es él mismo, tu media naranja, quien se lleva lo tuyo, lo que era de los dos. Es como si tu chanchito de barro, tu alcancía, tu hucha querida, se vaya de tu casa delante de tus narices. Pero nadie te lo roba: es el chanchito que se va. Por eso, igual que la alcancía... ¡quien te deja es un cerdo!

CAPÍTULO 3

¿Por qué se es infiel?

LA CULPA ES DEL MARIDO

Se dice que los hombres tienen la tendencia natural a ser infieles y que esta tendencia se acrecienta cuando ellos no se sienten apreciados por su pareja. O sea que acostarse con una mujer sería para ellos solamente una caricia a su autoestima, equivalente a comprarse una nueva caña de pescar. En esa triste posición quedamos las mujeres, aún siendo la amante de turno: equivalentes a una caña de pescar, y atrapando la misma cantidad de pescados. Si se les pregunta a los hombres por qué son infieles, ellos se justifican con excusas tan profundas como:

- Porque se me dio la oportunidad.
- Porque había tomado de más.
- Porque quería divertirme un poco.
- Porque ella estaba increíblemente buena, y me estaba provocando desde hacía diez años.
- "Porque ella no estaba tan buena, pero me estaba provocando desde hacía diez minutos.
- Porque ella estaba sola y me provocó pena.
- Porque ella estaba.

Por ende, nunca es cierto que ellos traicionen a sus mujeres porque ellas ya no los miman, sino porque no encuentran la caña de pescar adecuada.

Cuando le preguntaron a Bill Clinton por qué cometió adulterio con la interna Mónica Lewinsky, él respondió: "Por la peor razón posible: porque podía hacerlo. Creo que es la razón más moralmente indefendible que nadie podría dar para hacer nada". Esto es exactamente lo que los hombres quieren creer de sí mismos: que son irracionales, que no pueden con su genio y su instinto salvaje. ¿A quién quieren engañar? ¡Si hoy en día, a cualquier hombre, le dan a elegir entre siesta y fiesta, prefiere la siesta! La verdad es que ocultar una aventura les da tal pereza... que optan por ser fieles.

Lo de "hasta que la muerte nos separe" era un discurso bonito cuando la gente moría a los 30 años de parto, de caries o por la mordedura de una víbora. Ahora que la gente vive casi un siglo, el plan de pasar 20, 30 o 50 años con la misma pareja solo se entiende por dos motivos:

a. La pareja nos da demasiadas cosas buenas como para perderla.
b. Nos da pereza buscar otra pareja.

A su vez, las mujeres con pareja pueden fantasear mucho con posibles amantes pero, en verdad, no tienen ni tiempo ni ganas de andar buscando a otro, por varios motivos:

- Habría que maquillarse y ponerse especialmente lindas... pero qué bueno estar con una camiseta vieja y las pantuflas.
- Nuestra mayor fantasía sexual es que llegue el fin de semana para dormir a pierna suelta reponiendo horas de sueño perdido al levantar a los niños para que vayan a la escuela.
- Nuestras amigas solteras la pasan tan mal tratando de encontrar un tipo decente, que cuando estás casada, por desastre que sea

tu marido, solo piensan: "Gracias a Dios que ya estoy casada y no tengo que andar buscando novio".

Pero este libro está dedicado a ese grupo de ansiosos rebeldes sin causa que siguen buscando con quién cometer travesuras de las que no se le cuentan al marido o a la esposa. ¿Por qué se molestan en meterse en ese lío?

TRES MOTIVOS BÁSICOS PARA SER INFIEL: LA REGLA DE LAS TRES C

Hay tres motivos básicos para ser infiel, valederos tanto para hombres como para mujeres.

La infidelidad se produce invariablemente si existen estas tres C entre dos personas:

a. Curiosidad: que la otra persona le intrigue y quieras saber más de ella, lo que te acerca peligrosamente a compartir cierta intimidad.
b. Calentura: que además quiera verla sin ropa, lo que convierte la intimidad en algo más que una amistad.
c. Confidencialidad: que hagas lo que hagas con esa persona, nunca nadie sabrá que lo has hecho.

Esto logra que la persona que te intrigaba, de golpe, está contigo en la cama.

Con esas tres C cumpliéndose simultáneamente, infaliblemente, se cumple la cuarta C: la de cuernos.

Pero así como existe esta regla de las tres C, hay una contrarregla que logra que reprimamos nuestros impulsos traviesos: la regla de las tres N.

Muchos deciden serle fiel a su pareja por la regla de las tres "No, gracias". O sea, con gusto se involucrarían con otra, pero deciden no hacerlo por los siguientes motivos:

a. "No, gracias 1": No quiero escuchar reproches constantes sobre lo que me hiciste esa noche en noviembre del 2008" durante los próximos 30 años.
b. "No, gracias 2": No quiero arriesgarme a perder a mi amada esposa, mi amada casa y mi amado auto, todos con el mismo abo-

gado, por una noche de juerga con una mujer que ni recuerdo cómo se llamaba.

c. "No, gracias 3": No tengo a nadie a la vista que me guste tanto como para ponerle los cuernos a mi esposa.

Por esta regla de las tres N, los infieles no son mayoría, lo cual complica la situación de quienes quieren serlo. Ya veremos en un capítulo posterior quiénes quieren ser infieles y no pueden.

MOTIVOS MATEMÁTICOS PARA QUE CIERTAS PERSONAS SEAN INFIELES

Así como no podemos escaparle a la neurobiología y al influjo de nuestras hormonas como individuos, tampoco podemos escaparles a las matemáticas. Geométricamente hablando, las personas también se dividen en tres clases: las rectas, las semirrectas y las triangulares.

- Las rectas: personas que están cómodas en un compromiso serio donde la cosa va de un punto A (tú) a un punto B (el otro), y de B vuelve al punto A, sin distraerse con cada mosca (o minifalda) que vuela cerca. Es una ida y vuelta entre dos, que interactúan con los demás, cuidando la relación fundamental entre dos.
- Las semirrectas: personas que comienzan en A, y de ahí en adelante van tocando infinitos puntos, sin querer parar en ninguno. Tienen parejas consecutivas, estilo Hollywood, en un estilo de poligamia diferida, o monogamia sucesiva, que no le hace mal a nadie y sí beneficia a una enorme cantidad de abogados.
- Las triangulares: personas que sienten que las del estilo recto o el semirrecto les resulta muy aburrido, porque tener una sola pareja es muy poco para ellos, y siempre pugnan porque haya

un tercero dando vueltas. ¡No soportan amar sin testigos! Y si las otras dos partes del triángulo interactúan entre sí, ya sea celándose, odiándose o –¿por qué no?– besándose, tanto mejor para la dinámica del triángulo. Se dice que en la historia hubo triángulos donde cornudos conscientes han aceptado las excesivas libertades de una y otra parte. Pero son casos excesivamente aislados. Simone de Beauvoir trató de ignorar las infidelidades de su compañero Jean Paul Sartre con sus admiradoras pero, sin embargo, en sus escritos, se revela el asco que le producían esas traiciones. Los triángulos son una forma que pincha, porque siempre queda uno fuera mirando cómo otros dos se divierten. A lo largo de la historia, siempre hubo triángulos famosos, y siempre a costa del sufrimiento de alguien que se siente de lado. Como siempre, el que no tiene tanto sexo como los otros dos se resiente y la cosa se va al diablo, de pura envidia.

¿Qué le pasa a alguien cuando tú creías que él era del tipo recto y resulta que es del tipo triángulo?

Que te has metido con un infiel. Y quien te ha engañado una vez, lo hará otra vez más, simplemente, porque ha descubierto que puede hacerlo.

La primera vez que te pone los cuernos, tu pareja tiene muchísimo que arriesgar, porque aún no sabe cuál será tu reacción y se está jugando el pellejo.

Pero una vez que se entera de cómo reaccionas, ya sabe cuán lejos podrá ir contigo, a través de estos cálculos algebraicos:

a. Una llegada tarde + una llamada extraña = unos cuernos descubiertos.
b. Tres días llorando + una cena a la luz de las velas + 24 rosas rojas = reconciliación.

c. Un bolso Vuitton nuevo + una nueva luna de miel a un resort del Caribe + dos entradas a la ópera = un permiso para ser infiel nuevamente.

Aunque no hay que ser Einstein para sacar estas cuentas, ellos, con tal de hacer trampa nuevamente, harán cálculos logarítmicos aún más complejos, como cuántos nanosegundos de tiempo libre tienen entre el momento en que sales del gimnasio y vas a visitar a tu madre, para saber que no pasarás por casa y que tiene diez minutos para ponerte los cuernos con la vecina de enfrente.
¡Y tú que querías perdonarlo!
Los infieles son reincidentes: la adrenalina es adictiva.

¿CÓMO SE VIVE UNA INFIDELIDAD EN EL AMOR LÉSBICO Y EL AMOR GAY?

Varios estudios de distintas universidades de Holanda y los Estados Unidos coinciden en que los homosexuales hombres, por ser hombres, persisten en el mandato de tener que seguir siendo donjuanes, aunque esta vez lo sean con otros hombres. Y como entre hombres se entienden, se perdonan con mucha mayor facilidad los escarceos sexuales –que consideran una especie de deporte o juego sin mayor trascendencia– que los afectivos, que significan un compromiso real. En cambio, las lesbianas, mujeres al fin, toleran menos los encuentros sexuales que las demostraciones de afecto con terceras. Se sabe que las mujeres somos cariñosas por naturaleza y repartiremos cariño sin mayores consecuencias. Pero para una mujer (al contrario de lo que sucede con el hombre), el sexo es un compromiso mayor, que nos "engancha" si todo sale bien... y ahí es donde la pareja estable sufre el riesgo de que

haya infidelidad. Por eso, las lesbianas toleran menos la infidelidad sexual (como los varones heterosexuales) y los gays –como las mujeres heterosexuales– toleran menos la infidelidad afectiva. Las parejas lesbianas, además, perduran mucho más que las uniones gays, por varias razones: entre mujeres, es mucho más difícil engañarse; con el tiempo, la pareja se vuelve una socia irremplazable y el entorno de ambas son ex parejas que forman un importante grupo de contención social. Por eso, una deslealtad no se perdona: "No puedes quedarte en pareja con alguien a quien no le ha importado herirte", dicen ellas.

Los tres mitos del infiel

El infiel es un romántico incurable, de los que dicen: "No puedo vivir si no estoy enamorado". No hay duda; es un adicto a las anfetaminas naturales. Lástima que con su eterna conducta de Romeo en primavera puede causar mucho dolor a su pareja.

Pero para poder hacer este daño, ellos necesitan justificaciones que, más que justificaciones, son mitos:

1. Mito de la media naranja

El primer error es pensar lo siguiente: "Soy un ser incompleto, y me completo, cuando estoy enamorado". No somos medias naranjas, sino que debemos ser naranjas enteras que aporten más jugo a la pareja... Si entiendes esto, no irás buscando que otro te complete. ¡Qué horrible salir en busca de alguien, pensando: "Buscaré a alguien que me llene"!, sobre todo si se trata de un hombre (siendo mujer es más comprensible). Además, qué posición tan egoísta, pues no se puede proveer a otros de lo que uno mismo carece. El infiel debe buscar una vida interesante, para enriquecer con ella su relación de pareja, en vez de buscar quién lo enamore para sentirse vivo.

2. Mito del ángel maravilloso

El segundo error es pensar: "Conocí a alguien que es un ángel; es maravillosa. No puedo perderla, aun a riesgo de que mi esposa lo sepa". La verdad es que ningún ángel maravilloso anda acostándose con personas casadas... ¡Los ángeles no motivan adulterios! Además, ¿cuán maravillosa puede ser ella o el amante nuevo? ¿Has visto cómo se pone en las mañanas cuando se acaba el café o cuando pierde un zapato? ¿Has visto que no repone el papel higiénico ni paga las cuentas? ¿Sabes que pronto solo querrá quejarse de ti? El *sex appeal* de una persona consiste en un 20 % de lo que quiere mostrarte y un 80 % de lo que tú crees que aún te esconde... y que, simplemente, no está.

3. Mito de "no hago otra cosa que pensar en ti"

Muchos adúlteros creen que están enamorados, cuando en verdad están obsesionados. Todos pasamos por algún tipo de obsesión de vez en cuando. En la infancia, nos obsesionamos con el Ratón Mickey; en la adolescencia, nos obsesionamos con Ricky Martin, y luego crecemos y nos obsesionamos con Ramón Méndez, el nuevo gerente. Es fácil obsesionarse: ves a alguien con algo especial (buen trasero, lindos ojos) e imaginas el resto a tu gusto: sí, es el amor de tu vida. Lástima que cuando lo conozcas en persona, verás cuánto mejor era verlo de lejos, y te quedas con el Ratón Mickey, que es soltero.

Aunque la gente inventa cualquier pretexto para ser infiel, esto no quiere decir que debas perder las fantasías sexuales con otras personas. Es un enorme aliciente para ir al trabajo eso de ir a encontrarte con alguien que te comerías a besos ya mismo, si la cordura no te frenara. Y fantasear con personas que no son tu esposo o esposa agrega mucha sal a la vida. Pero ser infiel siempre es bastante más complicado y menos relajado que aguantarle los ronquidos al que se corta las uñas de los pies sobre la colcha nueva.

TRIÁNGULOS FANTASEADOS

Hay parejas que siguen unidas justamente a base de sospechar del otro. Mujeres que se llenan de adrenalina revisándoles los bolsillos a hombres que espían los correos electrónicos de ella. Luego, él consigue una clienta que lo llame a la casa a cualquier hora, mientras ella consigue invitar a su casa a un compañero del curso de bonsái cuando él no está, solamente para estudiar juntos cómo podar árboles enanos. No importa si llegan a tener sexo con otro o no: este coqueteo intenso de ambos lados hace que ellos vivan alimentando fantasías, pensando qué cosas quiere su pareja hacer con otra persona, y esto los mantiene unidos y vigilantes aunque sea para impedir que el otro concrete sus fantasías. Este tipo de pareja es el que te pide: "No le digas nada a Adriana de que me viste ayudando a las vecinas a cargar las bolsas en el coche al salir del mercado". Y ella te pide: "No le cuentes a Carlos que vino un compañero japonés a casa a podar bonsáis". Como sospechan mutuamente uno del otro, los dos se acompañan a todas partes para cerciorarse de que ninguno de los dos diga que va a un sitio y acabe en un hotel, cargándole bolsas con papas a la vecina o podando árboles enanos en la cama con un japonés. Y su relación acaba hecha bolsa y enana como un bonsái.

Estas parejas se distinguen de lejos porque ella es la única esposa que acompaña al marido a Expoindustria XXIII, muriéndose de aburrimiento entre soldadoras y remachadoras, vigilando que él no mire demasiado a las promotoras en minifalda. Asimismo, él es el único marido que acompaña a la esposa a clases de yoga, para vigilar que ella no exhale demasiado cerca del yogui. El marido vigilante es el único que ronca al meditar. No podemos criticarlos: quizás montar guardia junto al otro sea más divertido que mirar en la tele las publicidades de Reduce Fat Fast.

¿Por qué lo hacen?

En primer lugar, porque celar al otro indica a priori que el otro es deseable para terceros, lo cual llena de orgullo al celoso, que piensa "tengo algo que quieren otros". Pero además, hay algo de sensación de poder en esto de "podrías salir con otro, pero no te dejo". Y el que coquetea también se siente poderoso al ver que puede "descontrolar" a alguien a su gusto, con promesas de amor pasional.

Quienes necesitan siempre relaciones triangulares hacen del sexo el centro de sus vidas, lo que no es algo práctico, porque el mismo Freud dijo que había que parar de darle a la matraca para construir una civilización, ya que el sexo distraía demasiado. Las distintas sociedades nacieron de grupos humanos que empezaron a hacer otras cosas,

además de orgías cotidianas. Los triángulos que dan rienda suelta a sus impulsos acaban enfermos de agotamiento. En la película *Vicky, Cristina, Barcelona*, de Woody Allen, el triángulo termina agobiando a la rubia y enloqueciendo a la morena. Si las personas que necesitan tanta adrenalina en sus vidas gastaran la mitad del esfuerzo en hacer que su matrimonio fuera más excitante por condimentarlo entre dos (y no más que dos), no sería necesario ser infiel, ni vigilar al otro y este libro acabaría acá.

Por suerte, nadie me hace caso.

Así que el libro sigue…

¿ES CIERTO QUE LA INFIDELIDAD ES GENÉTICA?

Muchas causas de la infidelidad son psicológicas. Se sabe que la gente que vive en una atmósfera familiar amenazante produce más testosterona y es más infiel, y que de padres infieles salen hijos infieles. Pero, además, hay razones genéticas de la infidelidad. Un grupo de investigadores del Instituto Karolinska de Estocolmo, Suecia, descubrió que existe un alelo (parte de un gen) de la infidelidad. Es gordo, pelado, con bigotes y usa la camisa con los tres botones de arriba abiertos. Este alelo me dejó alelada, porque hace que sus portadores hombres tengan conductas más promiscuas, sean más propensos a la infidelidad y que digan: "Quise llamarte, pero estaba ocupado". Nunca entiendo cómo hacen esto los investigadores, pero lo hacen. Quizás pongan un aviso en el diario: "Necesitamos infieles para investigarles los cromosomas" o algo así. En este caso, para colmo, se tomaron el trabajo de encontrar centenares de gemelos para investigar. Y los muy malos no nos cuentan si los gemelos se intercambian las esposas entre sí o no, como todos suponemos. Estas son cosas que solo suceden en Suecia, donde los inviernos son largos y la gente se harta tanto de ver la tele junto a la estufa, que para variar un poco, prefiere confesar infidelidades a personas de lentes y guardapolvos blancos, mientras les inspeccionan su ADN. La cuestión es que los suecos vieron que un 40% de los sujetos estudiados tenían en el gen ASVPR1A –los genes llevan placas, como los autos, para que no excedan su velocidad en las autopistas– un alelo, el 334, que empuja hacia la infidelidad. El modo en que actúa fue investigado en experimentos con ratas. Las ratas portadoras de este alelo producen más cantidades de una hormona llamada vasopresina, que la lleva a tener dificultades para relacionarse con otras ratas, hasta llegar al autismo en casos extremos. La infidelidad genética natural nace de ese alelo 334, pero la reprimimos con una fuerte pauta cultural de que conviene: la monogamia. Por ende, son más fuertes los mandatos culturales que los efectos del alelo travieso metido en el gen ASVPR1A, que es una sigla de "Apenas sepa que te vieron paseando con rubia, te meto 1 juicio por adulterio". Así que si algún infiel te viene con el cuento de que lo suyo es genético, dile que las normas de buena conducta, según los suecos, pueden más que la genética. Y que si la genética en él puede más que la moral, se está portando como un animalito. Más precisamente, como una rata autista.

Por otra parte, científicos de la Universidad de Texas descubrieron que el responsable de la infidelidad femenina es una mayor cantidad en la sangre de estradiol, hormona del grupo de los estrógenos que se dispara a las nubes durante la ovulación. La mujer con mucho estradiol se da cuenta de que está en esa etapa, porque se erotiza mirando una ensalada de lechuga y tomates, cree ver escenas eróticas en la mancha de humedad del cielorraso, tiene sueños calientes con personajes de Pokemon… y le hace insinuaciones al señor que limpia el edificio. La mujer infiel tiene aún más estradiol en sangre que la que está ovulando, lo que la lleva a usar *jeans* demasiados ajustados… y cambiar de pareja con más frecuencia. Y como esa hormona la tenemos todas las mujeres –no solo un magro 40% de los hombres que llevan el alelo 334–, esto habilita a cualquier mujer a decir: "Cariño, yo no te engañé… ¡fue mi estradiol!".

Finalmente, las mujeres son infieles porque les cuesta mucho hacer feliz a sus maridos, pero no les cuesta nada hacer feliz a los maridos de las otras.

TREINTA Y CINCO SEÑALES CORPORALES QUE INDICAN QUE ALGUIEN TE MIENTE

Hay una manera infalible de saber que alguien te miente: detectando las señales corporales que manifiesta al hablar. La boca puede mentir, pero el cuerpo no. Para personas no entrenadas en estafar es casi imposible, poder controlar el cuerpo y no dar señales que los delaten. El mentiroso está tensionado; casi nadie puede relajar el cuerpo para decir con soltura algo que no es cierto. Como al mentir hay que imaginar cosas y eso se hace con el hemisferio derecho del cerebro, es probable que el cuerpo del mentiroso revele esta actividad febril del hemisferio derecho, moviendo la parte izquierda del cuerpo, que está controlada por el hemisferio derecho. Y como el mentiroso sabe que el cuerpo lo delata, acaba haciendo gestos contrarios para reprimir esos gestos delatores, con lo que la expresión del mentiroso queda tan artificial, que se delata solo. Con lo cual... ¡bingo! ¿Desde cuándo un marido te mira fijo a los ojos para contarte lo que ha hecho ayer?

- Cuando no puede sostenerte la mirada, te está mintiendo.
- Cuando pestañea seguido al hablar, te está mintiendo.
- Cuando te mira muy fijo, sin pestañear, te está mintiendo.
- Cuando pone demasiado énfasis en su voz, te está mintiendo.
- Cuando habla con un sándwich en la boca, no se entiende nada y le preguntas: "¿Qué has dicho?" y te dice: "Ah, no, ya lo he dicho", te está mintiendo.
- Si juguetea con cosas en las manos mientras te habla, te está mintiendo.

- Si se trepa por las cortinas para escaparse por el tragaluz del cielorraso, te está mintiendo.
- Si es de noche y se pone gafas oscuras para hablarte mientras escapa por la cornisa, te está mintiendo.
- Si te habla desde la ducha, te está mintiendo.
- Si apaga la luz para hablarte, te está mintiendo.
- Si te habla con medio cuerpo afuera en la puerta, a punto de salir corriendo de la casa, te está mintiendo.
- Si te habla con las manos en el bolsillo mientras su rostro suda a mares, te está mintiendo.
- Si te habla con los brazos cruzados en el pecho mientras le tiembla la barbilla al hablar, te está mintiendo.
- Si cuando te habla mira hacia su izquierda (tu derecha) y se toca la mejilla izquierda, te está mintiendo.
- Si ladea la cabeza de costado para hablarte como un perro queriendo saber qué pasa, te está mintiendo.
- Si se pone muy derecho para hablarte, y luego te tapa la boca para que dejes de hacerle preguntas, te está mintiendo.
- Si responde otra cosa que no es lo que le has preguntado, y además le prende fuego a las cortinas para cortar la conversación, te está mintiendo.
- Si se ríe de tu pregunta antes de responder, te está mintiendo.
- Si dice que estás imaginando cosas y huye a tus espaldas cuando miras para otro lado, te está mintiendo.
- Si te pregunta: "¿Quién te ha dicho eso?" o "A ver... ¿y tú cómo lo sabes?", te está mintiendo.
- Si empieza a gritar por un súbito calambre, esguince o dolor mientras hablas, y llama a los bomberos, gritando: "¡Fuego!", con tal de no hablar más contigo, te está mintiendo.

- Si se escapa por el balcón con una soga hecha con sábanas atadas cuando lo interpelas, te está mintiendo.
- Si se esconde debajo de la cama para atender el teléfono, te está mintiendo.
- Si apaga el celular apenas suena, te está mintiendo.
- Si mira el mensaje y apaga el celular sin leerlo, te está mintiendo.
- Si empieza a perseguir moscas imaginarias por la habitación cuando le preguntas algo en vez de responderte, te está mintiendo.
- Cuando te cuenta lo que le pasó a un amigo con una amante y se ríe demasiado, te está mintiendo.
- Si balancea una pierna nerviosamente, como queriendo darte un puntapié, te está mintiendo.
- Si mientras lavas los platos, te dice lo importante que eres para él, te está engañando.
- Si se pone a la defensiva, te está mintiendo.
- Si te dice: "¿Me estás llamando mentiroso?", te está mintiendo.
- Si te acusa de mentirosa, te está mintiendo. (Nadie que diga la verdad recuerda siquiera la palabra "mentira" cuando habla. Quien miente la tiene en primer plano como un cartel de neón y la repite para exorcizarla y quitarla de su mente).
- Una prueba de fuego: mientras él esté hablando, interrúmpelo con un comentario tonto que no tenga nada que ver con lo que está diciendo. Al retomar el relato luego de ese desconcierto, su historia tomará un giro completamente incoherente y te echará la culpa a ti por distraerlo… de su mentira.
- Si te dice varias versiones de un mismo hecho, te está mintiendo. Cuando uno dice la verdad, la versión siempre es la misma, tan aburrida, que ya ni quieres escucharla. Todos recordamos al

detalle lo que nos pasó, pero no recordamos con detalle una película. Aquí sucede lo mismo: no puede variar mucho el relato de su experiencia... excepto cuando miente, que siempre lo cuenta distinto.

- Si empieza a hacer deporte todas las noches de 12 a 3 de la mañana, pero con traje y corbata, te está mintiendo.

CÓMO SALIR DEL ATOLLADERO SI TE DESCUBREN

- Si tu mujer te encuentra en el bolsillo un cepillo de dientes con un pomito de pasta y una bolsita de champú con la marca de un albergue transitorio, dile que no tienes idea de cómo ha llegado allí, y mientras ella protesta, lávale la cabeza y cepíllale los dientes para hacerla callar.
- Si la empleada encuentra debajo de la cama sobres de preservativos, de la marca que no usa tu marido, y te pregunta: "Señora, ¿dónde guardo esto?", dile: "En el refrigerador, y que no lo vean los niños, que después no comen nada a la hora del almuerzo...".
- Si tu marido encuentra un recibo de una habitación de hotel, con fecha del día en que dijiste que tenías el cumpleaños de una amiga, dile que tu amiga con tal de no lavar platos festeja sus cumpleaños en hoteles.
- Si tu esposa te hace una fiesta sorpresa para tu cumpleaños e invita a tu casa a 37 amigos, después de haberte dicho que se iba de viaje justo ese día, y te pescan todos en la cama con una amiga de tu hija, diles que creías que la chica era parte de la sorpresa, y que no la rechazaste para no hacer un desprecio...

- Si invitas a tu esposa a pasar una semana en un resort cinco estrellas en la playa, desapareces a la noche y ella te pesca con la instructora de *surf*, dile que la culpa es suya por no estar en la cama con el instructor de *water-voley*.

- Si al día siguiente, tu mujer te pesca entre las palmeras con una camarera mulata, dile que decidiste hacerlo con la camarera "porque ella usa diafragma y tú no".

- Si al tercer día, tu mujer te encuentra con una turista sueca detrás de unos matorrales en la playa, dile que solo querías aprender un poco de sueco.

- Si al cuarto día, tu mujer te pesca en la cama con una negra, dile que lo has hecho para mostrarle que los turistas no discriminan a la gente por el color de su piel.

- Si tu marido descubre un mensaje de texto en tu celular, que dice: "Te extraño", dile que te lo envía tu abuelita, a quien le regalaste un té de jazmín y violetas, y que le pediste que te avisara si le gustaba, y ahora te cuenta que el nuevo té le parece extraño. Si te pregunta cómo puede ser que tu abuela casi ciega te envíe mensajes de texto si no tiene celular, le dices que tu abuela se lo pide prestado a un vecino. Y si él llama a tu abuela y confirma que ella jamás te envió un mensaje y que además solo bebe café, le dices que la pobre vieja olvida todo y ya no sabe ni qué bebe, con ese Alzheimer que la tiene loca.

- Si tu esposa encuentra colillas de cigarrillos con lápiz labial en el cesto de la basura, dile que realmente te apena que haya descubierto que empezaste a fumar de nuevo y que te está gustando tanto usar su lápiz labial, que ambos deberían incorporar el maquillaje a los juegos preliminares al sexo.

- Si tu mujer te visita sin avisar a tu oficina y te sorprende con tu secretaria sentada encima de ti sin falda ni bombacha… llama a un buen abogado.

LAS MENTIRAS COMUNES

Aquí tienes un menú de mentiras para tu uso personal (si eres infiel) o para saber si te mienten:

- Él me trae del trabajo porque viene en coche y le quedo de camino a su casa.
- No tiene sentido que vengas conmigo. Los que tú no soportas son quienes irán a la fiesta.
- ¿Cómo te imaginas que voy a estar saliendo con un chico que nació el mismo día en que tú y yo nos casamos?
- Es solo un viaje de trabajo... al que nadie jamás llevó a la esposa. Quedaría mal si te llevo, porque no se estila.
- Nooo... ¡Él no me mira con ganas! Me mira extrañado, como diciendo: "¿Qué peinado se hace esta loca?".
- La estaba mirando a ella porque se puso una ropa que parecían harapos... ¿La viste? ¡Llena de agujeros! Por eso la miré, nada más.
- ¿Cómo me va a gustar una mujer así; no ves que es lo opuesto a como eres tú? ¡Ella no es mi estilo!
- ¿Ese que me llama siempre? Ah... es un tipo insoportable, tan pesado... no sé lo que quiere.
- ¿Con ella? ¡Ni aunque fuera la última mujer del planeta!
- Con ella no pasó nada y además ni siquiera nos sacamos la ropa para hacerlo... ¡*Ups*!
- ¿Con él? ¡Ni loca! ¿Sabes que tiene pelos en la espalda? ¡*Ups*!

CAPÍTULO 4

¿Quién inventó la monogamia?

¿QUÉ ES EL MATRIMONIO?

Aunque los hombres se quejen del matrimonio, esta aburrida institución fue invento de ellos. ¿Para qué lo inventaron? Para impedir el adulterio, que era algo tan atractivo como preocupante. Lo que ellos querían era garantizarse que sus hijos fueran sus hijos y no los hijos de otro, y es allí donde a las mujeres nos hicieron creer que nos queríamos casar, cuando en realidad, solo les conviene a dos mujeres: Belinda Gates, esposa del millonario Bill Gates, y Melania Knauss, la esposa del millonario Donald Trump. La esposa del otro millonario que ahora escribe libros con Trump, Robert Kiyosaki, ya era rica de antes; por eso, no entiendo para qué se casó con él. El resto podría estar mejor soltera, porque la monogamia no es negocio para las mujeres, ahora que en tantos países los hijos naturales tienen los mismos derechos hereditarios que los extramatrimoniales. Friedrich Engels, en *El origen de la familia*, dice: "La monogamia no aparece de ninguna manera en la historia como una reconciliación entre el hombre y la mujer, y menos aún como la forma más elevada de matrimonio. Por el contrario, entra en escena bajo la forma de la esclavización de un sexo por el otro. La monogamia es la primera opresión de clases: la del sexo femenino por el masculino, en el que el desarrollo de unos ocurre a expensas del dolor y de la represión de otros". De hecho, hay muchísimas culturas más felices que la nuestra, donde el sistema social no es la monogamia, sino variados sistemas como la poligamia, la poliginia y la poliandria. La poligamia es la situación en que se admite que un hombre esté casado con más de una mujer o una mujer con más de un hombre. La poliginia se presenta cuando un hombre se casa con varias mujeres, como sucede en ciertos lugares de África y Asia, y entre algunos mormones de Utah (EE.UU.), que no se enteraron de que esta práctica ya no se usa, pero la siguen disfrutando y la viven con enorme felicidad, especialmente ellas, que se dan una mano con la crianza de varios hijos, formando una sociedad donde todos colaboran y nadie se siente cansada. En África y Asia, se permite que un hombre tenga tantas esposas como pueda mantener; eso crea una consecuencia muy fuerte de responsabilidad para con varios grupos familiares. Ellas lo viven con enorme naturalidad, formando amplias redes familiares donde los hermanos crecen juntos en un clima de armonía y paz. Pero quienes mejor la pasan son las mujeres de las sociedades poliándricas, donde cada una cuenta con varios maridos, y tiene relaciones sexuales alternativamente con todos ellos; los hombres del grupo cuidan a todos los niños con el mismo esmero, ya que todos podrían ser sus hijos. Al tener más padres que madres, estos niños crecen con una identidad masculina muy fuerte; no necesitan hacerse los machos ante terceros. En estas poblaciones, se vive en paz y no se presentan graves disturbios. En las montañas del sudoeste de China, cerca del Tíbet, habita la cultura mosuo, un matriarcado en el que las mujeres viven solas con sus hijos y algunos hombres adultos viven con sus madres. Ellos son elegidos en las calles por las mujeres, que se los llevan a sus casas hasta que no los soportan más y los envían de vuelta con la madre; así, los varones van de casa en casa por temporadas. Cuando una mujer queda embarazada, la sociedad entera espera

que el bebé sea mujer, porque ellas son las dueñas de todo y las que mandan; es mala noticia parir varones. Los varones solo se dedican a construir las casas, pero de acuerdo a las directrices femeninas. Esparcidas por todo el mundo, hay cantidad de poblaciones poliándricas donde las jerarquías sociales son opuestas a las que vivimos nosotros, o son mucho más equitativas. Hay grupos poliándricos en Micronesia, en la India, y entre el grupo inuit (esquimales). Consideran que el hecho de que la mujer tenga hijos de distintos padres es positivo para la raza, porque aumenta las posibilidades de tener hijos de genes variados, cuidados por varios padres.

Entre esos grupos no existen las categorizaciones sexuales que tenemos en nuestra sociedad –como que a la mujer se le pide moralidad y al hombre eficacia; de esta forma, este libro sería un ejemplar delirante no acerca de las costumbres sexuales de los marcianos, porque de eso ya habló John Gray, sino de los mercurianos. Así que el matrimonio no es para nada normal en la biología humana. De hecho, en la naturaleza, solo el 3 % de los mamíferos son monógamos. El matrimonio, en verdad, es un invento raro.

¿QUÉ ES EL ADULTERIO?

En su etimología, la palabra adulterio viene de *alter*, que significa *otro, distinto*, de lo cual deriva el verbo *alterare*, con el sentido de alterar o corromper. De ahí sale *ad-alterare* y *adulterare* (adulterar, falsificar), origen del sustantivo *adulterium*, que significa "que nos den una cosa por otra", o sea, "gato por liebre". Algunos estudiosos afirman, sin embargo, que *adulterare* –en el sentido de cometer adulterio– no proviene de *ad-alterare*, sino de *ad-alteram*, que significaría ir hacia otra cosa distinta. Pero la palabra adúltero también coincide en su raíz con la palabra latina *ad-ulter*, del adverbio ultro, que significa *espontáneamente*.

Por lo tanto, *adulterio* significa: "Ir espontáneamente hacia otro totalmente distinto, cuidando que no te den gato por liebre".[2]

Se dice que "los infantes tienen infancia y los adultos, adulterio".

Pero, en verdad, el adúltero es un hombre que se sale con la suya... y con la ajena.

¿Es tan común el adulterio?

Si rastreamos la historia de las sociedades monógamas antiguas, veremos que el adulterio fue siempre un problema social. Como el adulterio llenaba a la sociedad de niños bastardos, era un problema social que afectaba a toda la población, hasta el último cuarto del siglo XX, en el que la infidelidad dejó de ser delito para reducirse a un asunto privado de pareja.

También a nivel lingüístico, vemos que el adulterio se acepta con menos dramatismo: ahora se le llama tener un *affaire*, tener un programa, tener un desliz, echar una cana al aire, tener escarceos amorosos, revolear la chancla o tener una historia. La infidelidad ya no es un crimen, y desde afuera, parece hasta divertido.

Sin embargo, en algún momento, a los hombres les importó menos tener hijos de genes finos que tener la certeza de que alimentaban a hijos suyos y no ajenos. Sucedió justo cuando las sociedades empezaron a acumular riquezas. La propiedad privada fue el germen de la monogamia. Tener hijos sin saber si eran suyos les complicaba el testamento a los varones ricos. Entonces, todos los códigos penales castigaron al adulterio de maneras horrendas, y generalmente se tipificó como un delito cometido exclusivamente por mujeres. Si una esposa tenía sexo con otros, era adúltera. Si un hombre tenía sexo con otras, era un *bon vivant*. Esto para la Iglesia católica, la musulmana, la ley romana, etc. A la nigeriana Amina Lawal, la ley islámica o sharía la condenó a morir lapidada por haber cometido adulterio. En 1988,

---

2 Más de un infiel se ha llevado un chasco al dejar un cónyuge mediocre por un amante desastroso.

una encuesta de la revista *Leadership*, entre casi 1000 clérigos protestantes, encontró que el 12% de los religiosos reconoció haber tenido relaciones sexuales fuera del matrimonio, y que el 23% había hecho algo sexualmente impropio con alguien que no era su cónyuge. Y eran clérigos, supuestamente vigilantes de la moralidad. "Un hombre solo está condenado sólo si se le prueba que tiene manceba dentro de la casa conyugal", dice el desusado Derecho Romano, que puso las leyes en el mundo y que viene de la época de Calígula (el que mató a patadas a su esposa embarazada) y Nerón (el que tocaba la lira mientras Roma ardía), una sociedad tan decadente como para tener *vomitorium* en las comilonas". [3]. Era un sistema de locos que imponía que el único con derechos era el paterfamilias. La familia estaba compuesta por él, el padre y señor de la casa, y el resto de la familia, llamados *famulus* o *mancipia*, palabras que significan esclavo, siervo. La esposa era una más dentro del régimen de "mancipia", es decir, era una "manceba" (esclava). Y esto continúa así en todo el mundo.

La mujer y los hijos jóvenes (mancebos) no tienen derechos propios ante el Estado hasta que consiguen sus recursos económicos propios o emancipan, lo que significa que "desmanceban" (liberan). Caso contrario siguen bajo el régimen de patria potestad. Para el Derecho Romano, una mujer y un esclavo están en la misma categoría. Para el marido que vuelve del trabajo y te dice: "Oye, ¿no hay nada para comer?", también.

En la legislación española del Fuero Juzgo (la unión de las leyes de godos e hispano romanos), dice que si una mujer, creyéndose viuda, vuelve a casarse y reapareciera el primer marido, este podría venderlos a ambos "o fazer dellos lo que quisiere." Y que si una mujer casada cometía adulterio, ella y su amante pasaban a ser posesión del marido, que los sometía a vejámenes horrendos.

---

3 Un cuarto para meterse los dedos en la garganta, para largar el cordero y hacer lugar para el cochinillo relleno.

En los Códigos Civiles de todo el mundo, se estableció que la mujer debía obediencia al marido, como retribución de la protección económica que le brindaba él a su mujer, deberes que han sido reemplazados por un deber recíproco de respeto y protección, porque desde el momento en que cualquiera de los cónyuges tiene relaciones íntimas con otro, viola el deber de fidelidad, que es la esencia del matrimonio.

Hasta bien avanzado el siglo XVIII, nadie se casó por amor, sino por un acuerdo o alianza entre grupos familiares, como aún hoy se hace en la India, en algunas partes de África y entre ciertas personas adineradas. Además, en el siglo XVII, la Iglesia se dedicó a prohibir efusiones sexuales entre los esposos, a excomulgar al adúltero, y a mandar al convento a las adúlteras. Por eso, la gente empezó a obsesionarse con el sexo, como se obsesiona cualquiera con todo lo prohibido.

Pero el Código Civil era piadoso con las ansias masculinas.

En la Ley 9 del Título II de la Cuarta Partida, se decía: "Ca muy desaguisada cosa faze, el que usa de su muger tan locamente, como faría de otra mala". Con esto de no hacerle a su esposa lo que haría con una mala, se le está guiñando un ojo a los hombres, incitándolos a buscar "muger mala" para saciar su libido, dejando en paz a la que guisa que, por otro lado, siempre está en la cocina, con jaqueca, en una época en la que no había ni aspirinas.

Para facilitar el acceso carnal a los pecadores varones, se deja impune la fornicación "con toda mujer no menor de 12 años y que no sea pariente". Además, advierte que "la fornicación con mujer de vida torpe no pone en peligro la fidelidad conyugal", porque los hijos ilegítimos nacidos de "mujer de vida torpe" no comprometen la herencia, a diferencia de los hijos nacidos de infidelidad femenina. Este es el origen de los verdaderos "hijos de puta". Sin herencia, sin respeto, sin padre, estaban condenados a mendigar por las calles y asumir el desprecio social por una madre que cargaba con toda la culpa de hacer, por un mendrugo, lo que los hombres la obligaban a hacer. Y la culpa era de ellas: hay mil nombres para las putas –mujer de vida torpe el más suave–... ¡y ni uno solo para el cliente!

NACE LA MONOGAMIA

Ya que el marido tiene permiso legal para salir "de putas"... ¿cómo hacer para que su esposa no lo imite, yendo "de putos"?

A la ley no le quedó más remedio que reprimir injusta, discriminatoria y fuertemente a las esposas, cosa de que entre ambos no llenaran a la ciudad de hijos ilegítimos.[4]

En épocas antiguas, solo se podía saber con certeza quién era la madre de la criatura. Pero la paternidad solamente se adivinaba, a trazo grueso. Entonces, cuando moría un varón adulto, la riqueza de su familia pasaba a manos de la comunidad. Cuando apareció la propiedad privada, el macho impuso la monogamia a la mujer para garantizar su descendencia consanguínea, reservándose él el derecho de seguir siendo polígamo, por lo menos en unas cuantas sociedades que lo permitían, como la musulmana, entre otras. Otro desastre social para las mujeres fue cuando se resolvió que la hija casada saliera de la familia de origen para incorporarse al linaje del esposo junto a sus descendientes. Así comenzó la filiación masculina, el derecho hereditario paterno, y el hecho de que las mujeres carezcan de apellido... para que los hijos puedan heredar al padre. ¿Quién querría un apellido materno, si todas las mujeres eran pobres y no había nada para heredar de ellas?[5] Así nació el sistema patriarcal: aboliendo la filiación femenina y el derecho hereditario materno, sustituidos por la filiación masculina y el derecho hereditario paterno. Según Marx, este fue el germen de la esclavitud a la que se sometió a las mujeres desde entonces. "El derrocamiento del derecho materno fue la gran derrota histórica del sexo femenino en todo el mundo", dice Marx. El hombre se convirtió en el jefe de la casa

---

4   Esto explica por qué hay tantos hijos de puta al volante.
5   Se ve que los antiguos tenían mucho para repartir, porque lo que es hoy por hoy, con respecto a herencia, daría lo mismo heredar a los López paternos que a los Gómez maternos: ambas ramas pobres como lauchas.

y la mujer se vio degradada, convertida en la servidora, en la esclava de la lujuria del hombre, en un simple instrumento de reproducción. Esta baja condición de la mujer ha sido gradualmente revestida de formas más suaves, pero no, ni mucho menos, abolida.

Desde entonces, la tarea de los hombres fue vigilar que sus mujeres no se involucraran sexualmente con otros, mientras ellos podían ser polígamos si tenían dinero con qué mantener muchas esposas.

La sociedad estaba compuesta por una minoría de ricos polígamos (muchas mujeres casadas con el mismo hombre), rodeados por un enjambre de hombres calientes, sin dinero y excluidos, sin manera de poder encontrar pareja entre las escasas mujeres, porque ellas estaban en el convento, morían en el parto o eran prostitutas.

Los varones se vieron en problemas para encontrar una mujer que quedara libre con quien unirse en matrimonio. Algunos desesperados iban al convento a seducir monjas y los más haraganes cortejaban a sus primas.[6]

Pero la infidelidad de la mujer a espaldas de su marido era algo inaudito.

Las mujeres vivían rigurosamente vigiladas, escondidas y tapadas. No salían sin que las acompañara una esclava o chaperona. Aristófanes habla de perros molosos que montaban guardia en la casa, para alejar amantes ardientes. En Asia, las vigilaban los eunucos. Y a las demás, las vigilaban los vecinos, que apenas notaban algo raro, se encargaban de hacer correr la voz.[7] Como vemos, desde hace siglos, la mujer es como un electrodoméstico: algo quieto en un rincón de la casa. Consideremos que en tiempos de Eurípides, a la mujer se le de-

---

[6] Muchos que ya no pueden desahogarse con mujeres, porque ellas los denuncian, abusan de los niños, que callan por temor. Esto del abuso infantil es especialidad de los sacerdotes de distintas religiones de todo el mundo. Las cifras son escalofriantes. Es sumar abuso sexual al abuso de poder.

[7] Costumbre usual aun hoy en cualquier pueblo.

signa con el nombre de *oikurema*,[8] palabra que viene de *oikos*, casa, y *rema*, palabra, o "dispositivo que sirve para hablar en la casa". O sea, no más que una alarma antirrobos.

CANTOS DE CORNUDOS ROMÁNTICOS

La poligamia redundó en una acentuada escasez de mujeres. Por tanto, la situación angustiante de los varones solteros dio nacimiento a un nuevo fenómeno: el amor romántico, que no existía antes de la Edad Media. El romanticismo nació como un estilo de poemas y cantos llamados los "albas" o "tagelieder" (cantos diurnos), haciendo referencia a la hora en que había que huir por la ventana, porque amanecía y el marido ya estaba regresando... de sus correspondientes correrías nocturnas. Debería ser divertidísimo ver el tránsito de hombres lujuriosos por las callejuelas medievales, los casados regresando a sus casas, los solteros escapando a los saltos y en paños menores de las camas de las casadas...

Este fenómeno de las canciones románticas se repitió en la historia en cada sitio donde escasearon las damas, como en las ciudades de España que crecieron de un momento a otro –Sevilla, en el siglo XVI, duplicó su población– y en los puertos de las ciudades de América adonde mayoritariamente llegaban inmigrantes varones que intentaban un nuevo destino. En estos sitios donde crecían como hongos las *mancebías* o burdeles, los hombres solos cantaban sus penas de amor sobre mujeres que los dejaban por otro mejor.

No hay que criticarlas. Eso de que *"todas las mujeres son golfas"* es un lamento de perdedor. Las mujeres tienen ya mucho trajín con eso

---

[8] Eurípides dijo: "La mujer es *oikurema*; una cosa para cuidar el hogar y procrear hijos". Pitágoras decía: "Hay un principio bueno, que ha creado el orden, la luz y el hombre, y un principio malo, que ha creado el caos, las tinieblas y la mujer".

de traer hijos al mundo y, por eso, son mucho más selectivas en temas de amor que los hombres: miran con lupa a cada candidato que se les acerque, se quedan encantadas con ligar a tíos poderosos y también se conforman con bastante menos. Pero puestas a escoger, todas corren tras el más alto, el más guapo y el más rico que se ponga a tiro. Claro que esto no les gusta nada a los hombres de rango medio y menores atractivos que quedan sin ser escogidos por ninguna. Ellos les echan las culpas a las damas, y se dedican a escribir letras de cante jondo, llenas de celos y desesperación, que aparecen en todas sus formas: bulerías, soleares, seguidillas, peteneras, malagueñas, rondeñas, farrucas.... nacidas en estas ciudades sin mujeres de las que hablamos antes. El soleá *"no se lo que le ha daíto / esta gitana a mi cuerpo / que hago por olvidarla /y más presente la tengo"*. Hay bulerías que dicen *"la gente me lo decía / que no la quisiera tanto/ porque no lo merecía"*. O el taranto *"el corazón se me parte / cuando pienso en tus partidas"*. Todas estas canciones tienen que ver con hombres pobres abandonados por mujeres que no creían en lo de "contigo pan y cebolla".

El tango también nació en Buenos Aires, como canción de machos solos y las letras repiten lo mismo que el cante jondo. El tango *Mano a mano* dice: *"Nada debo agradecerte, mano a mano hemos quedado/ los favores recibidos creo habértelos pagado, / y si alguna deuda chica sin querer se me ha olvidado, / en la cuenta del otario que tenés se la cargás"*. O sea, "que te pague ese a quien buscaste por su dinero, zorra". Y hay bulerías que dicen: *"Tú camelabas a ese gachó /si porque dinero tiene / quieres que lo quiera yo"*, que es lo mismo que dice el tango, pero con palmas, duende y jaleo. Lo mismos en otros puertos como Lisboa, donde cantan el triste fado, hablando de amores desgraciados y cantado por víctimas del destino. Y en Colombia y México, se observa el mismo fenómeno musical con las canciones de despecho, que siempre hablan de hombres traicionados por mujeres que eligieron al macho alfa y no a ellos.

Como ves, si quieres un hombre romántico que te cante al oído, debes buscarlo donde haya pocas mujeres y muchos pobretones. Podrás seleccionar al mejor. El abandonado dirá que todas las mujeres son traicioneras, cosa que harán con palmas y buen ritmo.

Por si no lo sabes, con tal de disimular sus faltas, los hombres echan a las mujeres la culpa de todo.

¿Pero quién te quita lo bailado, si encima te cantan tangos y fandangos?

Hasta que la suerte nos separe

La misma ley que incitaba a los hombres a la poligamia acabó prohibiéndola, debido a que un montón de pobres diablos sin tierras ni dinero se quedaba sin casarse. Hasta las prostitutas estaban hartas de tanto tango y fado de hombres solos y quejosos.

Y los hombres casados estaban hasta la coronilla de tanto vigilar a sus múltiples esposas para que no les entrara por el balcón un mozo cachondo con gafas y ortodoncia, que redundara en un hijo ilegítimo con anteojos y ortodoncillas.

Como sabemos, los hombres son muy solidarios entre sí. Entonces, dijeron: "Acabemos ya con esto; ni tengo tantas ganas de tener sexo, ni de alimentar tantas bocas" y resolvieron por repartirse a las mujeres por igual: una para cada uno. Quien osare casarse estando ya casado, de repente, con la nueva ley, cometía sacrilegio y delito.

Por tanto, la monogamia no aparece jamás en la historia como un trato amoroso, fruto del amor sexual individual entre el hombre y la mujer, ni como un reconocimiento de los derechos mutuos. La monogamia fue el triunfo de la propiedad privada sobre la propiedad común primitiva. No nació como el final feliz de un romance, sino como una manera práctica de que cada varón tenga quien le planche los calzones gratis y deje en paz a la esposa del vecino, cosa que a Moisés lo tenía verdaderamente harto. Si no, no hubiera dispuesto ese mandamiento de "No desearás la mujer del próximo" (¿o era "el coche del prójimo "el buey del prójimo?").

Moisés es prueba histórica de cómo abundaban los hijos ilegítimos en la era en que el adulterio masculino era legal. Moisés lleva ese nombre porque la hija del faraón dijo que lo halló flotando en una canastita en el río. En esa época, las mujeres se inventaban cualquier cosa para justificar una infidelidad: que "es hijo de Dios", que "me lo anunció un arcángel", que "lo concebí sin pecado" y que "me lo encontré en el río" (como dijo la madre de Moisés). Para superar el trauma de no tener padre conocido, Jesús creó una religión y Moisés talló en piedra no sé cuantos mandamientos para que todos se sintieran tan acomplejados como él por no tener papá. Es más: ambos aseguraron hablar directamente con Dios, el rey de los papis, que acabó creando dos especies más en el planeta: los infieles y los cornudos.

Este es el resultado final de tres mil años de monogamia. Claro que esto tampoco puso fin al adulterio. Como nadie muere mocho, para resolver lo que de los cuernos saliera, el Código de Napoleón dispuso en su Artículo 312: *"L'enfant conçu pendant le mariage a pour père le mari"* (El hijo concebido durante el matrimonio tiene por padre al marido), cosa ya anticipada por el cristianismo que dijo que Jesús era hijo de José y de Dios al mismo tiempo, como para ponerle fin al debate.

Aun con la monogamia regulada y el matrimonio como ley, la gente siguió metiéndose en cama matrimonial ajena, ya porque el marido estaba de viaje en las cruzadas o porque no daban nada bueno en la tele. O sea que, dado que monogamia no es igual a fidelidad eterna, tampoco garantiza la legitimidad de los hijos.

A sabiendas que los retozos por cama ajena complicarían las cosas, hubo que tomar medidas urgentes. Para dejar bien claro que uno de los dos debe ser fiel y conservar la alianza matrimonial, se obligó al marido a denunciar a la esposa que cometía adulterio. Si él llegaba a hacerse el de la vista gorda o consentía en el adulterio de su cónyuge, su pena era la humillación pública. Él debía responsabilizarse por el funcionamiento de su licuadora, digo, de su esposa.

Y si no cuidaba de ella, humillaba a toda la comunidad masculina.

En el siglo XIII, en Portugal, las propiedades del marido cornudo pasaban al señor feudal. Todas las burlas, humillaciones y castigos contra el cornudo no debían interpretarse como un castigo hacia él, sino como una manifestación colectiva masculina en contra de un acto desaprobado por todos los hombres.

De ahí viene que toda la culpa la tiene el cornudo. Por dejarse cornear.

BREVE HISTORIA DE LOS CUERNOS

Los cuernos son parte de nuestra cultura. En las pinturas rupestres, aparecen figuras cornudas. Los cuernos siempre han sido muy útiles, como vasos, vasijas y jarras. Como instrumentos musicales, han marcado el inicio de las ceremonias importantes. Por su forma y consistencia, siempre han sido símbolos fálicos, señal de poder y fuerza. El cuerno de rinoceronte molido es el mayor afrodisíaco en África y el cuerno de reno en polvo es consumido por los lapones como talismán de fertilidad y virilidad.

Los cuernos aparecen en la Biblia, en los Salmos y el Deuteronomio, como metáfora del espíritu audaz y soberbio del hombre. Los cuernos de los animales sacrificados en el oráculo de Delfos se conservaban en los templos como decoración. Los vikingos adornaban sus cascos con cuernos. El Palacio de Cnossos, en Creta, está adornado con cuernos que se consideran alegoría del Minotauro, tan relacionado con Zeus. El cuerno de la abundancia, símbolo de prosperidad, era la unión de la riqueza y el poder viril, representado como el cuerno de Amaltea, la cabra que alimentó al dios Zeus cuando era bebé.

Solo a partir de la Edad Media los cuernos pasaron de ser símbolo de riqueza y poder, a ser símbolo del mal y del diablo mismo.

Los antiguos asirios adoraban al mayor dios, Nimrud, señor del fuego. Era el más poderoso, también llamado Khuk – Hold, que significa "dios del mundo". Su emblema eran los cuernos.

Cornudo en inglés se dice *cuckold*, como el cornudo dios babilónico. Pero *cuckold* también es el nombre de un pajarito llamado en español cuclillo, cuco o cucú. Sí, es de madera y marca las horas en los relojes suizos. Esta es un ave muy común en el hemisferio norte, que cuenta con nueve machos por cada hembra. Ella se fertiliza con muchos consortes y no hace nido, sino que deja sus huevos en nido ajeno. Entonces, una hembra de otra especie hace el estúpido trabajo de empollar un huevo ajeno, de una cucú que estuvo divirtiéndose, vaya a saber con cuántos machos antes de poner ese huevo y salir de juerga otra vez. Eso de empollar huevos ajenos se consideraba humillante y pecaminoso. No entre las aves, sino entre los humanos. E indicaba que te habían tomado por tonto. Lo mismo pasaba entre las aves.

En la Edad Media –ese maravilloso período histórico donde si no le pagabas al panadero ibas al cepo; si mentías, te cortaban la lengua y si desafinabas al violín, te colgaban un violín de hierro al cuello–, se acostumbró llamar "cuco" al marido engañado. Si el rumor de la infidelidad llegaba al pueblo, se humillaba al marido traicionado, llenándolo de betún y plumas; le ponían plumas en forma de cuernos en la cabeza, o dos lindas ramas de árbol llenas de campanillas (cuanto más ridículo, mejor). Registros antiguos cuentan que debía recorrer la ciudad montado en un asno enclenque, imitando el canto del cuco o cucú, mientras la esposa infiel debía humillarlo, azotándolo por detrás con una ristra de ajos. En resumen, un castigo para dos, que origina la conocida expresión *"tras cornudo, apaleado"*. Se supone que esta no era una escena agradable de ver. Tal vez de aquí salga la amenaza a los niños rebeldes de que "si te portas mal, vendrá el cuco a llevarte".

Como si esto no alcanzara, la Iglesia impuso otros creativos castigos para los desbordes de lujuria: la mujer adúltera debía llevar una letra escarlata con una gran "A" bordada, (de "adulterio") y era despreciada o encerrada en una torre. El varón adúltero, en cambio, debía recitar varias Avemarías, parado desnudo sobre un lienzo blanco frente al altar de la iglesia, con un cirio ardiendo en cada mano. Pero más vale llevar una letra escarlata en una torre, que morir lapidada con la ley de la *sharia musulmana*. [9]

Esto nos lleva a descubrir dos noticias, una buena y una mala.

La mala es que, a partir de ahora, sabemos que ese invento suizo, el reloj cucú, marca el tiempo, diciendo *a qué hora nos están poniendo los cuernos*. Pero el pueblo suizo se especializa en arruinarles la vida a los hombres con cortaplumas que no abren y a las mujeres con chocolates que engordan. La buena noticia es que sabemos que los cuernos siguen siendo símbolos de virilidad, prosperidad y del poder supremo de Nimrud, el rey del mundo. ¡A mucha honra!

Lástima que Nimrud nunca supo dónde estaba su esposa, ni con quién.

¿DE DÓNDE VIENE LA EXPRESIÓN "PONER LOS CUERNOS"?

"Poner cuernos" viene del griego antiguo *kerata poien*, que significa, justamente, "poner cuernos".

Algunos dicen que viene de los cuernos del macho cabrío, que cambia muy seguido de compañera sexual. Basta ver un ejemplar en acción para comprender por qué la figura mitológica del sátiro es un ser mitad cabra, mitad hombre de incesantes apetencias sexuales. También, el diablo era representado por una cabra. Y es que poner cuernos no es algo muy angelical.

Se cuenta que Andrónico Comneno, el licencioso emperador de

---

[9] Sin embargo, las leyes musulmanas no son tan malas como las pintan. El Corán trata el adulterio en el sura XXIV, estableciendo una pena de cien latigazos iguales para el hombre y para la mujer sorprendidos *in fraganti* en el adulterio (24, 2). Pero nunca habla de lapidación, que es un invento moderno, tal vez debido a una sobreabundancia de piedras en Nigeria.

Constantinopla, en el año 1120, era aficionado a la caza y a las mozas. Tenía amantes por toda la ciudad y hasta se acostaba con su sobrina Teodora, una libertina famosa por sus orgías. Andrónico tenía por costumbre marcar dónde había pasado la noche, colgando una cabeza de ciervo lograda en la jornada de caza en la puerta de la amante.

También se dice que en los tiempos feudales, cuando el señor tenía el derecho de pernada –pasar la noche de bodas con la novia recién casada–, compensaba al marido con un permiso de caza en su coto, que certificaba con una cornamenta de ciervo en la puerta de los recién casados. "El casado, *caza* quiere" y, por ello, acaba cornudo.

También parece que los vikingos se acostaban con todas aunque fuera para combatir el frío ártico y que no se les congelara el trasero. Y antes de entrar en la casa, dejaban el típico casco de cuernos en la puerta, con lo que quedaba clarísimo que al dueño de casa le habían "puesto los cuernos".

Dicen que los jefes de las tribus laponas podían elegir a la mujer con la que habrían de intimar, poniendo unos cuernos de alce en la puerta para que el marido no interrumpiera. Y dicen que si ella era casada, el marido mostraba orgulloso esos cuernos, para que todos supieran que su mujer era la favorita del jefe. Entonces, le decían: "Pero eres un cornudo", y él se quedaba pensativo, se rascaba la barbilla y decía: "Caramba, es verdad"; y, acto seguido, se ponía a escribir letras de cante jondo o tangos en finlandés. Por eso, el tango tiene tanta aceptación en Finlandia.

En Japón, es muy común hacer el signo de los cuernos. Una bella jovencita con la que quieres ligar en Tokio te los refriega en la cara a la vez que repite: "*¿Okusan wa?*" (¿Qué me dices de tu esposa?).

El velo blanco de la novia japonesa se llama *tsuno-kakushi* o "esconde cuernos", augurando que ella esconderá sus cuernos y no celará al marido infiel.

En Italia, hacer los cuernos se considera un signo contra el mal de ojo; cuando alguien dice algo de mal augurio, hay que decir: "¡*Corni!*", en señal de desprecio y negación, indicando que los cuernos es lo peor que puede pasarte en la vida. *"Portare corni"* o *"essere cornuto"* significa lo mismo en italiano moderno que en griego antiguo.

En Chile, el eufemismo para "poner los cuernos" es "poner el gorro".

En China, al cornudo se le llama "el que lleva un gorro verde".

También, hay otro subproducto de los cuernos, llamado cabrón. Se llama cabrón al hombre que sabe que su mujer lo engaña y lo acepta sin chistar. Y se llaman cabronadas las cosas que hacen los cabrones, como aceptar que su mujer lo engañe, para vivir a costa de ella, gastándole el sueldo en cervezas y otras cosas inoficiosas. Muchos cabrones van apuntando la cantidad de libertades que su esposa se tomó y un día, toman revancha, tomándose ellos todas las libertades juntas.

¿Por qué tanta insistencia universal en mofarse de los cuernos?

Pareciera que la expresión "poner cuernos" se reduce al aspecto ridículo que toma cualquier persona si se disfraza con dos cuernos artificiales. Simplemente, la débil apariencia del rostro humano, con su piel lampiña y su nariz chata, no cobra un aspecto más feroz porque nos engalanemos con cuernos, sino que queda aún más en evidencia nuestra débil presencia dentro de la escala de los aspectos animales.

Pensemos un segundo: no estamos dotados con defensa alguna de nacimiento que valga la pena mencionar. No poseemos garras, ni fuerza, ni colmillos, ni cuernos, ni larga cola prensil. Sin unos buenos cartuchos de dinamita o una Mágnum, somos unos pequeños ñoquis de carne rosada.

Por eso, nos ofende que nos hagan los cuernitos por detrás en las fotos. Toda comparación con cualquier especie del reino animal nos ridiculiza demasiado, porque sabemos que somos, en aspecto, bastante más feos que cualquier animal. No han sido llevados presos algunos dibujantes por criticar al presidente, pero sí por dibujarlo como un cerdo, una morsa o un elefante. No soportamos que nos comparen con animales. Pone en evidencia nuestro vano intento de ser más que ellos.

Finalmente, toda esta vuelta al mundo en cuernos deja dos cosas en claro:

1. Los cuernos se han puesto desde que el mundo es mundo.
2. No hay rincón del planeta donde la gente sea fiel.

Si aún no estás seguro de si eres cornuda o no, ajústate al lema: *"Ante la duda, son cuernos".*

Leyes lentas y seres virtuosos

Increíblemente, en la sociedad moderna, seguimos blandiendo el viejo código de Calígula. Recién en marzo del 2005, en Brasil, se sancionó una reforma al código penal que elimina el delito de adulterio y expresiones como "mujer honesta" y "mujer virgen", reemplazándolas por la neutra "mujer".

En Argentina, en marzo de 1978, la Comisión de Justicia del Congreso de Diputados aprobó los artículos del proyecto de ley que despenaliza el adulterio y el amancebamiento.

En España, no se despenalizó el adulterio hasta 1977, síntoma claro de la profunda desigualdad social que imperó durante gran parte del siglo XX. Por otro lado, los malos tratos no se tipificaron de modo específico en el Código Penal hasta 1983. Recién en 1990, se realizó un proyecto de ley para derogar los artículos 449 a 452, logrando que se reemplazara en el Código la palabra "esposa", por la expresión "cónyuge", que no discrimina por sexo.

En Turquía, recién en abril de 2005, se aprobó la reforma del Código Penal en la que se excluye el castigo del adulterio. No se hizo por respeto a las señoras turcas, sino para que Turquía pueda ingresar a la Unión Europea.

Como vemos, las leyes del mundo van más lentas que un gusano agónico para amoldarse a las costumbres humanas. Históricamente, los adúlteros, amantes furtivos y cornudos han sido apedreados, burlados,

lapidados, linchados, encarcelados, vilipendiados, aislados, desheredados, excomulgados, multados, desterrados, humillados y convertidos en patéticos perdedores hasta en el cine y la literatura.

¿ES LA MONOGAMIA LA MÁXIMA VIRTUD?

Si lo es, hay solo un ser absolutamente virtuoso en la naturaleza, incapaz de cometer adulterio. Se trata de un ser elegante y virginal, que no conoce nada de los pecados de la carne. Su virtuoso y armónico cuerpecito consta de anillos consecutivos que se extienden a lo largo de unos tres metros. Cada uno de los anillos posee un aparato reproductor hermafrodita completo que, una vez maduro, se desprende cargado de huevos, lo que le permite reproducirse por sí mismo, sin conocer pareja ni tener sexo. Su vida es monacal y es el ser más puro de la naturaleza.

Se trata de la *tenia solium*, más conocida como "lombriz solitaria".

¡Vaya ironía! ¡El ser más puro y menos sexual del mundo solo se dedica a provocarte una diarrea espantosa!

CAPÍTULO 5

Carcomidos por los celos

COQUETOS IRREMEDIABLES

Hay mujeres que viven torturadas por hombres que, automáticamente, detectan a la mujer más atractiva de una reunión y se abocan a conversar con ella como si su esposa no existiera. Si ella se queja de esta actitud, él le dice que es una ridícula, que exagera todo y que no lo deja ser amable con los demás.

Te dice que tú imaginas todo, que estás dramatizando y que tus celos son enfermizos. Porque hay celos enfermizos y celos justificados.

Es cierto que él es libre de coquetear a su antojo, si cuida que no te enteres. El problema se presenta cuando lo hace delante de ti, invalidando tus sentimientos y sin importarle que te cause dolor. Es más, muy probablemente, lo que él quiera es causarte ese dolor, para manejar a su antojo tus emociones.

Por esto, la próxima vez que veas ese tipo de comportamiento dile: "Oye, no seas grosero... ¡Si quieres coquetear, hazlo en el baño!".

Los celos son una emoción tan intensa y tan quemante que, justamente, su nombre proviene de la palabra griega *zelos,* que significa "fervor"," hervor" y "arder", tanto en el sentido de deseo intenso, como de algo que quema. O sea que los celos te calientan. "Hacer algo con mucho celo" es hacerlo con ganas y empeño. Pero el sentido de que los celos "queman" se percibe en el hecho de que no es casual que el celoso se vengue del infiel prendiéndole fuego –un bidoncito de gasolina seguido de un fósforo mientras duerme–, para hacerle sentir en carne propia lo que él sintió por dentro con los celos. Los celos son una emoción tan irracional y básica, que es la primera emoción fuerte que tenemos en la vida. Y siempre nacen de relaciones triangulares primordiales: quiero que mamá me hable solo a mí, pero también le habla a papá y eso me pone celoso. Quiero que papá venga conmigo, pero que mamá se quede en casa.

En la mitología griega, hacen ver a Juno, la esposa de Zeus, el dios de todos los dioses, como una terrible celosa. Lo cierto es que Zeus, como buen jefe, retozaba alegremente con todas las diosas y semidiosas que tenía cerca. Y si escaseaban las diosas, él buscaba mortales, sin que, por eso, se sintiera mal. Tuvo 16 amantes, entre ellos, un muchacho llamado Ganímedes. Y con las mujeres tuvo 28 hijos extramatrimoniales. Cuando Juno supo de uno de ellos, Hera, furiosa, fue a quitarlo del pecho de su madre Alcmena. Era el bebé Hércules y ese derramamiento de leche materna en el cielo originó nada menos que la Vía Láctea. Por este incidente, solo mirando al cielo tachonado con las estrellas de nuestra galaxia (camino de leche: *gala* = leche, *axia* = vía), cada noche, podemos recordar el poder inmenso de los celos descontrolados. Roland Barthes dice que los celos son así de terribles porque nos hacen sufrir cuatro veces: al sentirlos, al culparnos por sentirlos, al temer cometer una locura por sentirlos y al sentirnos enloquecidos por una nadería que nos perturba demasiado.

"¿VALGO MENOS QUE MI RIVAL?"

¿Qué sientes cuando estás celoso?

Te sientes afuera, abandonado, solo. Sufres porque amas y temes perder a tu amor en brazos de otro. Temes perder junto a él un pedazo de tu vida, un montón de secretos compartidos y esos compactos de *jazz* que le habías prestado... Los celos son una herida en tu narcisismo. Si estás celoso, ves que tu amor prefiere a otra persona en vez que a ti, lo que te deja anímicamente bastante mal parado, porque supones que el rival vale más que tú. En el mundo material, este es un sistema de evaluación muy común: "¿Cómo sé si algo es valioso? Porque otros lo quieren". Pues, entonces, resulta que ahora te enteras de que tu pareja –quien te está engañando– ¡es valiosa porque tiene alguien con quien engañarte! Esto indica que tu pareja vale más porque otros lo desean. Y si tu pareja vale más... ¿tú vales menos porque encima te cambia por otra persona? ¿Es en verdad así? ¿Los celos son una medida de cotización de quién tienes al lado?

Mucha gente cree que los celos son la medida del amor. Hay celados que sienten que los celos del otro le halagan, porque "realmente se preocupa por mí". ¿Los celos son la medida del amor? ¿O la medida de la paranoia? Los celos siempre nacen de la inseguridad del celoso. La persona celosa tiene la autoestima tan mellada que vive en estado de terror de que su pareja la deje por alguien mejor. Y para alguien inseguro de su valía... ¡cualquier persona es mejor que él! El celoso se compara permanentemente con los demás y siempre pierde en la comparación.

Si una persona está segura de sí misma, puede decir: "Claro que quiero que te quedes conmigo, en tanto así lo quieras tú también". Pero las canciones de amor no dicen esto. Dicen cosas como "me muero sin ti" o "más vale que me ames como yo te amo". ¡Tremenda falacia! ¿Cómo pretendes forzar a alguien a que te ame como tú quieras? ¿Qué le darás de premio? ¿Un televisor? Cada uno es libre de poner en la pareja lo que puede y quiere, y ojalá eso te baste. Y si no te basta, esa no debería ser tu pareja.

Los celos, lejos de proteger lo que es tuyo, solo logran que el celado quiera huir.

Los celos te rebajan, demostrando que te sientes fácilmente reemplazable, descartable y olvidable, pues crees que el primero que pase puede ser mejor que tú.

¡Vamos! ¡Tienes mejores cosas que hacer que ponerte celoso! Lavar el coche o bordar un tapiz es algo mil veces más útil.

LOS CELOS DE ELLOS

Hombres y mujeres vivimos los celos de manera distinta.

Las mujeres son muy celosas y exclusivistas en las relaciones. Los hombres son más amplios y no les molesta compartir amores. Los hombres se ponen más celosos ante los que tienen más estatus y poder que ellos, mientras que las mujeres sienten como rivales a las más bellas y sexis que ellas. O sea que todos somos celosos de lo que pensamos que atrae al otro.

Los hombres tienen más experiencia de separación e independencia que las mujeres. Los varones crecen animados a hacer más cosas solos que las niñas. También más cosas estúpidas, como pescar peces que no comerán, escupir lejos, orinar en las esquinas o apedrear cristales. El amor no es el motor en la vida de un hombre. El motor de un hombre es probarse a sí mismo que puede competir con otros. A los hombres les asusta perder independencia. Con las uniones emocionales, los hombres temen regresar a la dependencia materna de la que tanto les costó librarse. Por eso, tener sexo despierta a las mujeres y les da sueño a los hombres: no quieren saber nada con fundirse con otra mujer. En el fondo, nos tienen pánico, cosa que reflejan las leyendas de monstruos femeninos, como Dalila –que le quita las fuerzas a Sansón, cortándole el pelo mientras duerme–, o la de las sirenas, cuyo canto hacía naufragar a los antiguos marinos. Las mujeres son la gloria y la perdición de los hombres.

Para un hombre, es primordial no enredarse nuevamente en las faldas de una mujer, como cuando dependía de su madre. Fíjate que el peor insulto en todos los idiomas es "la madre que te parió" y sus variantes en varios idiomas. ¿Volver a ella? ¡Socorro! ¡Es perder su identidad!

A los hombres les importa más protegerse a sí mismos que la relación; por eso, no conciben que los abandone una mujer. Lo sufre como un daño que le han hecho a él; una mella en su autoestima: ella se ha fijado en otro. ¿Significa que otro vale más que él? Los alces y los lobos marinos son capaces de matar al macho que se meta con su pareja. Un hombre celoso es mucho menos racional: es capaz de matar a la hembra infiel.

CELOS FEMENINOS

Las mujeres en temas de amor están como pez en el agua. Ellas no le temen a las relaciones: son especialistas en el tema. Las mujeres son el lubricante de la sociedad. Si no fuera por ellas, ni siquiera existiría el lenguaje. En una sociedad de hombres, se usarían solo tres expresiones: sí, no y dame más cerveza. Ser mujer se trata de ser como mamá, sin ser mamá. Las mujeres no temen que una relación las fagocite... ¡Están encantadas de ser fagocitadas! Una mujer invierte mucho en elegir, conocer y conquistar un hombre –en ropa, accesorios, perfume, uñas postizas, gimnasio y cera depilatoria– y luego tiene otro trabajo: ponerlo a prueba hasta que logra confiar en él. Cuando viene una bruja a querer quitarle a su hombre, para ella esto no amenaza su autoestima, sino la relación en sí. Si viene alguien y se lo quita, se desmorona el proyecto, la inversión y la vida misma. No le duele su amor propio, sino el enorme esfuerzo invertido en vano: "¿Para qué gasté tanto perfume en ese imbécil?".

Una mujer celosa protege la relación, porque su autoestima yace en esa relación. Ella piensa mucho más en "nosotros" que en sí misma. Su postura es: "Soy lo que somos... si ya no somos nada, pues no soy nada. Si no soy nada, puedo comerme un kilo de helado de chocolate yo sola, pues no engordaré".

Y va y lo hace, y después llora porque aumentó un kilo.

Cuando un hombre está celoso, culpa a su mujer o al rival que se entrometió entre los dos.

Pero cuando una mujer está celosa, se culpa a sí misma y va a la peluquería para cambiar de *look*... y sale llorando porque no le gusta

¿Por qué cuernos me engañaste?

ANA VON REBEUR

—¿Así que tu secretaria es una vieja fea? ¿Y por qué la llaman "Barbie"?

—¡Porque además es barbuda!

el corte, y para consolarse come otro kilo de helado. No se protege a sí misma, como hace el hombre. No se pregunta qué ha hecho mal él, sino: "¿En qué he fallado?". Las mujeres son culpógenas; por eso, no se ofenden tanto con el infiel, sino con la que se le acerca. ¿Y si lo acusan tanto, que él se va con la otra? ¡Ni pensarlo!

Muchos hombres no reconocen los celos por temor a parecer inseguros: "¿Yo... celoso? ¡Qué tontería!". Las mujeres, en cambio, no temen sentir. Si se sienten celosas, pueden romper toda la vajilla en su acceso de furia. Los hombres no rompen la vajilla, para no tener que reponerla. Y quizás, por contener las ganas de descargar la furia rompiendo vajillas, se suicidan por amor tres veces más hombres que mujeres.

¿EN QUÉ PAREJA PUEDES CONFIAR SI ERES GAY?

De acuerdo con el psicólogo y terapeuta argentino Guillermo Leone[10], "el más infiel entre los homosexuales es el más intensamente sexual y menos asumido como gay, porque –al no poder hacerse a la idea de que puede amar a un hombre– aún no se permite conectarse con sus parejas por lo afectivo. En cambio, el gay asumido que ya se permite amar a quien desea está más interesado en preservar a su pareja que en seguir experimentando, por lo cual será mucho más fiel". Lo mismo sucede entre las lesbianas; la que recién sale del clóset quiere probarlo todo, luego se va asentando y, a la larga, valora mucho más la seguridad que la variedad. Todos los procesos emocionales de conquista son idénticos en lesbianas, gays y heterosexuales: el cortejo y enamoramiento, el con-

---

10 Lic. Guillermo Daniel Leone, psicólogo y terapeuta (www.guillermoleone.com.ar).

firmar si los sentimientos son mutuos, el ser selectivos, hacer acuerdos, garantizar cierta exclusividad... salen todos de las ansias de formar una pareja estable. De jóvenes todos queremos tenerlo todo, y luego, por suerte, el tiempo nos calma en ese proceso maravilloso que es la madurez, cuando te importa más qué quieres que el qué dirán.

DISTINTOS TIPOS DE CELOS

1. Celos por la atención: uno debe sentir que vale por sí mismo, independientemente de lo que otros –incluso tu cónyuge– opinen de uno... Si dependes de una sonrisa o un gesto para saber si estás haciendo las cosas bien o mal, estás casi en la situación de mascota. ¿Por casualidad te llaman Boby? ¿Ya sabes dar la patita? ¡Pero qué bien! ¡Ahora, hazte el muerto!

2. Celos por baja autoestima: cuando te sientes poca cosa, te convences de que, a la vuelta de la esquina, tu pareja encontrará cualquier otra mejor que tú, que le hará olvidar que existes. Es cierto que a la vuelta de la esquina acecha siempre un posible rival que puede quitarte tu pareja. Pero también es cierto que ese posible rival no será Liv Tyler ni David Beckham, sino alguien bastante menos fascinante, a quien puedas enfrentar sin temor. Finalmente, si tu amor decidió que quiere irse con tu rival, llorarás durante unos meses, pero tarde o temprano tendrás que dedicarte a limpiar la casa, que es una mugre.

3. Celos por afán de control: los celosos ven la independencia del otro como una amenaza, una traición latente. Si se quedaran solos, ¿a quién controlarían? ¿Al gato? El celoso controlador es alguien a quien tienes que avisarle a qué hora llegas, a qué hora sales, a qué hora pasas a buscarlo, a qué hora harán el amor y a qué hora se te irán las ganas de hacer el amor, pues ya estás

harto de anunciar tantos horarios. O sea que este celoso posesivo te toma por el Big Ben.

4. Celos por regresión: por inseguridad en su valor personal, el celoso se "pega" a alguien, sabiendo que no podría existir sin su apoyo. O por lo menos, que si va al cine, tendría que comerse solo un enorme balde de palomitas de maíz con la consiguiente indigestión. Pone su propia felicidad en las manos de otro, como si el otro fuera una autoridad, como el padre o la madre, que tiene el poder de dejarlo sin postre si se porta mal. Así, logra que su pareja en verdad lo deje sin postre y lo envíe en penitencia al rincón.

5. Celos porque te falta algo: desde la infancia, uno resiente el poder del otro. Y duele saber que no siempre se tiene lo que uno quiere, y no por eso debes celar a nadie. Hay personas que te dan la impresión de que te mezquinan algo solo a ti, cuando en verdad se trata de que no tienen nada para dar.

6. Celos por proyección: proyección es el mecanismo psicológico a través del cual ponemos en el otro los sentimientos que no queremos reconocer como propios. Por ejemplo, como no puedo decirte que quiero acostarme con el encargado del edificio, proyecto mis deseos en ti, y te digo: "¿Con que quieres acostarte con el encargado del edificio, eh?".

7. Celos por posesividad: la gente muy posesiva te transmite algo como "te permito ser bello y exitoso si me perteneces por completo". Si tienes suficiente integración interna, no necesitas poseer a una persona para sentirte completo, ni destruir lo que no es tuyo. ¿Pero quién ha dicho que hay tanta gente íntegra? Prueba diciéndoselo a un celoso: te desintegrará un florero en la cabeza.

8. Celos por falta de amor: la diferencia entre la envidia y los celos es que la envidia es adictiva: quieres algo que el otro tiene. Los celos son sustractivos: odias que te quiten algo. El celoso, sea hombre o mujer, se convierte en un bebé que siente que depende

de su pareja para vivir, pero a la que quisiera destruir por no estar ahí cuando la necesita con urgencia.

9. Celos por idealización: las personas acomplejadas viven celosas, pensando que cualquiera puede ofrecerle a su pareja algo más que lo que ellas le ofrecen. La envidia hace que te subestimes y que idealices a cualquier otra persona, a quien ves como peligroso rival. Si piensas que cualquiera es mejor que tú, te estás condenando a los celos perpetuos.

10. Celos delirantes: los celos delirantes acaban con los "cuernos por las dudas", que son los que le pones a tu pareja por las dudas de que él o ella te los ponga antes a ti. Ali Mc Graw, la actriz de la película de los años setenta, *Love Story*, cuenta en su autobiografía que cuando se casó con el guapísimo y cariñoso productor Bob Evans, todo el mundo le decía: "Bob es un terrible mujeriego que no te será fiel ni por una semana seguida". Ella vivía tan aterrada con esta idea, que apenas pudo le puso los cuernos a Bob con el actor Steve Mac Queen, como para adelantarse a la infidelidad de su marido. Así, acabó arruinándose la vida junto a un hombre violento, alcohólico, celoso y absolutamente infiel, que la llevó a divorciarse del único hombre que la cuidó en su vida, que fue Bob Evans.

Los celosos lo husmean todo como sabuesos. Pero qué poco olfato tienen. Por tanto controlar la vida de los demás, se les descontrola la suya.

¿CÓMO SE ARREGLA ESTO?

Esto no tiene raíces biológicas u hormonales, sino meramente culturales. Así es porque nos han enseñado que pensemos así.

Si los bebés varones tuvieran más brazos masculinos que los carguen desde que nacen, no tendrían que alejarse de la ternura y las emociones para probar que son machos. Lo que aterra a los varones es parecerse demasiado a las madres, lo que –según ellos– los afeminaría. También aterra a los niños depender de una madre con quien jamás pueden enfadarse por temor a quedar abandonados. Pero si un niño supiera que hay dos (padre y madre) que lo atienden por igual, podría enojarse con mamá y sobrevivir, pues igual estaría papá para atenderlo. No tendría miedo a odiar, pues sabría que su odio no mata a nadie. No estaría tan resentido del poder absoluto de las mujeres sobre su bienestar. Y tampoco tendría miedo de amar a una mujer. "La madre que te parió" pasaría a ser un buen deseo o una lisonja, no un insulto.

Cuando un papá no toca a su bebé, le está enseñando que su emotividad debe frenarse y ocultarse. Si los padres se hicieran más presentes en los primeros años de vida de sus hijos varones, tendríamos una sociedad de varones más tiernos, abiertos, sensibles, seguros de sí mismos, que se animarían a acercarse a decirnos: "Oye, ese vecino te mira siempre con mucha insistencia. ¿Debería preocuparme o me sigues queriendo como siempre?", lo que evitaría innecesarias riñas por celos injustificados, por no hablar del alivio que les darían a las madres al ocuparse ellos de los bebés.

A fines del 2005, se decretó en España una ley por la cual el padre de recién nacido tiene una semana libre en el trabajo para disfrutar de su flamante bebé. Qué bueno sería que aprovecharan esa semana para animarse a tocarlo, cargarlo, mostrarle que un varón siente, sufre, ama y besa sin tapujos. Así, se criaría una generación de varones que si ven a su esposa conversando demasiado animadamente con un desconocido, en vez de ofenderse, le preguntarían tranquilamente: "¿Qué es lo que te atrae de ese hombre? ¿Su perfume Armani? Okay, mañana me lo compro".

Los celos son un sentimiento primitivo, territorial e inútil. Si alguien quisiera ponerle los cuernos al otro, lo hará de manera tal de que no te enteres en siglos. Ser celosos no sirve para reaccionar a tiempo si te quieren quitar a tu amor. Solo sirve para dar letras a algunas canciones de amores patológicos, y para que tú respondas latiguillos, como: "Puedo explicártelo todo" o "No es lo que parece". Los celos son humillantes e invariablemente nos ponen en una situación de inferioridad, ya que quien está celoso es porque asume que en la comparación con el otro, perderá. Eso no es sexi. Lo sexi es decir: "Ve con ella, si quieres. Pero si me extrañas, tal vez sea tarde".

No pierdas energías en celar a nadie. Quédate con aquel que solo tiene ojos para ti, no porque sea ciego, sino porque no quiere arriesgarse a quedarse sin alguien tan seguro de sí mismo como para nunca sentir celos. Se ha descubierto que el área del cerebro en donde se originan los sentimientos de confianza es la misma área del amor[11]. Por eso mismo, cuando hay amor, hay confianza. Los celos son lo contrario de la confianza, y si hay celos, hay desamor. "Ligerezas como el aire son para el celoso tan fuertes confirmaciones, como un testimonio de las Sagradas Escrituras", decía Shakespeare, confirmando que el celoso sospecha de todo. No sentirás celos cuando sepas que no será fácil para el otro hallar a alguien tan brillante como tú.

---

11 Revista *Science* del 1/4/2005. El estudio fue dirigido por P. Read Montague Jr., director del Laboratorio de Neuroimágenes Humanas del Baylor College of Medicine de Houston, Texas, Estados Unidos.

CAPÍTULO 6

Cómo mienten los hombres

MENTIRAS VIOLENTAS

Dicen los expertos que, entre todos los mil motivos por los cuales alguien quiere ser infiel, el más importante es el uno que no hemos mencionado aún: una autoestima por el piso. El infiel, en verdad, se siente tan poca cosa que, con el engaño, lo que en verdad quiere probar es que es más listo que tú. Si te está engañando, y tú aún lo esperas con una sopa caliente, esto prueba definitivamente que tú eres boba y él es más astuto que tú. Y encima, para su enorme placer, no tiene una mujer que le sirva la sopa caliente sino dos: tú y su tonta amante. Así que es doblemente listo, porque… ¡está rodeado por dos estúpidas!

Por eso, detrás de una infidelidad siempre hay una violencia enquistada. Me dirás: "No, no, para nada… Él es adorable; jamás ha sido violento conmigo". No hace falta que te arrojen un florero por la cabeza para demostrar violencia. La mentira también es violencia.

Este es un punto que no debemos pasar por alto. Pondré énfasis en el sufrimiento de las mujeres, porque muchas veces la infidelidad de los hombres ocurre dentro de un gran contexto llamado violencia familiar, en donde "el hombre fuerte" manipula a la "mujer débil". Para hacerlo, él considera –consciente o inconscientemente– que su compañera tiene poco valor y que ser hombre le da derecho a tener aventuras extramaritales. En cambio, ante la menor sospecha de ellos de conductas de supuesto coqueteo por parte de su pareja, viene

el hostigamiento o los golpes. Esto se ha convertido en una situación social "tradicional", más común de lo que se piensa, y que genera un círculo vicioso de aislamiento y violencia, con consecuencias muchas veces trágicas. En todo el mundo, hay un genocidio constante contra las mujeres. Está verificado que entre un 16% y un 52% de las mujeres han sido agredidas físicamente por sus parejas. En todos los países, hay un promedio de 100 mujeres por año asesinadas por sus esposos. En España, hay dos millones de mujeres golpeadas rutinariamente. En los últimos ocho años, unas 600 mujeres fueron muertas a golpes por su pareja. En Francia, un millón y medio de mujeres son golpeadas; de esas, solamente 150 000 piden socorro telefónico, y de esas, cada cinco días una muere golpeada por su pareja. Hay víctimas famosas de esto: las cantantes Tina Turner, Rihanna, Whitney Houston... La hija del actor Jean Louis Tritignant fue asesinada por su marido y Leslie Torres, la ex mujer de Ricardo Arjona, se salvó de no acabar como la mujer del beisbolista famoso O. J. Simpson.

En Guatemala, asesinan dos mujeres por día. En Argentina, una cada dos días. Solamente en Ciudad Juárez, Estado de Chihuahua, México, asesinaron a 370 en la última década y allí desaparecen 100 mujeres por mes.

El 90% de las mujeres golpeadas no denuncia al agresor por miedo a represalias.

Toda esta violencia es muy paulatina; por supuesto, ninguna mujer se queda con un tipo que le da una trompada en la primera salida. Todo comienza muy sutilmente, con una queja aquí, un desprecio allí y, poco a poco, el maltrato horada la confianza de ella, al punto de que la mujer –que ya tiene baja autoestima porque somos el "segundo sexo"– se plantea que es ella la que está haciendo algo mal, para que él ya no la aprecie como antes.

Parte de la violencia consiste en "ningunearte", ya sea coqueteando abiertamente con otras mujeres o engañándote directamente con ellas.

Estos señores violentos van creando problemas en casa; esperan que ella reaccione para criticarla, la llenan de miedo, y luego de culpa. Así, el violento impone su voluntad y establece una relación con su pareja en la que él decide y ella obedece, mientras él la cela de manera enfermiza. Eso ocurre porque te supone capaz de lo que él está haciendo. Él impone un aislamiento total a su mujer, y crea un cerco en torno a ella. Y por esta soledad, ella acaba creyendo que sin él, se muere, porque ya no tiene a nadie más. Él suele tener cambios súbitos de humor, accesos de violencia en los que rompe muebles u objetos, no pide ayuda, busca aliados, separa a la familia, poniéndolos a competir unos con otros y cuando ella ya no tolera más, le pide perdón, llorando y de rodillas, como un bebé. Esto es tan desconcertante para ella, que acaba perdonándolo. Luego, hay una reconciliación, pero luego recomienza la violencia y todo el ciclo se repite una y otra vez.

La mayor parte de las víctimas de este maltrato consultan por primera vez después de haber padecido un promedio de siete años de violencia doméstica. No lo hacen antes por vergüenza y miedo a represalias. Los peores episodios de violencia suceden cuando ella intenta abandonar a su pareja o cuando está embarazada, lo que le suma más celos a los que él ya tenía. A estos le siguen las amenazas o la misma muerte. Sin llegar a estos extremos, hay violencia en la infidelidad, y en las palabras agresivas. Un 90% de mujeres víctimas de violencia encuestadas dijeron que las palabras hirientes son mucho más destructivas que los golpes.

¿Por qué una mujer se queda pegada a un tipo que la maltrata? Por varios motivos:

- Ella acaba convencida de que si lo pierde, se quedará sola para siempre.
- Ella confunde la taquicardia del terror que le provoca él, con palpitaciones de amor.
- Ella sabe que en el fondo él es un niño asustado, que sufrió una infancia horrible y que ella está para ayudarlo a crecer, darle el

amor que le faltó de niño, y comprenderlo hasta que, por amor, él cambie.
- Ella sabe que en el fondo él no la engaña por maldad sino por debilidad.
- Las reconciliaciones son tan emocionantes que hacen que esta relación jamás sea aburrida, porque te sacude más que una montaña rusa.

¿Te digo la verdad? No puedes cambiar a otro hombre más allá del que usa pañales. Más vale que te hagas a la idea de que seguirá siendo como es. Por lo tanto, te conviene conocer a un hombre que te guste como es actualmente y no a uno que yo voy a cambiar". ¿Esperas conservar a un hombre esperando que crezca? ¡Ni lo sueñes! Más vale que estudies para asistente social y que te paguen por esa ingrata tarea.

ELLOS QUIEREN QUE LO SEPAS

Las mujeres somos seres entrenados desde la prehistoria para darnos cuenta, con una sola mirada, de lo que les sucede a los demás, sin tener que preguntar nada. Ya desde la época de las cavernas, cuando ni siquiera existían los idiomas, ellas estaban cuidando a la prole y viendo qué niño peligraba cerca del fuego, cuál otro debía acercarse porque temblaba de frío y cuál precisaba cosquillas para alegrarse. Como los grupos humanos pasaban mucho tiempo en las cavernas, era prudente saber relacionarse con otras hembras y llevarse bien con todos, ya que eran tiempos en que los diferendos se resolvían con una pedrada certera en la cabeza que, a veces, podía ser fatal.

Ese sexto sentido que tenemos desde hace siglos, hace que a las mujeres se nos acuse de "brujas", se hable de "intuición femenina y hasta que algunos lleguen a creer que tenemos capacidades extrasensoriales. ¡Y pobre del que las ignore! ¿Cuántas veces le has dicho a tu marido: "No sé por qué, pero hay algo en tu socio que no me gusta". Y al siguiente mes, se entera de que el socio lo estafó? ¿Cuántas veces has sabido cuál de tus hijos se comió la torta de chocolate, cuando todos dicen "yo no fui", y no puedes explicar cómo lo sabes?

Solo una mujer mira a alguien al entrar y le dice: "Cuéntame qué te pasa… te veo como con mala cara". ¡Y es inútil que el otro finja estar bien!

Esta capacidad de percibir signos y detalles imperceptibles para otros hace que sea virtualmente imposible para un hombre guardarte un secreto. Si te pone los cuernos, más vale que sea rápido y por poco tiempo. De lo contrario, lo percibirás. Si una mujer no lo percibe es porque no quiere percibirlo. Es tan doloroso darte por enterada, que prefieres pensar que son ideas tuyas, que estás paranoica, que estás malinterpretando las señales que ves a tu alrededor. Pero lo primero que piensa una mujer apenas se entera de que su amor la engañó es: "Yo lo sabía…".

En verdad, no tienes que ser investigadora para descubrir infidelidades de tu pareja, porque ellos se encargan de dejar pistas por todas partes. Tu hombre puede mostrarse totalmente eficaz y lógico en muchos planos, pero estimulado por la cercanía de una jovencita apuesta, pierde todo raciocinio y cobra el mismo discernimiento de una ameba. Así como es bueno preservando información de su empresa, no es bueno preservando nada de su relación paralela.

¿Es que quieren que los descubras?

Sí. Eso es lo que quieren.

Si tú lo descubres, él no tendrá que contarte nada porque lo has descubierto sola; entonces, tampoco tiene que seguir ocultando nada, porque ya lo sabes. Y así te echan a ti la responsabilidad de saber qué hacer ahora que lo sabes. Si lo echas de la casa, habrás sido tú quien cortó la pareja y él preservará su conciencia limpia y le contará a sus hijos que "mamá me echó de casa". ¡Y el infiel es la víctima…!

Pero aún si ese no fuera su plan, los hombres son pésimos para ocultar cosas. Si algo tiene de bueno hasta el infiel es que no sabe mentir. Salvo algunos actores que merecerían el Óscar, capaces de mirarte con la expresión lastimera del gato de Shrek y decirte: "Te juro, mi amor, que nunca te he engañado", la mayoría te esquiva la mirada y trata de dormirse antes de que llegues a la cama y le hagas preguntas. La verdad es que a algunos la culpa les pesa como una mochila llena de

rocas. Entonces, si tú te enteras sola, él mata dos pájaros de un tiro: le quitas la culpa, le alivias el peso de cargar con un secreto y además le evitas que tenga que hacerte confesiones… Así de vivos son.

¿Y cómo te vas dando cuenta de que él te engañó?

Tienes cinco pistas básicas para saberlo:

1. Cuando le preguntas algo, bosteza falsamente, fingiendo querer irse a dormir sin darte una respuesta y estar relajado cuando en verdad está crispado.
2. No puede mirarte a los ojos, y se interesa en la trama del tejido del mantel.
3. Se baña apenas llega a casa, cuando antes solo lo hacía por la mañana.
4. Jamás tiene hambre, y afirma que "ya comió".
5. Te deja una carta de amor sellada de una tal Silvina sobre tu almohada, porque hace tres días que te la va dejando en la puerta del refrigerador y tú todavía no la has visto.

Quieren que te enteres. Los hombres son seres transparentes hasta para herirte.

¿EN QUÉ MOMENTO DE LA VIDA TE PONEN LOS CUERNOS?

La infidelidad también le sirve al infiel para que pueda sentirse casado, pero no muerto. Por eso, tienden a ser infieles las personas que se sienten más solas. Las personas famosas y las celebridades viven encerradas, escapando de los *paparazzi*, sin poder salir ni circular en público. Por eso, son más infieles. Bill Clinton le dijo a Mónica Lewinsky: "Tengo una vida vacía…". Y si ese era el problema del presidente de los Estados Unidos, ¡imagínate cómo estarán los demás!

Las mujeres infieles que dejaron sus carreras para cuidar al bebé buscan a alguien que las haga sentir jóvenes y amadas otra vez.

Los hombres, en cambio, cuando empiezan a sentir que la juventud se les escurre entre los dedos, quieren mostrarse a sí mismos que aún son atractivos y pecan más al cumplir años terminados en cero: 40, 50 y 60…

Los momentos de cambio y transición en la vida también crean cierta ansiedad que los varones canalizan corneando a sus mujeres. No vas a creer la cantidad de hombres que sale a buscar presas, dejando en la casa a su esposa embarazada de nueve meses. ¿No quieren tener sexo con ella estando con un bebé adentro? ¿No la ven como mujer sino como madre? ¿La panza los pone cachondos? ¿Les aterra ser padres y crecer…? No se sabe, pero eso sucede. Del mismo modo, es bastante frecuente saber de hombres que salen a buscar novia cuando faltan quince días para que se casen con otra. Es como su última declaración de "hago lo que quiero".

Si a un hombre lo echan del trabajo, queda con la autoestima tan mellada que intenta levantarla probándose que aún pueden levantarse una mujer.

En el hombre y en la mujer, a veces, el adulterio tiene más que ver con sueños propios no consumados que con tener sexo con otro: la mujer novia del músico lo admira porque ella quisiera tocar bien el violín. La que tiene un romance con un torero español lo busca porque ella quiere enfrentarse a un toro. Y el que ama a una chica en Islandia la admira porque ella se anima a vivir tan lejos y él no. Acostarse con alguien importante es mucho más fácil que tratar de ser uno mismo importante, así que ciertas infidelidades llevan a cierta gente a buscar lo que no logran sus piernas en otros brazos.

Cuidado con las crisis, que son el preámbulo de los cambios y los cuernos. Hay hombres que dicen: "Si mi mujer se va con otro, yo me voy con ellos".

Veintiséis maneras para saber que un hombre te engaña

Un hombre le dice al amigo:
—No puedo creer… ¿Tú usando aros? ¿Desde cuándo?
—¡Desde que mi mujer encontró uno en mi auto!

Además de esta, ¿cuáles son las señales de que efectivamente es un infiel en potencia, y que no solamente ha tenido una aventura, sino que, en cualquier momento, vuelve a tenerla?

1. Se queja de que ya no soporta la rutina y corre al teléfono a programar un fin de semana con sus amigos en la montaña.
2. Hay una clienta que llama a horas en que la oficina ya cerró.
3. Se demora en el baño no por leer el suplemento deportivo, sino por teñirse el pelo con Castaño Dorado 67.
4. Sus amigos opinan que él que no es infiel; es gay.
5. Al principio, te cautivaba su aire misterioso. Ahora, te saca de quicio su aire misterioso.
6. Pregunta –interesado, por primera vez en su vida– cuándo te vas otra vez de viaje con tus amigas.
7. Piensa en vender el coche familiar para comprarse una moto Harley Davidson.
8. Se compra una chaqueta de cuero negro.
9. Pega un respingo si suena su nuevo celular y te prohíbe atenderlo.
10. Te avisa el lunes que el viernes se quedará trabajando en la oficina, porque no le alcanzará la semana para acabar todo.
11. Te avisa el martes que el sábado también se quedará trabajando en la oficina todo el día.

12. Te avisa el miércoles que el domingo se le reventarán dos neumáticos y no podrá volver a casa.
13. Te enteras por tu suegra de cosas que él jamás te ha contado.
14. Es seductor hasta con la maestra de tu hijo.
15. Envidia a su amigo, el que tiene hijos que no conoce.
16. Tiene trabajos imprevistos que lo obligan a salir a horas diferentes.

17. Tiene un historial de relaciones amorosas esporádicas.
18. Suele mirar descaradamente cuando alguien le atrae, aunque estés tú adelante.
19. Conoces personalmente a la amante de su socio, pero no a la esposa.
20. Lo has sorprendido con frecuencia dándote versiones recortadas de la realidad.
21. Viaja mucho en su trabajo, y tiene una cuenta de gastos ilimitada que paga la empresa.
22. De pronto, se cuida en las comidas.
23. Siempre te está criticando algo: cómo caminas, cómo hablas, cómo te vistes…
24. Nunca le gustó la poesía y, de pronto, descubres que escribió poemas que hablan de "bellos ojos verdes…" y tú los tienes negros.

CAPÍTULO 7

Cómo mienten las mujeres

¿LAS MUJERES ENGAÑAN MENOS QUE LOS HOMBRES?

Vamos a aclararlo de una vez por todas: las mujeres le temen al sexo. Le tienen bastante pavor, porque están acostumbradas a sentir que el sexo es algo peligroso. Desde niñas, nos advierten contra los muchachos de la esquina, el hombre de la bolsa, el cuco, el que pueda tocarte en el autobús, cuidado con los desconocidos, que tu jefe se sobrepase contigo y que no te toque ese muchacho. Nadie te alienta a que te acerques a los hombres. A la niña pequeña, la alientan a agradar, a ser bonita, a tener novios... Y apenas se te acerca uno de carne y hueso, ¡todos saltan alarmados! "¿Quién es ese? ¿Qué te ha hecho? ¿Qué te dijo?". ¡Como si el pobre chico fuera un monstruo de perversión! Todo el mundo nos advierte contra ellos. Al principio, no lo crees porque tus compañeros de escuela te llegan por el codo en estatura. Pero después de los 13 años, ellos empiezan a crecer también, a pasarnos en altura, a pesar en promedio 35 kilos más que nosotras... y empiezas a temerles... ¡Dios mío, te podrían inmovilizar con un dedo si quisieran! Las diferencias físicas de los hombres sobre las mujeres son abrumadoras. Las mujeres tenemos que convivir con seres que nos duplican en fuerza. Un esqueleto femenino parece el de un pollo enfermo al lado del robusto esqueleto masculino. No es un dato menor: por eso, vivimos atentas, y por eso, soportamos abnegadamente la discriminación sexual. ¿Qué vamos a protestar? ¿Y si se enojan y nos pegan? Con el paso del tiempo, descubrimos que los hombres están interesados justamente en las partes de nuestro cuerpo que siempre nos han dicho que debemos ocultar; entonces, les tememos a los que solo nos persiguen por interés sexual. Por eso, el sueño de las mujeres es "un hombre que me proteja". ¿De quién? ¿De los tigres salvajes? ¡No: de sí mismo y de los otros hombres! Un hombre que te protege no te querrá hacer daño, ¿no? Por eso, nos obsesiona conocer si nos quieren, cuánto nos quieren y hasta cuándo nos querrán. No somos exageradas en esto: no conozco ni una mujer que no haya sido víctima de algún tipo de abuso sexual a edades tan tiernas en que les da miedo decir "no". Temerosas de que nos hagan más daño, las mujeres dividimos a los hombres en dos grandes grupos: los degenerados (que se te lanzan encima sin permiso) y los seductores (que se te lanzan encima luego de llamarte tres veces por día durante dos semanas). Y nos casamos con los que van tan lento, que tenemos que apurarlos, o nos alcanzará la menopausia esperando el primer beso. Ya sea por temor a los hombres o porque ellos no toman ninguna iniciativa, las mujeres tenemos pocas oportunidades de conocer a alguien con quien poder serle infiel al marido.

Además, la mujer siempre arriesga más en cualquier relación con un hombre. La enorme inversión biológica que implica ser madre hace que ella deba buscar un macho que compense ese esfuerzo y asegure la supervivencia de su prole. La desproporción entre la inversión femenina y la masculina en la reproducción es apabullante.

Una mujer produce solo 400 óvulos en toda su vida. Un hombre, cuatro billones de espermatozoides. El óvulo es la célula humana más grande. Para llevar a término un embarazo, una mujer invierte 80 000 calorías. Un hombre gasta 0,000000007 calorías.

Una mujer tiene que pasar por nueve meses de gestación, un parto, dos años de lactancia y 30 años más cuidando que su hijo se abrigue al salir, no pierda las llaves y se ate los cordones.

En ese tiempo, el hombre puede irse a pescar (peces, o más hembras).

Dado que ella carga con todo el peso de la maternidad, realmente tiene que estar muy loca para ser infiel con alguien que no sea George Clooney o Bill Gates en persona. O por lo menos con alguien muy guapo y muy generoso. Y si te encuentras con alguien así, no es para ponerle los cuernos a tu marido; ¡es para salir corriendo detrás de él y proponerle matrimonio!

Las mujeres están muy decepcionadas de los hombres en general. Se quejan de que ya no hay hombres, de que ellos las ignoran o no las atienden, y de que llegan a casa y están en estado catatónico. Es por la diferencia elemental entre hombres y mujeres: el hombre es feliz cuando no pasa nada y la mujer no soporta que no pase nada.¡Y mucho menos ver a un hombre tumbado en un sofá, feliz de que no pase nada! El hombre es feliz en silencio y la mujer no soporta que no haya diálogo. Esto produce brechas que explico en mi libro *¿Quién entiende a los hombres?* (Norma, 2008). Son tantas que tendrás que leerlo para entenderlas. Estas diferencias hacen que una enorme cantidad de mujeres se sienta incomprendida dentro del matrimonio y busque consuelo fuera de él. Y como el mundo está lleno de hombres que quieren sexo sin compromiso, ¿qué mejor para ellos que buscar a una mujer casada, que solo quiere que alguien la toque, le hable y le demuestre que aún hay hombres vivos en el planeta de los zombies? A algunas, verificar que hay vida en la tierra les resulta muy reconfortante. Como las mujeres son muy comunicativas, nunca dan el zarpazo sin anunciarlo. No meten los cuernos sin preanunciarle al marido que necesitan más atención, más ternura y más comunicación. Claro que ellos no entienden ni de qué les están hablando. Entonces, ellas, hartas de anunciar tanto a quien no quieren oír, buscan atenciones fuera de casa. Y si logran conformarse con uno que se parezca a George Clooney en la parte de

ANA VON REBEUR

—¿Estás tomando sol, coqueteando con el vecino, o ignorándome?

—¡Hombre, cualquier mujer puede hacer tres cosas al mismo tiempo!

atrás de la nuca, quizás logren tener un *affaire* que les quite el sopor en el que las tienen sumergida maridos que se pasan de inofensivos: ya no les interesan sus partes secretas, no las tocas, no las atacan, no quieren que nunca pase nada de nada... ¡y menos en la cama! "Y bueno...", dice ella, suspirando, "entonces será en cama ajena".

POR QUÉ LAS MUJERES MIENTEN MEJOR

Un hombre le comenta a un amigo:
—Me insinuaron que mi mujer me era infiel, así que me puse a vigilarla.
—¿Y qué pasó?
—Pues una noche salió de la casa y la seguí; fue a la casa del vecino, tocó la puerta y el vecino abrió. Mi mujer entró y cerró la puerta. Me asomé por la ventana y vi que mi mujer se desnudaba y se metía en la cama, y luego el vecino también se quitó la ropa.
—¡Uh! ¿Y después?
—No sé; el vecino cerró las cortinas y me quedé con la duda...

En verdad, no es que las mujeres mientan mejor, sino que los hombres no se dan cuenta de nada. Hay parejas que hasta discuten porque él ni siquiera capta el tono en el que ella dice las cosas. Ella dice una broma, él se la toma en serio y se ofende. Ella dice algo romántico, y él se le ríe en la cara. Ella dice algo irónico, y él cree que es literal. Las mujeres les hablamos en otro idioma que ellos no entienden, porque no se fijan en las sutilezas y los detalles. Engañar a un hombre podría ser de lo más fácil, si quisiéramos hacerlo. Le dices: "Con mis amigas, nos propusimos dormir juntas en un hotel dos veces por semana para hablar de cosas de mujeres" y ellos te lo creen sin chistar... ¡Las mujeres son tan locas que todo es posible!

Para un hombre es mucho más difícil saber si su mujer lo engaña, porque ellas, que están siempre atentas a las reacciones de los demás, no son tan descuidadas como para ir dejando evidencias tiradas por ahí: queman las cartitas, borran mensajitos, y no atienden jamás a un amante delante del marido. No usan los regalitos de un amante: se los regalan a una amiga con tal de sacarlos de la casa. Y jamás se encuentran con el amante en un sitio donde imaginen que pueda pasar

el marido o un conocido del marido. Dado que los hombres detestan ir de compras y recorrer los cuatro pisos de los centros comerciales, estos son el sitio favorito de encuentros furtivos femeninos.

Al contrario de lo que pasa con los hombres, una mujer prefiere que su romance quede en la mayor discreción, porque cuanto más secreto sea, más tiempo podrá hacerlo durar. Entonces, no se lo cuenta a nadie. A una amiga tampoco, porque –otra vez– por pura envidia, a la amiga se le escaparía contárselo a otras. Además, arriesgaría perder amistades por temor a que –dado que es tan atrevida– la infiel le quite el marido.

Son así de discretas desde el principio de los tiempos. Hace unos siglos, se enviaba al paje con cartitas escondidas para el amante. Hay un ejemplo maravilloso de esto. Un convento de Albacete del siglo XVI fue reparado en 1982 por un albañil que, en un hueco del viejo muro, halló un papel antiguo con unos versos octosílabos de una dama mora "que convive malcasada" con un marido odioso, donde ella le pide a su amante que mate a su marido para poder huir juntos a Castilla, donde "por ti me hago cristiana". Lo escondió tan bien, que nadie lo halló... ¡durante cinco siglos! Esto muestra que la astucia femenina está, en verdad, a años luz de la costumbre del macho de dejar cartitas de su amante sobre la mesa de noche.

Pero la verdad es que la mujer que engaña al marido ni siquiera necesita mentir. Con que haya algo sabroso en la heladera, alcanza. Ya lo decía mi abuelita: el amor, a los hombres, les entra por el estómago.

DIEZ SEÑALES QUE INDICAN QUE UNA MUJER TE ENGAÑA

Ahora, les toca a los lectores varones saber cuándo una mujer lo está engañando.

1. La mujer que te engaña es feliz:

¿Cómo sabes que tu mujer te es fiel? Por su cara de amargada.

Si tu mujer se ríe de cualquier cosa, está alegre, relajada y no se queja de todo, anda en algo. Una mujer casada no es feliz. Y si lo es, lo disimula para que sigas sintiendo que le falta algo para ser feliz, y que espera que, por supuesto, ese algo se lo des tú. Cuando ella ya no critica porque dejas los zapatos en cualquier lugar, porque dejas la ropa tirada ni te anda reprochando por lo mucho que comes... también es para sospechar. Si está tranquila y despreocupada, y de pronto no le importan las toallas tiradas en el piso ni que te hayas comido las últimas empanadas... su cabeza quedó en otra almohada. Cuando tu esposa te deja en paz.... ¡Alerta roja! Sospecha...

2. Ella pierde peso sin hacer dieta:

La mujer enamorada baja de peso. El amor la llena, y ya no tiene hambre, porque no está sola, ni ansiosa ni angustiada. Si sumamos la tensión que tiene por temor a ser descubierta, como vive con un nudo en el estómago, de golpe, deja de ser golosa, deja su plato intacto, no se sirve la cena, diciendo que "ya comió" y, pronto, toda la ropa le queda holgada. Disfrútalo; será el único momento de la vida en que todos los chocolates de la casa son del marido.

3. Ella conoce tragos nuevos:

Cuando pide un cóctel raro de frutas en un restaurante, es que alguien la convidó antes con eso. Y no precisamente una amiga, porque ellas toman Coca *light* y son abstemias... porque el alcohol engorda. Pero este trago de jugo de arándanos y vodka.... ¡Mmmm!, da para sospechar. Solo a través de un hombre puede una mujer llegar al vodka. Y ya sabemos quién es ese.

4. Ella pide tiempo propio:

Si ella súbitamente dice: "Me gustaría tener más tiempo para mí" y al mismo tiempo ves que se le caen los *jeans* y no se sirve lasaña en la cena, no es porque quiera estudiar arte decorativo. El tiempo "para mí" quiere pasarlo con un chico igual al modelo brasileño de Madonna.

5. Le pide opinión al marido sobre infidelidades de sus "amigas":

Cuando su mujer cuenta una historia de una amiga que está casada y quiere a su esposo, pero un tipo que trabaja con ella anda atrás y ella no sabe qué hacer, y remata: "¿Tú qué le aconsejarías?". La de la historia es ella.

6. Renueva su lencería:

Cuando una mujer empieza a tirar la ropa interior sin elástico, todos los corpiños con un gancho atado con un nudo, las medias corridas y las camisetas manchadas con tintura para el pelo, y empieza a comprar lencería de seda roja que nunca le ves puesta porque dice que es "para salir" ....¡ Ay, ay, ay!

7. No duerme en casa con el pretexto de cuidar a una amiga internada:

Cuando viene con el cuento de que operan a su amiga Juanita de un quiste en la espalda y debe pasar la noche en el sanatorio con ella, miente, usando una excusa más vieja que la pirámide de Keops. En primer lugar, esa operación no necesita internación. En segundo lugar, ninguna mujer internada quiere la compañía de una amiga; ella quiere mirar la tele y roncar, porque si te visita una amiga, encima debes entretenerla y te come los bombones que dejó otra amiga. Vil mentira.

8. Quiere decirle al marido algo confidencial:

Si ella empieza diciendo frases como "tenemos que hablar, estoy confundida, démonos un tiempo para pensar las cosas, estamos yendo por caminos distintos", está a minutos de salir corriendo con ese tipo nuevo que imaginas. Porque sucede que una mujer enamorada no tolera mucho tiempo sentir que está siendo infiel. Recuerda que, desde el principio de los tiempos, jamás estuvo bien visto que una mujer fuera infiel. Por esta culpa innata, a una mujer le resulta tan insoportable amar a un hombre para luego acostarse con un marido al que no ama, que enseguida quiere ser franca con el esposo y huir con el amante.

Para evitar que lo haga, hay que usar el truco masculino de siempre: salir corriendo si ella quiere hablar y decirle: "Ahora no, hablemos el fin de semana", dormir como un tronco cuando ella se acerca y encender la tele bien fuerte cuando quiere dialogar. Es raro que una mujer se vaya con el amante sin avisarle al marido. Si impides que ella te lo revele, no la dejas huir con el otro. Así que si ella quiere insistir en "Lo nuestro ha cambiado; ya no es lo mismo que antes", es preferible gritar "¡fuego!" y llamar a los bomberos antes que permitir que te anuncie algo. Por supuesto que la relación ha cambiado; tiene uno más joven, más musculoso que tú, que se fija en ella y no solamente en sus papas fritas, como haces tú. Entonces, si le impides hablar, no podrá darte las malas noticias. Eso sí: cerciórate de que no tenga náuseas en la mañana, porque quizás está queriendo anunciarte que está embarazada, y no la dejas. O lo peor: quiere avisarte que su madre se queda a vivir seis meses con ustedes, y como no llegó a decírtelo, te cae tu suegra de sorpresa. Pero si se trata de su *affaire* con otro, con un poco de suerte, el enamoramiento se le acabe pronto cuando se dé cuenta de que el otro también prefiere mirar el partido de fútbol antes que conversar con ella. No dejes que te confiese su historia. Las mujeres son moralistas y fundamentalistas de lengua, solamente, y piensan: "No puedo quedarme con él, habiéndole dicho que estoy enamorada de otro". Pero si no te lo cuentan, pueden quedarse. Deja que te cuente todo, *solamente si quieres sacártela de encima*. Si no quieres perderla, ignórala y no la escuches. Lo mismo de siempre, bah, pero como en eso ya tienes práctica, no tengo que explicarte cómo hacerlo; será facilísimo.

9. *Se pone triste de golpe:*

Cuando una mujer, de pronto, está seria y callada, pasa muchas horas más que las habituales frente a la computadora y anda con cara larga... se está amargando otra vez. Esto indica que el romance terminó y que ya ha vuelto a serte fiel y, dentro de los próximos diez minutos, te regañará por dejar tus cosas sobre la mesa de la sala. ¿Quieres que vuelva la paz? ¡Consíguele otro amante!

10. *Te regala un perfume raro, sin motivo:*

Si te regala un perfume de varón nuevo que nunca usas, no caben dudas de que te puso los cuernos. Como ella extraña a su amante, le regala al marido el perfume que usaba él, para no extrañarlo tanto. Así de prácticas son las mujeres. Lo importante es el perfume, no quien lo lleva.

De todas maneras, tu modo natural de no enterarte nunca de nada, esta vez juega a tu favor. ¡Bravo! Hay un chiste de un marido que no quería enterarse, para bien de ambos, y se despierta en la mitad de la noche cuando la mujer grita: – ¡Sal pronto por la ventana que llegó mi marido!

Él se levanta de un salto y se pone los pantalones apresurado. De pronto, se detiene, y dice: –Un momento. ¡Yo soy tu marido! Ah... ¡qué alivio, puedo seguir durmiendo!

Y se mete en la cama otra vez...

ANA VON REBEUR

SEÑALES QUE INDICAN QUE TU ESPOSA TE ENGAÑA....

1. Ya no habla de organizar las vacaciones o una escapada de fin de semana largo.
2. Tiene una nueva cuenta de correo electrónico y no te da su dirección.
3. Va a comprar pan a la hora en que la panadería está cerrada, y regresa tres horas después, sin pan.
4. Ya no te pide consejos para todo.
5. Siempre insiste en que el abrelatas, las llaves, las gafas y el biberón del niño se quedaron en el coche, estacionado a seis calles.
6. Ya no habla a los gritos por teléfono; habla en secreto.
7. Su música favorita es algo moderno que jamás le gustó antes.
8. Últimamente, tiene cuatro fiestas de cumpleaños por mes, sólo para mujeres solas.
9. Súbitamente, tiene que buscar cosas extrañas al otro lado de la ciudad, lo que le llevará gran parte de la tarde o de la noche. ¿Qué cosas son? Libros prestados, entrega de objetos ajenos, o reparaciones de ropa, bolsos y zapatos en sitios que ni conocías que existían.
10. Cada vez que suena el teléfono, se abalanza para atenderlo, y responde hablando en secreto.
11. Antes tenía 1700 correos electrónicos en la bandeja de entrada sin borrar. Ahora los borra a todos, y todos los días vacía la papelera.
12. No se sienta con tranquilidad a mirar un video. Nada parece interesarle.

¿Por qué cuernos me engañaste?

13. Te dice que está distraída porque tiene problemas en el trabajo, pero no cuenta qué problemas.
14. Se lava la cabeza todos los días.
15. De golpe, tiene velatorios todas las semanas, de conocidos lejanos, adonde te aconseja no acompañarla "porque no conoces al muerto y te aburrirías".
16. La ves rozagante y soñadora, más linda y amable que nunca.

CAPÍTULO 8

¿Cómo te enteras?

¿POR QUÉ SIEMPRE ERES LA ÚLTIMA EN SABERLO?

La gente traicionada, en el fondo, lo sabe. Pero como sucede con las cosas que no queremos saber, los oídos se desconectan ante la información desagradable y no le creemos ni a lo que nuestros ojos ven. Tampoco les creemos a nuestros oídos.

En lo que atañe a esta sordera voluntaria, hombres y mujeres están parejos en número de afectados. Llamo "sordos voluntarios" a esas personas a las que se les dice la verdad en la cara, y como no creen conveniente conocerla directamente, no escuchan las verdades más grandes que les dicen de sus parejas. Ya dijimos que los hombres son pésimos para disimular. Hay que ser una verdadera sorda voluntaria para no escuchar las verdades que un infiel nos dice a diario. Por ejemplo: "Cada vez tengo menos ganas de volver a casa". Y ella, en lugar de preguntar el porqué de esa siniestra declaración, dice: "Claro, con tanto tránsito... ¿Quieres más jugo?". O cuando la esposa infiel le dice a él: "Hay algo importante que quiero que sepas...". Y él le dice: "Sí, ya sé. Tranquila, la lavadora la llevo a reparar la semana que viene".

Eso significa que si no te enteraste es porque no quieres enterarte.

Los mismos amantes tampoco quieren enterarse de grandes verdades, y confunden todo. Los hombres infieles son muy sinceros, y cuando le dicen a su amante: "Estoy tan bien contigo cuando nos encontramos", es estrictamente cierto, palabra por palabra. Él disfruta la presencia de ella en ese rato y luego la borra de su mente. Pero la amante solo escucha la parte de: "Estoy tan bien contigo" y se aferra a eso como si fuera una declaración de amor eterno.

La sorda voluntaria escucha solo lo que necesita creer. Cuando su marido infiel le confiesa, al fin: "Estoy saliendo con alguien, aunque te sigo amando". Ella escucha: "Te sigo amando". Y cuando dice: "Te quiero confesar algo que no va a gustarte", la engañada escucha: "Te quiero".

No hay peor sordo que el que no quiere oír.

EVIDENCIAS POR DOQUIER

Con las infidelidades, opera el tema de los negocios: los hoteles de citas y las agencias de detectives e investigaciones privadas que, en verdad, no mueven un dedo para averiguar nada, porque afirman que el 80% de las consultas proviene de mujeres que ya lo saben todo y les traen las pruebas en la mano, ahorrándoles todo trabajo de investigación. Ellas quieren que el detective les confirme que es cierto lo que ya saben y querían verificar… ¡Porque no pueden creer que fuera tan fácil saberlo! La mayoría de las infidelidades corresponden a engaños en el ámbito laboral, el 20% a amores entre familiares (cuñados, primos y, especialmente, tíos y tías) y solo el 10% se da entre personas conocidas al azar. Dato para ponernos más que nerviosos. O sea que es probable que en estos días estés invitando a tu casa a quien, pronto, será la amante de tu marido.

Otros que ganan con el negocio de la sospecha son los vendedores de sistemas de rastreo satelital, micrograbadoras, microfilmadoras

y programas que graban chateos en la Web. Y hay empresas que, para facilitarle las coartadas al infiel, procuran invitaciones falsas y facturas falsas de congresos y eventos empresariales inventados, vendiéndoles libertad a los infieles y tramposos.

Pero, en verdad, para descubrir una traición no hacen falta ni detectives ni cámaras ocultas.

Atrapar a un hombre in fraganti es lo más fácil del mundo. Ellos "ocultan" sus evidencias en sus bolsillos o en la guantera del auto. Para romper la evidencia, ¡la cortan en cuatro y la arrojan al cesto de la basura en la cocina! ¿Hay algo más fácil que armar un puzzle de cuatro piezas?

Los hombres que usan alianza o anillo de bodas y se portan mal tienen cierta tendencia a quitárselo con motivos absurdos: "Tuve que usar una herramienta y me molestaba". "Se me hincharon las manos por un edema". Si lo ves sin sortija, sospecha.

Los hombres no tienen cuidado cuando se comunican con sus amantes. Una amiga sospechó del marido porque lo veía por la ventana, cada mañana, tomando el celular apenas entraba a su auto. "Qué raro...", pensó ella, "Si tiene que llamar a la oficina cada mañana antes de salir para allá, ¿por qué no usa el teléfono fijo de la casa?" ¿Por qué tenía que llamar apenas se subía al auto, y la esposa mirándolo por la ventana? Mi amiga decidió ponerle una pequeña grabadora debajo del asiento, y así supo que él tenía una relación amorosa... ¡Y con la operadora del servicio de asistencias del celular, a quien enamoró, diciéndole: "¡Qué linda voz tienes, Noelia!"! Esto prueba que si un hombre quiere ponerte los cuernos, lo hace con cualquiera. Y demuestra por qué no vale la pena vigilarlos... ¿A quién se le puede ocurrir que "asterisco 666" lleva a tu marido a los brazos de una amante, y a ti a las puertas del infierno? ¡Una mujer hubiera esperado estar por lo menos a tres cuadras de su casa para llamar a su amante camino al trabajo!

Los hombres no se cuidan de eliminar sus evidencias, porque gozan de cierta impunidad a la hora de los cuernos. Y es que está mejor visto que un hombre tenga amantes a que una mujer los tenga, y no quedan tan mal parados si son descubiertos. Aunque sea ante ellos mismos, tener amante les prueba ser sexualmente activos en la misma época en que su propia esposa comienza a dudar de que su marido tenga testosterona en la sangre. A algunos, ser descubiertos les da tanta bronca que le hacen escenas de furia y enojo desmedidos a la esposa, y la tratan de loca, como niños enojados, porque se les acabó el juego.

Si sospechas de tu marido, te aconsejo que le revises el auto. Para el hombre, es como su refugio personal, el sitio masculino por excelencia. Es increíble la cantidad de hombres que guardan evidencias de sus infidelidades en el baúl del auto. Calculan (mal) que su esposa jamás revisará el sucio contenido de su baúl... hasta que a ella se le daña el auto, le pide prestado el suyo para ir al supermercado, y ellos olvidan que al bajar las bolsas de las compras, ella quizás encuentre un ramo de flores ajado con una tarjetita que dice: "Gracias por estar conmigo", firmado "Yo". Porque los hombres se creen astutos si firman "Yo" en lugar de poner su nombre, pero ni siquiera cambian su letra que tanto conoces. Después, te dicen que ese ramo era para ti, pero que lo olvidaron, etc., etc., y cuanto más aclaran, más oscurecen.

Otro amigo casado iba todos los miércoles en la noche a jugar fútbol con un grupo de amigos. Esta ausencia de los miércoles le vino muy bien para encontrarse con una señorita y practicar el deporte de hacerle goles en otro sitio. Un día, de paseo con la esposa por la calle, se encuentra con un compañero de fútbol que le dice: "¿No vienes más a jugar fútbol? ¡Ya has faltado como cuatro veces! ¡Mira que si sigues faltando, buscamos reemplazo!". ¡Qué torpeza enorme! ¡Si piensas mentir, al menos avisa a tus compañeros de fútbol!

A veces, los hombres toman medios equivocados. Uno que jugaba fútbol supo de un amigo cuya infidelidad fue descubierta porque volvía del juego con la ropa deportiva perfumada y dobladita... tal como la había llevado. Entonces, pensó en el recurso de ver a su amante, no sin antes llenar su ropa de barro, en un charco al costado de la calle... ¡En un día de sol radiante, luego de una semana de sequía!

Otro compañero de fútbol optaba por llegar a su casa despeinado y transpirado, porque él pensaba que ducharse antes sería sospechoso. En una reunión de amigos, las esposas de los futbolistas reían diciendo que todos sus maridos se duchan y comen juntos en el club, y vienen tan perfumados esa noche que uno podría sospechar cualquier cosa... Cuando ella dijo: "Mi marido se ducha y come en casa", las miradas que recibió le dieron a entender que la clase de deporte que practicaba su marido era otro. ¿Tan difícil para los hombres entender que lo que deben hacer para ocultar una infidelidad es seguir haciendo lo que han hecho siempre? Si cambian sus costumbres o difieren de las de sus amigos, ¡es la primera señal de alerta para cualquier mujer!

Las mujeres son algo más imaginativas... aunque no siempre las ayuda la suerte. Como ocultan muy bien las pistas y pruebas –y la manera más efectiva de esconderle algo a un hombre es pegándoselo a la nariz– las infidelidades de ellas se descubren mucho después, y por culpa de otras torpezas masculinas: las del amante.

AMANTES TORPES

Una mujer se enamoró del profesor de música de su hijo, que siempre esperaba ansioso que ella fuera a buscar a su hijito para verla. Para ambos amantes, el mayor deleite era verse en las reuniones de padres y fingir tener un inocente trato madre-maestro, para luego ir a juntarse en una sinfonía de gemidos in crescendo con poco de "tocata y fuga". Un día, la madre del niño no pudo ir a la reunión de padres, porque no pudo salir antes del trabajo, y el niño le pidió al padre que fuera él. Aclaremos: un padre que ni sabía dónde quedaba la dichosa academia de música. Pero el mismo día, el profesor tampoco había podido asistir, y tuvo la pésima idea de darle al niño un sobre cerrado: "para tu mami". El niño le entregó el sobre al padre; este lo abrió y vio una esquela que decía: "Te quiero", con una letra nada infantil. Le preguntó al hijo: "¿Quién te dio esto?" . "El maestro de música", dijo la criatura. Allegro, ma non troppo.

Las mujeres infieles también recurren a los hombres que tienen más a mano. Una señora casada empezó a noviarse con el vecino, que la visitaba cuando su marido salía a trabajar. Como tenían terrazas linderas, habían ideado el sistema de que cuando ella colgaba una sábana amarilla en la azotea, indicaba que él podía ir a visitarla porque el marido había salido. Así, tuvieron un romance fogoso y sin riesgo, hasta que un sábado, el marido colgó en la azotea una toalla amarilla... y a los cinco minutos, tenía al vecino en la puerta con un ramo de rosas rojas, y la cara más roja que las rosas.

Los teléfonos delatan.

Cualquier persona que se esconde para hablar por teléfono es susceptible de ser sospechosa de tener un *affaire*. Pero hay gente que ni siquiera se esconde. Conozco el caso del dueño de un kiosco con teléfono público, que empezó a ver que una vecina venía a hablar bajito y a gastarse varias tarjetas telefónicas hablando por el teléfono público. Le pareció extraño, porque un teléfono público generalmente se usa para hacer llamados breves. En seguida, vio a un señor que hacía lo mismo: largas charlas en voz muy baja en el mismo teléfono público. Un día vio caer un sobre bajo el teléfono, lo levantó y vio que era una carta de amor. Volvió a ponerla en su escondite y cada día empezó a chequear si había cartas detrás del teléfono. Ambos vecinos charlatanes telefónicos se dejaban cartas escondidas detrás del aparato, de tal temperatura erótica que al dueño del kiosco ya le daba vergüenza leerlas. Finalmente, decidió destruir las cartas, para que los amantes telefónicos buscaran otro sistema para comunicarse.

En Australia, un 25% de los usuarios de teléfonos móviles descubrió por mensajes de texto equivocados que sus parejas les eran infieles. Y uno de cada cinco usuarios se equivocó enviando a su esposa o marido un mensaje que en verdad era para su amante. Si tu hombre tiene celular, te enteras en minutos, porque se equivoca y te envía a ti el mensaje que era para la amante. Y una mujer con celular conserva los mensajes de su amante, de puro sentimental. Eso sí, guarda su nombre con apodos o iniciales. ¡Los hombres no son tan suspicaces como para pensar que "Dani" no es Daniela sino Daniel!

ATRAPADOS SIN SALIDA

Muchas veces, el mismo infiel se encarga de meter la pata.

Un amigo conoció a un par de muchachas muy guapas. Entonces, decidió salir de excursión de "pesca" todo el fin de semana con un compinche. Eso les dijeron a sus esposas, y se pasaron todo el fin de semana dentro de un hotel con sus amantes, sin mojar un anzuelo. Al regreso, se dieron cuenta de que no llevaban prueba alguna de que hubieran estado pescando. Entonces, pasaron por un supermercado y compraron unos cuantos pescados. Se dieron cuenta de su error al observar los rostros de horror de sus esposas, quienes, al abrir el paquete, encontraron no solamente que los pescados frescos estaban congelados, sino que en la cola de cada uno venía engrampada una etiqueta plástica con el nombre del supermercado.

Los hombres que se sienten culpables meten la pata de pura culpa. Un amigo pasó a buscar a su suegra con su esposa para ir a una boda, luego de una noche de juerga con su amante. En el camino, se detuvo en una estación de servicio para cargar combustible, y su suegra y su esposa aprovecharon para ir al baño. En ese instante, él vio un par de sandalias de taco aguja en el piso del auto. Estaba espantado, pensando que su amante las había olvidado. Inmediatamente, las arrojó a la basura antes de que su esposa y su suegra las descubrieran. "¿No has visto mis zapatos de fiesta?", le preguntó la suegra. El sudó frío, pero se mantuvo firme, diciendo que ella jamás había subido tales zapatos al auto. La suegra tuvo que entrar a la boda en pantuflas, y preocupada por su Alzheimer galopante.

Lo peor de todo son las sorpresas.

Una amiga que buscaba trabajo finalmente consiguió un empleo en una farmacia. No se lo dijo al marido porque quería sorprenderlo con el cheque a fin de mes. Le dijo que cada tarde iba a hacer un curso de idiomas. A mediados de mes, viendo que el marido entraba a la farmacia, ella se escondió detrás de unos estantes, desde donde lo espió hasta que él fue a la caja... a pagar unos preservativos. Lo grave no es la compra, sino que hacía años que ellos no usaban condones, pues ella tomaba pastillas anticonceptivas.

Otro que conozco, para no ser descubierto, se hizo un viaje a un pueblo perdido en las montañas. El pueblo tenía como ocho tiendas y un almacén. Con su amante, fueron a comprar al almacén, donde los atendió... ¡la mucama de él, cuyo hijo era el dueño de la tienda! Su mujer le había dado vacaciones, sin avisarle a él...

Un profesor de literatura casado tuvo un romance con una rubia de pelo corto que lo invitó a un cóctel en su empresa. En la mitad del cóctel, se acercó a saludarlo un alumno suyo, con su padre que, de casualidad, trabajaba en la misma empresa que su amante. En medio de los nervios, él le presentó a su amante como "mi esposa". Un día, la esposa pasó a buscarlo por el colegio. Como no salía de clase, ella le dijo al niño: "Dile que lo espera su esposa". Y el niño le dijo: "¡Usted no es su esposa! Ella es rubia y de pelo corto".

El cosmos entero conspira contra los infieles. Así como te alegra encontrar un amigo en un tren, al infiel los conocidos le brotan de las baldosas... en el sitio más inesperado.

Un casado decidió compartir un viaje de negocios en avión con su amante, con tan mala suerte que lo sentaron junto a una amiga de su esposa quien le preguntó por "Susana y los chicos"... ¡cuando él le había dicho a la amante que vivía solo y que no tenía compromisos! La amante se pasó todo el vuelo llorando, encerrada en el baño del avión. ¡La mentira tiene patas cortas, porque la verdad vuela!

Y hablando de "no a las sorpresas", yo siempre aconsejo: si te vas de viaje, te vas de viaje. Si regresas antes, ten el buen gusto de avisar que regresas antes. Si quieres visitar a tu marido al trabajo, anúncialo. Si lo quieres visitar mientras tiene un congreso en otra ciudad, avísale antes. No es por desconfianza, pero las sorpresas son siempre mala idea. Eso de caerle a tu marido de sorpresa cuando él te imagina tranquilita en tu casa, solo produce disgustos. Siempre, siempre, siempre, hay que avisar que estás llegando. Hay sistemas más agradables de descubrir una infidelidad que caer de sorpresa: el sorprendido nunca te agradecerá el susto que le da verte de cerca.

Finalmente, podemos decir que todos estos sistemas para descubrir infieles están permitidos entre los usuarios de Facebook. Allí, basta que un idiota te "etiquete" en una foto en situación comprometida, para que toda la comunidad Facebook sepa de tus trampas y se las cuente a su pareja. Un amante discreto y un infiel astuto *jamás* se dejan tomar una foto. Y si se la toman, secuestra la cámara.

PAREJAS A LA BASURA

En cuestión de buscar pistas, la basura es una mina de oro.

Desde mayo de 1988, las bolsas de desperdicios se convirtieron en botines sumamente incriminatorios para los ciudadanos norteamericanos. La Suprema Corte de Justicia de los Estados Unidos votó 6 a 2 en favor de una regulación que permite a la policía revolver libremente la basura que cualquier ciudadano ponga en la calle para su recolección, sin necesitar para eso ningún tipo de orden judicial o permiso especial. Esto sucedió porque se dieron cuenta de que en la basura pueden encontrarse montones de elementos que aportan pruebas contra su propietario, en el caso de que las necesiten.

Los americanos están aprendiendo la lección: "Ten cuidado con lo que tires a la basura". Es una lección dura, y un consejo difícil de seguir al pie de la letra, porque, ¿qué puede hacer uno con la basura que lo incrimine? ¿Esconderla? ¿Enterrarla en el jardín de su casa? ¿Tirarla en un terreno baldío? ¿Comérsela?

¿Y por casa?

Dudo que por estas latitudes se apruebe alguna vez una ley semejante. No veo que, encima de todo lo que nos pasa, a alguien le queden ánimos de revolver la basura. Ni siquiera a la policía. Pero de todas maneras, hay que cuidarse de lo que uno tira. Sé de personas que han pasado años luchando una interminable guerra cotidiana en la que se escucha: "¿Será posible que tenga que revisar la basura todos los días para que no me acabes tirando algo que yo quería conservar?".

Asimismo, no hay nada más patético y denigrante que una mujer que, presa de un ataque de celos, revisa la basura que tiró su marido. Y peor aún si se da cuenta, con una extraña mezcla de alivio y desilusión, que no hay nada incriminatorio. Alivio y desilusión. Desilusión, porque si la evidencia no está acá... ¡debe estar en alguna otra parte!

Conozco a una mujer celosa del marido, que cogió todos los álbumes de fotos que él tenía de sus amigotas y ex novias, los metió todos en una gran bolsa de nylon y, antes de que él llegara a la casa, sacó la bolsa a la calle, junto con la basura. Después de cenar, tocaron el timbre de la puerta. El marido salió a ver quién era y se encontró con el recolector de residuos, que le extendió una enorme bolsa plástica, diciéndole: "Señor, acá debe haber una confusión. Estos son álbumes de fotos que estaban junto con la basura. ¿Por casualidad son suyos?". Escándalo. Esa noche nadie durmió. Menos, los vecinos.

Ser descuidado con la basura puede traer consecuencias nefastas.

Conozco otro caso de un tonto que taponó la cloaca por arrojar al inodoro un par de medias de red negras que no eran de su mujer. Tuvo la mala suerte de que ella estuviera cuando llegó el fontanero, quien le dijo: "Señora, jamás tire estas cosas suyas en el inodoro. Solo se arroja a la red cloacal lo biodegradable". Por supuesto, en este caso, su marido quedó sumamente biodegradado, y con su amorío secreto en la red cloacal.

¿HAY QUE AVISARLE A UN AMIGO QUE HAS VISTO A SU PAREJA CON OTRA PERSONA?

No; jamás.

Primero, porque no te creerá. Segundo, porque te odiará. Tercero, porque no querrás ser el causante de una refriega que acaba con lesiones varias perpetradas por una persona en estado de emoción violenta.

¿Sabes que en la antigüedad los reyes ordenaban asesinar al mensajero que les traía malas noticias? Tu amigo o amiga no te matará, pero te declarará muerto social: cada vez que vea tu cara y escuche tu voz, recordará el espantoso momento que le hiciste pasar con esa horrible noticia. Y tú no querrás ser recordado con espanto, ¿verdad? Si tú le notificas, lo más desagradable que puede pasarle, lo relacionará contigo y te tendrá fobia por mucho tiempo.

¿Qué supones que pasará? Luego de que reciba tu mala noticia, irá corriendo a preguntarle a su pareja si eso es cierto; la pareja lo negará a muerte, poniendo cara de cachorro apaleado mezcla con angelito triste... ¿Y a quién de los dos te parece que le creerá? ¿A su pareja compungida o al amigo o amiga que le viene con el chisme? Si le cuentas a alguien que es cornudo, te arriesgas a dos cosas: una trompada en la nariz y una patada en el trasero. Muchas personas prefieren mirar la tele antes que tener malas noticias. Además, muchos cornudos se reconcilian con sus parejas infieles, y en ese instante, te convertirás en un souvenir de 1,70 de alto de que es un cornudo consciente. ¿Quieres que te odien por eso? Tampoco se te ocurra decirle: "Yo ya lo sabía", cuando te cuente de la infidelidad, si no quieres que te odien a perpetuidad.

El único caso en que puedes contarlo es solamente si te lo preguntan con enorme franqueza, demostrando que necesitan saberlo y que pueden recibir la noticia con entereza.

Un buen truco solo apto para discretos es hacer la pregunta: "Mira, Laura, estoy en un problema: he visto al marido de una amiga con otra mujer, muy acaramelado en un restaurante, en el que él seguro no sospechaba que nadie lo viera. ¿Tú qué crees? ¿Debo contárselo a ella?". Y ver qué te responde, y si le parece que el cornudo o cornuda debería saberlo. Lo más probable es que te responda "No, si no estás segura de cómo pueda tomarlo", "Yo esperaría a que se entere sola", "Solo si ves que ella sospecha de él desde antes", "Solo si ella ya tiene un amante" o "Solo si la odias".

Si ya no toleras guardar el secreto, puedes contárselo a otro amigo común, diciéndole: "No se lo digas ni le cuentes que yo te lo he dicho". Pero ya sabes que los secretos llegan muy rápido a oídos inconvenientes. ¿Cómo hacer para que todo el mundo sepa en dos horas lo que quieres que todos sepan? Anúncialo, diciendo: "No se lo digas a nadie", claro… El sabio chino Confucio decía: "Si tenemos dos orejas y una boca, hay que hablar la mitad de lo que se escucha". Y Platón les decía a sus discípulos: "No me cuentes nada que no vaya a mejorarnos el día". Si cuando tu amiga cornuda se entera de todo, te pregunta: "¿Pero tú no sabías nada?", dile: "Para qué alarmarte, si no estaba totalmente segura de que él fuera tu marido, y ella fuera una amante… ¡Quizás solamente era una pobre chica a la que se le estaba cayendo la bombacha, y él le estaba ayudando a levantársela!".

CAPÍTULO 9

¿Qué pasa cuando lo descubres?

Llega un tipo del trabajo a su casa antes de lo previsto.

Al entrar a su dormitorio, encuentra a su mujer en la cama con otro hombre, en pleno y desenfrenado acto sexual. Indignado, pregunta:

–¿Pero qué es esto, uno arriba y otro abajo, moviéndose rítmicamente?

A lo que la mujer responde:

–Mira qué eres ridículo. ¡Yo estoy acostada con tu mejor amigo y tú me vienes con adivinanzas!

¿CÓMO REACCIONAS?

Según el psiquiatra Don David Lusterman[12], la infidelidad es el momento en que una parte de la pareja continúa creyendo que el acuerdo tácito de ser fieles el uno al otro sigue en vigencia, mientras el otro lo rompe secretamente. Por eso, el engañado se siente estafado y con ganas de decirle al infiel: "Si querías romper el acuerdo, me hubieras avisado, cielo... ¡y lo rompería yo también!". Es decir, el infiel es un egoísta que se guarda toda la diversión para él solo.

---

12 *Infidelity* (New Harber Publications, 1998).

Al principio, sientes una furia loca contra la persona que te engañó. Quisieras quemar sus cosas y no haberlo conocido jamás. O haberlo conocido, sí, pero en la isla de Robinson Crusoe, donde si te quería poner los cuernos, te los ponía con una cabra. Esos sí que son cuernos. Pero al menos las cabras no hablan, o no escuchan, y no saldrán de testigo cuando lo mates por haberte dejado por una cabra, lo que justamente te deja loca como una cabra.

Finalmente, no haces nada lógico al enterarte de la infidelidad, sino cosas más locas aún:

- Susana descubrió que su marido en vez de ir al gimnasio, iba a hacer gimnasia particular a la cama de la vecina. ¿Qué hizo la mujer engañada? Soltó el adorado Rottweiler del marido a la calle. Y lo dejó perderse en la ciudad para siempre. Luego, le dijo: "Tu perro escapó". Pensaba que el hecho de buscar al perro mantendría entretenido al marido, que pasó semanas forrando la ciudad con fotocopias que prometían recompensa por encontrar al perro, mientras ella ya estaba pensando en forrar la ciudad con fotocopias, ofreciendo recompensa a quien se llevara a su marido.

- Maricarmen sabía que no podría impedir que cada noche él se viera con su amante. Lo que hizo fue llenarle la ropa de él con su propio perfume femenino, dulce y empalagoso. Le besó con pintalabios el interior de cada uno de sus calzoncillos, para que la amante viera que aunque él dijera: "Con mi mujer no pasa nada", mentía. Y le dejó cartas de amor en el auto, en la ropa, en los bolsillos y en la cartera... ¡Cartas firmadas con varios nombres de mujer y letras diferentes! El romance terminó cuando la amante sospechó que él seguía muy romántico con su mujer y además le era infiel con otras.

- Irene sospechaba de su marido. Cada vez que lo llamaba a la oficina, la secretaria le decía que él no estaba. Entonces, le pidió a la secretaria que averiguara qué pasaba con él. La secretaria le aconsejó que se tomara unos días de vacaciones para que dejara a José tranquilo, porque estaba agotado y con mucho trabajo. Si ella se iba, él la echaría de menos y al regresar, ella recuperaría a su marido. Ella le hizo caso. Se fue sola una semana y cuando llamó a su casa para saludar a su marido, la atendió la secretaria. No era aliada: era rival.

- Diana empezó a tratarse con Jorge, un dentista muy encantador con el que se quedaba largo rato conversando amablemente después de cada arreglo dental. Su marido, un solitario depresivo, estaba necesitando dentista y ella le aconsejó que fuera a ver a Jorge. Jorge se le insinuó a Diana y tuvieron un tórrido romance en el consultorio y varios hoteles. El marido también hizo buenas migas con Jorge. Al poco tiempo, ella se enteró de que su marido había invitado a Jorge a cenar a su casa. Jorge no tuvo el valor de decirle que no; fue a la casa y cuando el marido de Diana vio las miradas que se cruzaban los dos, no le cupieron dudas y prefirió quedarse sin esposa y sin dentista.

- Liliana alquiló un departamento que pertenecía al matrimonio Morales. Pero le fallaban tantas cosas que tuvo que llamar veinte veces al señor Morales para que le reparara esto y aquello. El señor Morales fue muy amable: asistió tan seguido que acabó probando el colchón junto con Liliana. Al poco tiempo de iniciado el *affaire*, por congraciarse con Liliana, no le quiso cobrar el alquiler. Y fue por esto que la señora Morales se enteró, lo echó de la casa... y ahora está en juicio para echar a los dos tórtolos del departamento en alquiler.

- Lucía descubrió que su marido solía chatear intensamente con una mujer que había conocido en la Web. Mientras él fingía estar adelantando trabajo de la oficina, ella sospechó, al verlo trabajar, sonriendo. Entonces, ella entró al Website que frecuentaba él, se hizo pasar por una nueva amiguita muy cachonda (él le dijo que era separado), lo citó en un hotel fuera de la ciudad y, apenas el acudió a la cita, ella corrió a cambiar la cerradura y no lo dejó entrar nunca más a la casa. Total, él ya estaba "separado" de antes.

- Héctor supo que su esposa se estaba viendo con otro tipo. Veloz con sus reflejos, sorprendió a su esposa con dos pasajes para irse de vacaciones en un crucero, donde se empeñó en recuperar la atención de ella. Claro que no hay amante que te espere luego de cuatro largos meses sin noticias, porque te has ido en crucero con tu marido, así que los dos volvieron muy enamorados. Apenas volvió a su casa, Héctor puso identificador de llamadas al teléfono.

- Melina descubrió que su marido tenía una historia con su socia. Entonces, fue y le pidió un montón de dinero prestado a su socia, quien, por la pura sorpresa y culpa, no le pudo negar. La socia le regresó al marido. Melina nunca le regresó el dinero.

- Luis sospechaba que su esposa estaba viéndose con alguien, hasta que supo que ese alguien era un amigo de él. Cuando los encontró a los dos en su casa, los echó furioso y los dos se fueron para no volver. Ahora Luis se arrepiente de no haber tratado las cosas de modo menos impulsivo, porque extraña al amigo. Y hasta piensa que justamente eran amigos por tener gustos muy similares... hasta en mujeres.

- Cuando Ignacio supo que María, su esposa, tenía un *affaire* con el socio de él, no le dijo nada, pero fueron a tomar un café con el socio, y le dijo: "Estoy preocupado por María... ¿Sabes? Se está viendo con alguien...". El socio, que sudaba frío, le dijo: "No puede ser, son ideas tuyas". Ignacio le dijo "¿Ideas mías? Se encuentra todos los días a escondidas con el vecino de al lado, un fisicoculturista de 25 años que vive solo". Al día siguiente, María estaba de vuelta en casa, tratando de recomponer la relación con su marido, ya que con el socio de su marido no pudo recomponer nada.

- Mercedes supo que Ricardo, su marido, se estaba viendo a escondidas con una compañera del trabajo. Ella averiguó la dirección de la amante. Y fue personalmente a llevarle un gran ramo de flores en agradecimiento por "lo fogoso y adorable que está Ricardo desde que te conoce a ti... Y te pido por favor que sigas con él, no lo dejes, que gracias a ti hemos recuperado la pasión en nuestro matrimonio". La amante quedó tan descolocada que no pudo seguir con el hombre... ¿Quién puede sostener un romance a pedido de la esposa legal?

- Sofía se enteró de que cada vez que su marido se iba de viajes de negocios, llevaba a su secretaria con él. Pero no dijo nada. Simplemente, llamó a la secretaria para preguntarle qué vacunas debía ponerse para viajar a Malasia. A la noche, llegó el marido, shockeado. "¿De modo que quieres viajar conmigo?". "Claro que sí, ya era hora", dijo ella. A partir de entonces, viaja con él a todas partes y compra los regalos más caros en cada destino. "¿Qué iba a hacer? ¿Formarle un escándalo para que se vaya con la loca esa, dejándome sola con los niños? ¿Pelearme con él por lo que ya estaba hecho? No, señor: decidí viajar y en cada viaje me cobro la culpa que él aún tiene encima... ¡Es incapaz de decirme que no a nada!".

Todas son maneras distintas de reaccionar. Algunos se vengan, otros reaccionan creativamente para recuperara algo de lo que quedó, otros se quedan sin nada. Enterarse, se enteran, y lo primero que quieren es hacer algo, cualquier cosa, con tal de no quedarse mirando desde afuera cómo se divierten aquellos dos.

CUANDO NO SABES QUÉ HACER

Hasta ahora, creías haber conocido al hombre ideal. Bueno, con sus manías, pero... ¿quién no las tiene? Eso de beber la leche del recipiente, mojar todo al salir de la ducha y estar leyendo el periódico cuando la casa es una mugre, son cosas perdonables, pues nadie es perfecto.

Pero encontrarle una pulsera femenina en el bolsillo, llegar tarde con la camisa oliendo a perfume empalagoso, y hablar bajito al celular para cortar apenas te acercas... ¿es perdonable? ¿O es señal de alerta roja?

Lo primero que te sucede cuando empiezas a sospechar algo es un cúmulo de preguntas pegoteadas y sentimientos encontrados: "¿Le digo que sé? ¿Lo interrogo? ¿Y si me equivoco? ¿Y si es inocente y le doy la idea? ¿No se lo digo y espero que él confiese? ¿Me voy de la casa o lo echo a él? ¿Cambio el cerrojo o le tiro sus cosas por el balcón? ¿Lucho por él o se lo regalo con moño a la otra? ¿Vale la pena luchar por él, cuando hace seis meses que no va a buscar la licuadora que dejó en el servicio de reparaciones de electrodomésticos que está a media cuadra de su trabajo? ¿Lo mato ahora o dentro de un rato?".

Como en las últimas semanas lo has notado raro, esquivo, distante, decides confrontarlo y le comentas tu sospecha. Y para espanto tuyo, en vez de responder con una carcajada y un abrazo, él se pone carmesí, tartamudea y mira hacia otro lado y te dice: "Estás loca, son ideas tuyas".

Ahí es cuando las rodillas no te sostienen el cuerpo. No sabes cómo seguir. ¿Él te engaña con otra y te trata a ti de loca? ¿Lo matas a él? ¿O matas a la otra? ¿O te matas tú? ¿O matas a los dos y te refugias en Zanzíbar? ¿Para qué? ¿Para que se queden con tu casa, tú vayas a prisión y ella use tus joyas, tus cosméticos y tus sales de baño? ¿No será mejor hacerles la vida imposible para que sean ellos quienes tengan que refugiarse en Zanzíbar? ¡Pero no querrás quedarte encerrada sola en casa mientras ellos viajan por países exóticos! ¿Hay salida digna de un engaño, que no incluya cicuta, una vacuna contra la malaria y pasajes aéreos en Zanzíbar Airlines?

Él dijo amarte... ¿Resulta ahora que te mintió? ¿O cuando dijo "te amo" le hablaba a su gato? ¿En qué puedes creer?

Te invade una soledad abrumadora. Porque él no dice nada. No dice que quiere dejarte. No dice que todo terminó. No dice que ama a otra. Pero la otra está. Es una presencia casi palpable. Casi podrías romperle sus estúpidos dientes de conejo.

Un consejo: cuando no sabes qué hacer, tómate todo el tiempo del mundo. No es bueno tomar decisiones vitales en caliente, cuando estás en estado de shock. No permitas que él te apure. Espera que decanten tus sentimientos y emociones y puedas discernir con claridad qué se puede hacer con todo este lío en el que te ha metido. Lo más importante: este es un asunto de pareja; no lo ventiles ante terceros, no discutas con él ante testigos ni esperes que los demás se pongan de tu lado. No le cuentes nada a nadie, ni menciones el asunto entre amigos o parientes. ¿Por qué? Porque ellos tomarán partido, y seguirán ofendidos con tu ex aun cuando ya te hayas reconciliado con tu pareja. Y mientras tú perdonas y ellos no lo hacen, dirán: "No sé cómo ella sigue con ese traidor inmundo". Con eso no te ayudan a superar tu despecho. Antes de contar un tema de pareja con amigos, piensa a futuro: ¿Cómo repercutirá lo que les acabas de decir? ¿Pensarán que eres tonta por seguir con él? Mira que las mejores amigas son capaces de decirte: "Sí, sí... muy lindo el crucero que harás con él, pero vigílalo de cerca; van llenos de locas... y no olvides la que él te hizo el año pasado". ¡Se te arruinó el viaje en un segundo, solo porque hablaste demasiado!

LAS TRES RESPUESTAS MÁS IDIOTAS QUE ÉL TE DA

Está científicamente comprobado que el cerebro de los hombres les impide sentir y pensar al mismo tiempo. Ellos tienen que elegir: o sienten o piensan. Pero esto no sirve de descargo ante un desliz pasional –"Disculpa, cielo, no he pensado... ¡Solo he sentido!"–pero explica cómo pueden pretender conformarnos con explicaciones que no explican nada.

Supongamos que ya lo sabes; tienes pruebas en la mano –recibos, tickets, resumen de teléfono celular o de tarjeta de crédito, tres pelos largos rubios cuando tú eres morena y él no tiene como mascota un pony rubio– y lo tienes contra la pared. Abrumado, él recurre a los clisés trillados de todas las películas, que son estos y ni uno más:

a. Son ideas tuyas.
b. No es lo que estás pensando.
c. No significó nada para mí.

La verdad, hubiera sido mejor que se callara la boca, porque estas respuestas solamente ayudan a sumarle insultos al agravio.
Analicémoslas una a una:

a. Son ideas tuyas

¿Ideas tuyas? ¿Tienes tres testigos que lo han visto con una rubia y quieres hacer creer que todos están sufriendo una psicosis colectiva y delirios alucinatorios? Las copias de los correos electrónicos que él intercambió con ella las has sacado del historial y no dicen otra cosa que "Quiero estar contigo". ¿Acaso hay varias acepciones de esta frase? Si nuestro idioma fuera el inglés, el francés o el alemán, dado que en esas lenguas los verbos "ser" y "estar" significan lo mismo, entonces, podría decirte que lo que quiso decir es: "Quiero ser contigo", porque "Aún no sabes que me estoy dedicando a la filosofía kármica hindú, que dice que todas las almas partimos de una gran energía central, a la que pertenecemos todos, y ese "quiero ser contigo" es nuestro saludo kármico informal". Si tienes ganas de que te tomen por idiota, te la crees y se termina la historia. Pero como en español "ser" es una cosa y "estar" es otra, él no tiene coartada lingüística, aunque igual descubrirá que la gran energía central sí existe: la sentirá kármica y físicamente con el sartenazo por la cabeza que le darás al escuchar la frase "Son ideas tuyas".

b. No es lo que estás pensando

Tienes pelos, bombachas y hebillas del pelo que no son tuyas, más tarjetas de crédito de hoteles y cenas para dos... ¿y estás pensando erróneamente? ¿Te está tomando por loca? ¿Acaso podrías suponer otra cosa que no sea una infidelidad? Sí, claro, puedes pensar que él usa bombachas y pulseras porque decidió expresar el aspecto travesti de su personalidad. Lástima que la pulsera no le pasa ni por el dedo gordo del pie. ¿Acaso tiene tantas ganas de comer, que cena solo y come por dos? ¡Qué pena que no traiga las sobras del lomo con champignon a casa! ¿Y la mancha de lápiz labial en su camisa? ¿Debes pensar que se peleó con un payaso? ¿O que su secretaria se limpia la boca en su camisa después de almorzar? Por lo menos, si además hubiera migas y mayonesa... él tendría una coartada. Pero no la tiene. Definitivamente, hay otra persona.

c. No significó nada para mí

¿Ah, sí? ¿Y por esa nada tira toda la confianza de años juntos por la borda? ¿Tiene un romance, intercambia cartitas, comparte noches apasionadas con esa persona... pero no significó nada? O sea, si todo eso queda reducido a "nada"... ¡En cualquier momento vuelve a hacerlo! ¡Suceda o no es totalmente anodino! ¿Se quitó la ropa interior delante de un tercero que no es su médico, por nada? ¿Acaso se volvió exhibicionista? O lo que quiere decirte es que, en verdad, creyó que todo eso sería mucho más inquietante y fascinante que lo que resultó, y como se siente decepcionado y frustrado porque no le movió un pelo, le queda la asignatura pendiente de meterte los cuernos con alguien que le signifique algo? ¿Cómo va a romper la lealtad entre los dos por una "nada"? ¡Por lo menos, si te cambia por otra persona, que sea alguien de nivel, estatus, presencia, de quien puedas opinar "te comprendo, era imposible resistirse"! Pero cambiarte por una "nada"... ¿no es cruel?

Tantas veces hemos escuchado estas explicaciones obvias en las películas de amores traicionados que, por suerte, los nuevos guionistas, con buen tino, decidieron que en el momento en que la cornuda o cornudo descubre la traición, le dice al infiel: "No me digas nada. No quiero explicaciones" y el otro traga saliva, sabiendo que cualquier cosa que diga complicará su situación. Gracias, guionistas, por privarnos de estas cursilerías en el cine. Bastante tenemos que escucharlas en la vida real.

EL INSTANTE DE LAS SEIS PREGUNTAS CLAVES

Cuando te enteras, conviene mantener la calma. Aquí se trata de sentir menos y pensar más, que es exactamente lo opuesto que ha hecho el infiel. No imites su estupidez. Sé el cerebro de la casa.

Primero, permítete expresar toda tu indignación y no permitas que él te diga: "Bueno, no exageres, tampoco es para que te pongas así"... porque si hay algo en la vida que te habilita para ponerte como una fiera es esto. Así que aprovecha ahora, que tendrás pocos momentos en la vida donde puedas arrojar *toda* tu vajilla contra la pared. Eso sí: con total calma. De a una, empezando por la vajilla heredada de tu suegra, y apuntando a la cabeza de él.

Cuando ya no queda ni una cucharita por romper, te asaltan una serie de siete preguntas en cadena, que por orden de urgencia son:

1. ¿Cuándo?
2. ¿Desde hace cuánto tiempo?
3. ¿Con quién?
4. ¿Dónde?
5. ¿Qué han hecho juntos?

6.   ¿Cómo lo han hecho?
7.   ¿Por qué?

Ya veremos que, curiosamente, siendo "por qué" lo más importante, es generalmente lo último que se pregunta. Veremos por qué insistes en saber estas cosas.

¿POR QUÉ TE IMPORTA EL "CUÁNDO"?

Lo que primero te importa es saber "cuándo" lo ha hecho, ya que no entiendes cómo no has podido darte cuenta de que él te sacaba tiempo para dárselo a otra. ¿Así que tenía tiempo libre y lo compartiría con otra, sin decirte nada, y cuando hace como un año que no te lleva al cine ni a comer afuera? Esa es la mayor estafa: te ha quitado lo que era tuyo, la posibilidad de compartir con él su tiempo libre. Y te ha tomado por tonta al regalárselo a otra y al hacer en ese tiempo cosas que ignorabas. También, te interesa saber en qué momento del día o de la semana él calculó que estabas más distraída, para ir evaluando si puedes seguir haciendo retiros espirituales en la montaña con tu grupo de yoga o si más te convendría montar guardia en la puerta de tu casa con un palo de amasar en ristre, para que sea él quien se retire espiritualmente de la idea de andar corneándote.

¿POR QUÉ TE IMPORTA DESDE HACE CUÁNTO TIEMPO?

Además, quieres saber cuánto tiempo hace que eres la mayor idiota del mundo: "¿Desde hace cuánto que la conoces?". Significa eso: ¿Cuánto hace que soy la boba que no notó nada? Quizás ya debas hacer una fiesta de aniversario de boba.

¿POR QUÉ TE IMPORTA CON QUIÉN LO HA HECHO?

Viene en tercer lugar, pero es la pregunta que más te importa. Es más, si pudieras hacer una sola pregunta, sería esta. Pero como apenas puedes respirar después de enterarte, la dejas para cuando recuperes el aliento. Es imprescindible saber "quién" es la persona que le ha interesado tanto como para engañarte. ¿Quién es esa rata que le ha interesado más que tú? ¿Es más o menos atractiva que tú? Esta es la pregunta más cruel para ti. Porque sea cual fuere la respuesta, siempre pierdes. Si es más atractiva que tú, es una herida narcisista para ti, y ya que tu pareja ha hecho un *upgrading* relacional. Pero si sabes que es menos atractiva que tú, es aún peor: estás casada con un tipo que te cornea "hacia abajo", lo cual indica tres cosas deprimentes:

- Él tiene mal gusto.
- Cualquier tonta se lo levanta.
- Eres demasiado para él.

¿POR QUÉ TE IMPORTA DÓNDE LO HAN HECHO?

Por supuesto quieres saber "dónde" se han conocido y dónde se han encontrado cada vez, por dos motivos: porque quieres saber cuál es el área de la vida de tu pareja donde tiende a ser infiel –¿Trabajo? ¿Club? ¿Gimnasio?–, para saber adónde le prohibirás la entrada. Y además, quieres la mayor cantidad de detalles posibles, porque ya no toleras los secretos y el misterio; ahora que lo sabes esto no es asunto privado de ellos dos: es un asunto tuyo al 100 % y lo que quieres es cortar, machacar y descuartizar la intimidad entre él y la otra, y para eso debes saberlo todo, que no quede ningún secreto que quede como algo privado entre ellos dos.

¿POR QUÉ TE IMPORTA QUÉ HAN HECHO Y CÓMO LO HAN HECHO?

"Qué" han hecho y "cómo" lo han hecho es la pregunta más llena de morbo, la más torturante, pero también sirve a los efectos de que él ya no tenga ningún "lo nuestro" con ella, sino que estés tan metida en los detalles, que no queden secretos entre ellos dos. Te metes en el medio de la inmundicia, pero al menos logras romper la intimidad entre ellos, como él ha roto la tuya al meter a una tercera en discordia entre los dos. Entonces, si su amante osa llamar a tu casa, podrás refregarle en la oreja que ya lo sabes todo, diciéndole: "¿Quieres hablar con Roberto? ¿Cuál Roberto? ¿El que se emborrachó la segunda noche y no pudo tener sexo contigo? ¿Roberto, el que te volcó la salsa en el vestido nuevo esa noche en que me dijo que iba a una despedida de solteros? ¿O Roberto, el que te dijo que no le erotiza que le muerdas las orejas? ¿Cómo? ¿Quién habla? ¿Doctora Vidal, la dentista infantil? Uy, perdóneme... dígame, ¿qué turno le dio a Juancito para ajustarle los *brackets*?".

¿POR QUÉ DEBERÍA IMPORTARTE POR QUÉ LO HA HECHO?

Por ahora, ni quieres saber por qué lo ha hecho. Das por sentado que no te dirá la verdad, que te dirá estupideces como "ni lo he pensado", "por impulso", "no sabía lo que hacía" y esas cosas... Esto, siempre y cuando él quiera disculparse, porque muchos solo quieren seguir adelante con su *affaire,* sin importarle lo que sientas. Pero diga lo que diga, para ti serán estupideces, porque furiosa como estás, crees que nada justifica fallar de este modo a la confianza que le tenías.

Te guste o no, te tengo que decir que *el por qué* es la más importante de las preguntas, y hasta te diría que es la única que debes hacerle. Todos los demás son detalles que te destrozan y no sirven para nada más que para despreciarlo cada vez más.

Si no quieres preguntarle por qué lo ha hecho, al menos pregúntale:

¿Qué sucedió entre nosotros dos para que tengas que hacernos esto?

Si enfocas la recriminación en torno a tu pareja, vas alejándola de ti y le das demasiado poder a la rival. Al rival, hombre o mujer, simplemente, ignóralo. No existe. Como si nunca hubiera entrado en tu vida.

Aquí se trata de hablar de tu pareja y tú, de ustedes dos, no de los de afuera.

Siempre que hables del porqué –y no del cómo, qué, quién ni cuándo–, podrás superar lo sucedido y ver qué haces con eso. A ti te dará poder, porque sales del sitio de víctima engañada, y te pones en el lugar de una parte de la pareja que analiza fríamente la situación. Una vez que lo sabes, tú tienes todo el poder.

Preguntas correctas e incorrectas para hacerle al infiel

Correcta: ¿Cómo pensaste que podrías engañarme?

Incorrecta: ¿Es buena en la cama?

Correcta: ¿Quieres casarte con ella?

Incorrecta: ¿Cuánto has gastado por ella?

Correcta: ¿La has traído a casa?

Incorrecta: ¿Sus tetas son verdaderas?
Correcta: ¿Dónde estuviste el viernes?
Incorrecta: ¿Te ha puesto apodos cariñosos?
Correcta: ¿Fue por ella que olvidaste el cumpleaños de Juancito?
Incorrecta: ¿Es más delgada que yo?
Correcta: ¿Desde cuándo están viéndose?
Incorrecta: ¿Qué te hace en la cama?
Correcta: ¿Lo sabe alguien más?
Incorrecta: ¿No tendrá un amigo para presentarme?
Correcta: ¿Era él quien te llamaba por las noches?
Incorrecta: ¿La tiene más grande que yo?

NOTA: Si hay respuestas que no quieres oír, no hagas la pregunta.

¿PUEDE RECUPERARSE UN AMOR?

Es muy difícil conseguir que alguien te ame porque se lo pides. No se puede mendigar el amor.

El sistema más eficaz para que otro te ame es mostrarte como una persona de la que él se enamoraría hoy si te viera por primera vez. La imagen que debes dar no es un estado calamitoso de cornuda herida, sino de una persona digna e íntegra, que puede tener una vida plena por su propia cuenta, sin necesitarlo a él a su lado. Procura que él comience a admirarte por lo que haces, más que por lo que eres. Estas son las cosas que debe hacer para que se quede a tu lado.

DECÁLOGO DEL CORNUDO GANADOR

1. **No lo celes**. Si lo celas por cada vez que saluda a una mujer, creerá que en verdad es irresistible y querrá probar su capacidad de seductor. Ser celoso es lo más humillante e inútil que puedes hacer porque, al final, todo el mundo —como debe ser—, hace lo que le da la gana, te guste o no.
2. **No sospeches de él**. Le darás la idea de ser infiel. Sospechar de un hombre inocente es una profecía autocumplida.
3. **No lo necesites**. No te muestres muerta de amor, a sus pies. Ten tu vida independiente y que él sepa que puedes vivir muy bien sin él. Trata de que no te sienta 100 % segura. La seguridad excesiva mata el interés por el otro. Muéstrate ocupada, con múltiples contactos masculinos, que sepa que la gente te aprecia, te llama y te busca. Y si no tienes muchos conocidos o grupos, consigue una amiga que te llame, haciéndose pasar por un admirador secreto un tanto insistente. Si él pregunta quién era cuando suena el teléfono, dile "Un amigo...", sin más explicaciones. La idea no es ponerlo celoso, sino que sepa que tienes más hombres en la vida. Una amiga logró que su marido llegara a casa cada vez más temprano, gritándole desde el dormitorio cuando él entraba: "Jorge... ¿Eres tú?". El marido cambió muchísimo... ¡porque se llamaba Luis!
4. **Adviértele que no lo perdonarás**. Dile que si solo una vez en la vida lo pescas traicionándote, no le darás ninguna oportunidad y le arrojarás sus cosas a la calle y quemarás sus tarjetas de crédito, y tendrá que irse de la casa en menos de 12 horas. Y dilo bien, en serio. Retener a alguien por miedo es un sistema antiguo, pero funciona.
5. **No lo cortejes ni te pongas melosa**. No trates de enamorarlo, ponerte linda ni hacerle comiditas a la luz de las velas. Cuanto

más pegajosa te pones, los hombres más huyen, porque es como que te tienen a tus pies... ¿Y por qué va a luchar por algo que ya se arrastra por él?

6. **No creas mucho de lo que te dice**. Ni siquiera que su amante es el amor de su vida, porque en cosas de amor todo es dudoso y efímero.

7. **No llores**. Nadie tiene deseos por una mujer con cara de osos panda y maquillaje corrido por lágrimas y mocos.

8. **No te enfurezcas**. Él ya se siente culpable sin que le digas nada. La culpa de tu infiel juega a tu favor: ningún amante está psicológicamente preparado para enfrentar a la sociedad, haciendo de su amor ilícito algo público. Casi todos los infieles son boicoteados por sus propios escrúpulos, que les prohíben salirse de las normas mortales socialmente aceptadas. Ellos quieren verse a sí mismos como "buena gente". Y poner los cuernos no es de "buena gente". Por ende, por excitante que sea la aventura, siempre es moralmente incómoda.

9. **Mantente digna y silenciosa**. Mantente digna, callada e impertérrita. No hay nada más intrigante que una mujer que mantiene la compostura y solo dice: "Ya veré que haré contigo".

10. **No dejes que confiese**. Si puedes contener tu curiosidad, no permitas que confiese nada. Eso evitará que tengas que reaccionar, defendiendo tu honor herido para no ser un cornudo consciente... cuando no tienes siquiera ganas de reaccionar. Si le quitas las posibilidades de confesártelo todo, es cuestión de tiempo, hasta que el romance termine y tu pareja regrese a ti con la cola entre las piernas.

CAPÍTULO 10

Hombres infieles. ¿Por qué engañan ellos?

CAUSAS DE LA INFIDELIDAD MASCULINA

Vimos que de todas las preguntas que puedes hacerte al saber que te están poniendo los cuernos la más importante de todas es "¿por qué?". Porque de todas las demás –cuándo, dónde, cómo, con quién– no vas a aprender nada, pues siempre responden a circunstancias aleatorias y variables. Pero el "¿porqué?" es la única pregunta que nos diferencia de un animal. Gatos, perros, monos y peces pueden averiguar el cuándo, el cómo, el dónde y el quién, pero jamás el porqué. Veamos primero las causas de la infidelidad en los hombres. Ya dijimos varias veces que lo hacen porque sí, que un 40% tiene un gen que puede inducirlos al pecado si no son muy civilizados, que lo hacen en momentos de crisis, por someterte, o por sentirse más vivos que tú. Pero hay otras causas:

1. Por una crisis de la mediana edad

Hay un momento en la vida de un macho en que, de golpe, se da cuenta de que se está quedando sin pelo, sin fama, ni dinero. Esto los asusta y quieren retroceder el tiempo para ver dónde dejaron la billetera. No les gusta ver que el tiempo pasa y que, con él, las oportunidades de conocer, por ejemplo, a Pamela Anderson, se reducen estrepitosamente. Para el cuarentón traumatizado, es muy importante sentir que puede atraer a una jovencita, aunque sea a través de la banda magnética de su tarjeta de crédito. Que una jovencita les dé cinco minutos de pelota a ellos les hace sentir que les crece el pelo donde más le falta, y se les depilan las canas mágicamente. Por eso, esta situación se conoce como "tirar una cana al aire".

2. Para romper la rutina

Hay hombres que creen que la vida debe ser una aventura sin fin, llena de acontecimientos excitantes que los llenen de adrenalina. De estas personas, algunas se dedican a las carreras de autos, las que tiene menos dinero se deslizan montaña abajo, trepados a un carrito de supermercado, y los que tiene menos dinero aún ponen los cuernos. Finalmente, logran su cometido: nada brinda más adrenalina y rompe tanto la rutina como una esposa furiosa.

3. Por un ataque de romanticismo agudo

"Simplemente, me enamoré" es el justificativo por excelencia, como si fueran víctimas del destino. Con el pretexto de que el amor lo justifica todo, el romántico justifica su aventura disfrazando a lo que es simple sexo en amor puro. Algunos confunden aún más las cosas, diciendo que con ella "había química", cuando lo que los unía no era químico sino físico.

4. Para aumentar su autoestima

A veces, los hombres están tan preocupados por medir su *performance* sexual fuera del lecho conyugal, que hacen lo imposible por tratar de levantarse una mujer que puedan sentir como trofeo sexual, que les haga sentir su valía como conquistadores y les restituya la seguridad en la total integridad de su verdadera hombría, haciéndoles sentir que su

¿Por qué cuernos me engañaste?

virilidad está sana y en pie, que él sigue siendo un atractivo ejemplar macho, un importante semental de admirable potencia y un apetecible *latin lover* para cualquier mujer, ya que conserva todo su *sexappeal* en plena forma. Ellos explican esto como: "Bah, no significó nada".

5. Para buscar compensaciones en la vida

Son los que se ponen en posición de víctimas y sienten que la vida les debe algo, cuando en realidad es su primo Octavio el que les debe dinero. Pero como Octavio no tiene una moneda partida por la mitad, mejor pedirle a la vida lo que le debe Octavio. Ahora bien, Octavio les debe dinero... pero los hombres confunden todo. Lo que siente el infiel es que en esta vida él merecía ser Donald Trump con el cuerpo de Brad Pitt, una novia como Naomi Campbell y cinco Rolls Royce en la puerta de la casa. Creen que el destino les dio la espalda. Como no están en condiciones ni de comprarse una bicicleta, de puros resentidos, ellos van y se acuestan con la primera que pasa y lo explican como: "Mi mujer no me comprende".

6. Para tener un premio

Dicen los expertos que hay que vigilar de cerca a los maridos ascendidos en el trabajo, porque todo ascenso, promoción o cambio fuerte de estatus social le hace sentir al hombre con derecho a más hembras. Hay que explicarle al marido que él no es un mono para ser un macho alfa. Si se trepa a un árbol mientras se lo dices, no lo ha entendido del todo.

7. Para tener un secreto

Cuando un tipo dominado quiere vengarse de una mujer, lo primero que hace es ocultarle cosas y mentir, para probarse a él mismo y demostrarle a ella que él puede hacer lo que se le antoje. En esta situación, lo que más les interesa es tener un secreto al que ella no tenga acceso, pues un secreto da una especie de poder: algo sucede a espaldas de ella, que ellas ignoran. Muchos maridos se conforman con el secreto de ser los únicos que conocen su clave para entrar a Hotmail. Otros se conforman con ser el único que sabe dónde hay chocolate en la casa. Los que no tiene computadora ni aprecian el chocolate se buscan una amante.

8. Por falta de sexo en la pareja

Debatiendo dos hombres si las mujeres tienen sexo por amor o por interés, uno le dijo al otro:
—La mía lo hace por amor...
—¿Cómo estás tan seguro?
—Porque lo que es interés, no pone ninguno.

El sexo es jugar con el cuerpo del otro, con cierto grado mínimo de entusiasmo. Es decir, quien no siente ganas de hacer una ensalada por diversión, no se molestará en intentar el sexo, que es algo más condimentado. La cama es un lugar donde se suelen saldar cuentas con alarmante frecuencia. A veces, de manera inconsciente, uno termina vengándose del otro a través de una forzada abstinencia sexual, que puede llevar a que quien lo hacía poco, acabe olvidando hasta cómo se hacía.

La infidelidad es uno de los mayores misterios de la naturaleza. Una esposa engañada me decía: "Yo no entiendo cómo, si mi marido es incapaz de encontrar las cosas más simples de la casa: no encuentra la sal, ni sus llaves, ni sus anteojos, ni sus medias, ni un lápiz... ¿cómo es capaz de encontrar una amante?".

En fin, hay mil motivos locos más para poner los cuernos, como buscarse una amante espantosa para poder idealizar y valorar más a la esposa, tratar de probarse a sí mismo que uno es más macho que su padre, buscar amantes que sean iguales a mamá, o simplemente hacerlo porque su esposa lo permite, porque ya sabe que si su marido se siente culpable, acabará reparando la persiana rota.

En definitiva, la infidelidad es muy útil para reparar persianas.

CAPÍTULO 11

Mujeres infieles. ¿Por qué traicionan ellas?

MOTIVOS FEMENINOS PARA SER INFIEL

Todas las mujeres quisiéramos vivir enamoradas, pero nuestros maridos no nos dejan.

–Cariño, ¿me quieres? –le preguntamos, mimosas.

–¿Ah? –responde nuestro Romeo, hurgándose la nariz y sacándose la pelusa del ombligo al mismo tiempo, como un clon del Al Bundy, de *Casados con hijos*.

–Nada. Olvídalo.

A falta de marido amoroso, queremos enamorarnos otra vez de alguien que nos redescubra, que alabe el color de nuestros ojos y se embelese con los dedos de nuestros pies. ¿Hay otra sensación tan deliciosa como la de estar enamorada de alguien que te idolatra? Si lo has vivido una vez en la vida... ¡quieres más de eso! Qué lindo descubrir al otro, necesitarlo pegado a tu piel, sentir que todas las canciones románticas hablan de los dos...! Y llenarlo de regalitos para que no pueda quitarte de su mente. Ese es el amor romántico: te convierte en una idiota. Una mujer infiel enamorada se levanta a las 5 de la mañana para ir a darle un beso a su amante de paso al trabajo, que le queda en camino si previamente se desvía unos 120 kilómetros, claro. Una mujer enamorada olvida la cita de su hijo con el dentista por quedarse chateando con su nuevo amor. Romance y familia no son muy compatibles. Activan distintas regiones del cerebro, pero el romance lo inunda todo. La vida real pasa a ser el romance y la vida familiar es como una película de fondo con mal sonido y peor imagen, que no registras del todo. Te mueves como una autómata, caminando a diez centímetros del suelo, esperando encontrarte con él, el único que te ve adorable, sexi, hermosa… ¡justo la mujer que quieres ser! Si él te olvidara, dejarías de ser todo eso, porque no sientes que lo seas para tu marido. Es decir, que la función que cumple un amante es hacer sentir a una mujer que nuevamente es deseada, querida, admirada, como hacía rato nadie la hacía sentir. Joanne Woodward, la actriz ahora viuda del guapísimo Paul Newman, no estaba con él por sus ojos azules, sino porque "me hace sentir hermosa". Esa es la función de un buen marido: hacer sentir hermosa a su mujer. El que falla en esto, arriesga perderla. Y los hombres olvidan esta función a los pocos años de casados. Cuando te cortejan, ellos te hacen sentir hermosa. Cuando te tienen 100% segura, ni notan que te cortaste el pelo. Entonces, añoras tener a alguien que sí lo note. Jamás sucede que una recién casada le ponga los cuernos al flamante marido. Salvo la mujer del actor y comediante Jerry Seinfeld, que al mes de estar casada conoció a Jerry en un gimnasio de Nueva York, dejó al marido y se casó con él… ¡Pero porque era Jerry Seinfeld! Sinceramente, si estás recién casada y un comediante millonario, famoso, adorable, ocurrente y divertido te propone matrimonio, ¿no le dirías que sí?

La mujer que pone los cuernos no es la que sigue recibiendo atenciones y consideración de su marido, sino la que se siente sola y abandonada por él. En estos tiempos de crisis, ha aumentado el número de esposos adictos al trabajo, que descuidan a su pareja y que prefieren tener éxitos laborales a tener éxito en su matrimonio. Como se arrogan el derecho de ser el apoyo financiero de la familia, acaban centrados solamente en lo económico y ante la demanda de la mujer, sostienen que ellos llevan la carga más pesada "al enfrentarse al mundo".

El ritmo de vida de la sociedad moderna no ayuda a mantener a la pareja unida. Si quieres mantener cierto estándar de vida, debes levantarte muy temprano, correr todo el día y regresar a casa, deseando prender la tele (que no te pide que le hables), comer algo e irse a la cama. Solemos pensar que para compartir un rato con nuestra pareja ya llegará el fin de semana. Pero resulta que el sábado lo dedicamos a todos los quehaceres de la casa y otras labores que no tuvimos tiempo de hacer en la semana. O a hacer de taxistas de nuestros hijos, que tienen más compromisos sociales que el rey de España. Y la tarde o la noche, generalmente, se nos va llenando de encuentros familiares o reuniones de amigos, lo que no está mal, pero ¿y la pareja, qué? Los domingos uno se levanta tarde por la trasnochada, lee el diario que viene más largo que otros días, y para la hora de conversar y enterarse de con quién estamos viviendo, alquilamos una película para no tener que revisar qué pasó con nuestro amor. ¿Son dos pobres víctimas de la sociedad moderna? No. La verdad es que ninguno de los dos tiene las agallas de hablar de la pareja. El hombre no quiere hablar porque a los hombres les revienta hablar de sentimientos. Y las mujeres tienen pánico de intentar hablar, encontrarse con una pared, y deprimirse al ver la comunicación cortada. Así que mejor ni hablar del asunto. Y ahí se va cocinando el caldo de cultivo para la infidelidad femenina.

La verdad es que lo ideal es que la mujer no dependa de la aprobación masculina –ni de marido, ni de amante– para sentirse valorada y bella, y que se consiga su propia autoestima por donde más le guste. Pero como esto aún no sucede, ellas siguen vulnerables a los siguientes disparadores de la infidelidad.

1. Por soledad: *Por amor, él escaló las montañas más altas, atravesó los mares más profundos, y venció a las fieras de las junglas más terribles... Ella lo dejó porque nunca estaba en casa.*

Vivimos una era solitaria. Después de 1980, cuando se puso de moda la *"My generation"* –la generación del "yo"– comenzó una era centrada en el individualismo. Las costumbres cambiaron. La gente cambió *happenings* por *chats*, tertulias por terapias, parrandas por Pilates, festivales como Woodstock por la televisión por cable. En vez de ir al club a encontrarse con la gente, se va a un *spa* a estar solo. En vez de dialogar, se usa meditar. Ya no se acostumbra encontrarse con amigos, sino estar solo para encontrarse con uno mismo y buscar la autosuperación a través de terapias del *"self"*, todas solitarias, como el *insight*, el budismo zen, la PNL y la fitoterapia. Cambiamos comunas, cooperativas, campamentos, colonias agrícolas y kibbutz por departamentos de un ambiente y casas en clubes de campo alambrados y con alarmas periféricas. Cambiamos programas colectivos, fiestas y kermés por terapias de vidas pasadas, *rolfing*, psicoanálisis y *rebirthing*: todas cosas individualistas a ultranza, en las que cada uno se salva a sí mismo en soledad. Paralelamente a esto, en las dos últimas décadas, nos han invadido telecomunicaciones derivadas de la nanotecnología. La nanotecnología permite que usemos sistemas de comunicación que caben en una mano y nos comuniquen con todo el planeta al instante. Esto es posible gracias a circuitos enanos que caben en un alfiler. Estos circuitos enanos, de pura envidia, han logrado que nuestra vida social sea como son ellos: enana. Y así acabamos con 1322 amigos en Facebook, 650 amigos de Sonico, 5000 contactos en el Messenger, 150 personas en la agenda de nuestro teléfono celular… y nadie con quien poder tomar un café un sábado en la tarde. ¿Para qué encontrarte con tu amigo, si puedes chatear?

Así, vivimos en una inmensa soledad con la falsa ilusión de estar rodeados de gente. Por esto, si entre las treinta ventanitas abiertas de diálogos con nuestros amigos de una comunidad virtual alguno nos dice alguna palabra lisonjera, caemos a sus pies, porque nos quita de la soledad que nos impone la sociedad de hoy. Y luego, caemos a su cama en lo que tarda en enviar dos mails más.

¿Por qué cuernos me engañaste?

2. Por resentimiento o ansias de poder: un ejemplo de marido indiferente:

Ella: –Mi amor, la semana que viene vamos a cumplir 25 años de casados... ¡Y nunca me compraste nada!

Él: –Bueno, discúlpame... no sabía... ¿Qué estás vendiendo?

Muchas mujeres están casadas sin ganas, durmiendo con el enemigo o con alguien que las ignora. Lo que sienten por el marido es un resentimiento que crece, y meterle los cuernos es la manera más práctica de rebajarlo, como venganza secreta. Si se sienten maltratadas, ignoradas o humilladas por él, es lógico que quieran vengarse, humillarlo con lo que más pueda dolerles: cuernos. Y no hace falta que ellos lo sepan. Con que uno sepa que es un cornudo, alcanza para cambiar la situación de poder. Y hablando de poder, hay mujeres que sin sentirse resentidas contra sus maridos, los notan tan poderosos y con tal poder de decisión que, en comparación, ellas quedan muy atrás. Unos cuernos que emparejen tal estado tampoco vienen mal. Y otras mujeres justamente no buscan "emparejar" tal situación con el marido... sino con un amante poderoso que pierda el control con ellas. Eso de ver desnudo al gerente con trescientos empleados a cargo... digamos que tiene su encanto. Lo tenemos agarrado –literalmente– por las pelotas.

A veces, la causa de infidelidad tiene que ver solo con transgredir, romper las convenciones y probar que se puede sortear la moralidad sin que nadie nos ponga límites.

3. Para sentirse más mujer: toda mujer, por más desarrapada que ande –sí, con pantuflas, rulos y crema depilatoria en el bigote–, quiere ser tratada como una dama. Esto significa que quiere vivir con un caballero que le abra puertas, la ayude con las tareas, le traiga un cafecito cuando la ve cansada, reaccione al instante ante sus deseos (si ella dice "quiero sushi", que no le traiga una empanada), le acaricie el pelo y la bese al menos una vez al día.

Con o sin ganas, un hombre debe ser galante y caballeroso con su mujer, porque si no lo es, el otro lo será… O ¿no saben cómo quiere ella que la traten? Muy fácil: alquilen una película romántica y copien las cosas que hacen los galanes con las heroínas. Desde el balbuceo, mirando a los ojos de Hugh Grant, pasando por la mano en la mejilla de John Travolta, hasta el comentario: "Me encantan tus dos arrugas del entrecejo", de Billy Cristal… Un dato: si quieres reenamorar a tu mujer, no le digas "estás bonita", porque si ella está en pantuflas y despeinada, sabrá que mientes. Dile: "¡Qué bonita eres, aun despeinada!" y habrás ganado su corazón para siempre.

4. Cuando el marido usa la cama solo para dormir:
Un hombre le dice a otro:
—Juan, mi mujer me dejó.
—¡Uh! ¿Y por qué?
—Dice que no le presto atención...
—¿Y adónde se fue?
—No sé, no le presté atención...

Es cierto que el estrés agobia y cansa, pero si apenas él se pone horizontal comienza a roncar, y no se le ocurre pensar que había algo que hacían las parejas que no era solo para tener hijos... las mujeres empiezan a ponerse nerviosas. Muchos hombres les dicen: "¡No es cierto que no hacemos el amor! ... ¡Lo hemos hecho el mes pasado!". Y tú ya ni lo recuerdas, porque cada vez que a él le agarra el pequeño ataque de sexo, esto se limita a que siempre sea en la posición más cómoda para él, que dure tres minutos. Entonces, para repetir ese numerito otra vez, ella ya ni insiste en buscar la intimidad... ¿para qué, si no tendrá ninguna emoción? Si le propones que innoven un poco, él te mira espantado y dice: "¿Qué has estado leyendo? ¿De esas cosas hablas con tus amigas?". Y después, se cierra porque le estás dejando en claro que es malo en la cama. Y cuando un tipo se cierra, se cierra como una almeja fosilizada. Y antes que intentarlo y fallar, el 99% de los hombres ni lo intentan... ¡y creen que así salvan la cara! En verdad, las mujeres somos mucho más eróticas que los hombres, y el erotismo se nos intensifica con el paso de los años. De niñas, vivíamos con demasiado miedo a los hombres, demasiado miedo a que nos hagan daño y demasiado miedo a quedar embarazadas... y no disfrutábamos nada. Y justo a la edad en que perdemos los miedos... ¡ellos pierden el interés! Fíjate que todo ese negocio de la lencería erótica de satén no está hecha para las mujeres, sino para ver si con eso a los hombres se les estimula algo... Ninguna mujer debería gastar en lencería. Si él quiere estimularse con eso, que te la regale él. A los verdaderos machos no les importa el color de tu bombacha: van directo a lo que hay debajo. ¿Para qué quieres un hombre que se quede mirándote el sostén nuevo en vez de arrancártelo con los dientes? Claro que esto, de un marido, a veces es mucho pedir...

5. Cuando ella debe fingir los orgasmos: el paso siguiente al aburrimiento sexual es la sensación de que te estás volviendo súbitamente virgen sin necesidad de cirugía de rejuvenecimiento vaginal. Te das cuenta porque te vuelve el miedo a usar tampones, como a los 13 años. Conseguir un orgasmo se está volviendo una proeza más difícil que conseguir que tus hijos se laven los dientes y solamente lo logras con fantasías sexuales complicadas, con castings con más extras que toda la saga de *Star Wars*. A veces, optas por decir: "No estoy de ánimo; haz lo tuyo y no me esperes". Por suerte, ya se acabó la época en que se suponía que el summum del buen sexo era acabar juntos en un orgasmo sincronizado. Pero aún hay mujeres que fingen el orgasmo. No lo hagas: es como ponerle el último clavo al ataúd de tu vida sexual. Fingir orgasmos es un viaje de ida, una trampa espantosa que te impide sentir nunca más nada por el resto de la relación. A veces, te tientas a fingir un orgasmo con alguien que acabas de conocer, porque sabes que los nervios de un primer encuentro no te dejarán relajarte y "dejarte ir". Y no querrías decepcionarlo. Además, querrías que él crea que eres una bomba sexual y que eres la única que arranca el empapelado de la pared con las uñas de puro placer. Pero te has metido en una trampa mortal, porque... ¿cómo le darás a entender en la próxima cita que no hay modo de que tengas un orgasmo si ignora tu clítoris? ¿Cómo le explicas que en verdad para llegar al orgasmo a veces necesitas contener la respiración, cosa imposible si tienes que gemir y gritar al mismo tiempo para que él se entere de que estás disfrutando? ¿Podrá él conseguirte un tubo de oxígeno, para facilitarte la tarea? ¿Cómo explicarle que los gritos de la semana pasada no eran sino el truco que aprendiste de Meg Ryan en *Cuándo Harry*

conoció a Sally? No lo hagas, y enséñale a él qué es lo que te hace vibrar. O sea, lo tendrás que enseñar a otro, cosa que él no te agradecerá.

6. Por venganza: cuando te enteras de que tu marido te ha sido infiel, lo primero que piensas es: "Ya verás lo que se siente"; por más que le digas que lo perdonas, en el fondo, estarás esperando la oportunidad de venganza para estar a mano. Las mujeres somos pacientes y tenemos buena memoria. Sabemos perdonar, pero no olvidamos. Esto significa que los hombres no deben temer que una mujer engañada vaya a ponerles los cuernos dentro del mes de haberse enterado del engaño. No señor... ¡Ella podrá engañarlos en cualquier momento dentro de los próximos treinta años! En la memoria de las mujeres, lo que pasó hace una década tiene el mismo peso de lo que pasó hace cinco minutos. Así que un romance a los 60 podrá muy bien vengar un desliz que quedó sin represalia a tiempo. Parece llegar un poco tarde a los ojos de un hombre, pero no a los ojos de una mujer.

7. Porque se puede: los romances extramatrimoniales no siempre son premeditados. A veces, solo suceden. Pueden suceder con gente que conoces en el trabajo, en el gimnasio, en un bar. Pueden suceder con personas que conoces desde hace años y personas con las que compartes un solo día. El caso típico son las reuniones de fin de año de la empresa, donde –alcohol de por medio– ya no te importa coquetear con todos y bailar pegadito con algún gerente que luego quiera más fiesta, pero en privado. Ser mujer y permitirse probar sexo con quien te guste y porque te gusta vale la pena. Aunque no tengas ganas de hacerlo, hazlo para reivindicar a las miles de hermanas lapidadas, escarniadas y quemadas en la hoguera por haber querido un poco de mimos y besos. Agradece de paso haber nacido hoy y no en la Edad Me-

dia, donde si disfrutabas del sexo, te metían en la *iron maiden* o doncella de hierro, un sarcófago cerrado lleno de púas, del que si salías viva, lucías como un colador.

8. Por histéricas: es el caso de los seductores y seductoras patológicos: siempre coqueteando y seduciendo a todo el mundo. Pero por dentro, se sienten muy poca cosa. Por esto, la única manera que tienen de sentirse valorados es ir enamorando personas, una

tras otra, que reafirmen que merece ser amado o amada. Claro que apenas enamora a esa persona, se le va toda la gracia, porque piensa: "¿Cómo puede ser tan tonto de enamorarse de mí?". Entonces, se pasa la vida buscando enamorar a alguien que sea tan inteligente como para rechazarla permanentemente. Generalmente, esa persona es un marido indiferente, al que la histérica se apega, porque él la rechaza cada vez más. La histérica y el esquizoobsesivo son una buena pareja: sufren, pero siguen juntos.

Motivos no les faltan a las mujeres para tener aventuras prohibidas. Tarde o temprano, a todos nos ataca la sensación de que nos estamos perdiendo algo en la vida. La mujer de hoy espera más de la vida que lo que esperaba su tatarabuela, y no se va a quedar con un hombre que no la trate como se merece. Entonces, comienza a pensar en "qué pasaría si...". Y si hay alguien con quien concretarlo, lo concreta. A una mujer bien atendida, ni se le pasa por la cabeza probar con otros. ¿Para qué? ¿Para gastar perfume, cenar dos veces y terminar engordando? Aunque, por supuesto, si el otro es un clon de George Clooney, que se deshace en atenciones hacia ella, no va a ser tan tonta como para desperdiciar la posibilidad de romance, ¿no? Pero eso no es romance... ¡es ciencia ficción!

Hay que tener en cuenta de que, por más embriagadora que sea la sensación de tener un nuevo amor, por más viva y renovada que te haga sentir, a cierta altura de la vida, sabes que todas estas vacaciones en Amorlandia tienen fecha de vencimiento, y una hora de *"check out"* prácticamente fija, en la que si no sales, te lo cobran bien caro.

Está muy bien si retozas por ahí, vuelves sintiéndote Marilyn y no le pides más a la escapada. Lo estás haciendo bien si lo disfrutas, no te enamoras y vuelves a quedarte con el cuchi cuchi de toda la vida que supiste conseguir. Quizás, al volver erotizada, hagas revivir el amor entre los dos. Pero que no se entere de nada, o lo has hecho todo mal.

CAPÍTULO 12

¿Con quién te engaña?

"¿QUÉ TIENE ELLA QUE YO NO TENGA?"

Lo primero que uno quiere saber al descubrir que lo traicionan es con quién lo hacen.

Porque siempre imaginamos que lo hacen con alguien que es la viva imagen de lo que nosotros deberíamos ser para complacer a nuestra pareja al 100%. Por eso, la pregunta de rigor es: "¿Qué tiene ella –o él– que no tenga yo?".

Aquí hablaremos de la rival mujer, porque el hombre, por puro orgullo macho, no quiere ni saber quién es el rival. Prefiere que no se hable más del asunto. El orgullo es más fuerte que la curiosidad (benditos ellos, que pueden quedarse con la intriga). Pero gústeles o no, les diré a ellos una sola cosa: el rival es alguien que trató a tu mujer como toda una mujer. Se fijó en ella, y la hizo sentir bella y deseada. Es decir que una mujer puede ponerle los cuernos al marido con cualquiera que le dé pelota y tenga la dentadura y la cabellera completa, buenos zapatos y poca panza, con lo cual a la pobre se le hace dificilísimo ser infiel, porque a cierta altura de la vida, el que no es pelado es panzón.

En cambio, a un hombre le viene bien cualquier mujer bonita o que lo parezca. Porque las mujeres tenemos una ventaja sobre los hombres: si nacemos feas, con maquillarnos un poco, resultamos atractivas. ¿Vieron las fotos de famosas antes y después del maquillaje? Pamela Anderson se parece a mi abuela; Kate Moss parece una mendiga y Cameron Díaz es igual a la chica que vende frutas en el puesto del mercado. Se lo dije a la chica y creyó que le estaba tomando el pelo, hasta que le llevé una foto de Google y me dijo: "¡Pero si soy yo!". Ya lo dijeron Ovidio y Elizabeth Arden: no hay mujeres feas, hay mujeres mal maquilladas. Es decir que las mujeres tenemos mucha más competencia que los hombres, porque ellos tienen más para elegir, y además está bien visto que los hombres –aun casados– levanten muchas mujeres, y está muy mal visto que una señora casada levante un solo hombre, aunque sea pelado y panzón.

Entonces, las mujeres nos torturamos pensando en la rival. Pensamos que ella es mil veces mejor que uno. Que es más joven, más bella, más elegante, más sexi, más divertida… más algo. Aunque lo que más tememos es que sea más flaca y con más dinero que nosotras. Eso sí que es competencia desleal.

Y entramos en competencia con un fantasma –porque él no responderá lo que queremos saber–, y si abre la boca, mentirá torpemente, respondiendo no la verdad, sino lo que cree que queremos escuchar y que cree que le salvará el pellejo.

Entonces, él dice alguna barbaridad como: "No, no es linda, ni es divertida, no es sexi… no tiene nada especial". ¿Qué? ¿Toda la confianza de un matrimonio por la borda por alguien ordinario y vulgar?

¡Hubiera sido mejor que te dijera que ella es Miss Universo!

Por eso digo que preguntar por tu rival es una pérdida de tiempo y energía. Si te dice que es mejor que tú, te torturas, pensando que quedaste fuera de competencia. Si te dice que es igual, quieres matarlo; teniéndote a ti, ¿para qué buscar un clon?

Si te dice que es peor, te alarmas más porque ves que él es presa fácil y, además, no tiene buen gusto.

Pero la verdad es que ella no tiene nada especial. Quizás la pregunta más acertada sería "¿Qué tiene ella que *tenga* yo?", ya que los hombres siempre van buscando una mujer que se parezca lo más posible a su amor imposible: su mamá. Así que es probable que ella se parezca bastante a tu suegra. Y tú también te le pareces en algo, así te pese.

En segundo lugar, es probable que él haya buscado a alguien por lo que *no* tiene: no tiene tus preocupaciones y reclamos cotidianos, ni tus hijos y tu ansiedad. No tiene conocimientos de todas las fallas de él, por lo que él puede hacerle creer que es perfecto.

Probablemente, lo que él haya encontrado en ella sea alguno de estos rasgos comunes de las mujeres que salen con hombres casados:

- Ella no quiere compromisos. Si no, se hubiera buscado un hombre soltero, todo para ella.
- Ella se siente muy mala eligiendo hombres. Entonces, se busca uno que ya haya sido elegido por otra, que convive con él, y le garantiza que no es gay ni asesino serial.
- Ella es impaciente. Y no espera que un hombre la busque; entonces, ella va al ataque y decide decirle que quiere volver a verlo, con lo cual a él le ha resultado complicado decirle que no.
- Ella nunca anda en batón y pantuflas, sino con tacos aguja y se viste como una reina para encontrarse con él.
- Ella no tiene hijos. Por ende, no le cuenta las barbaridades que han hecho los niños durante el día, ni le recuerda que tiene que pagar los aparatos de ortodoncia y las plantillas para el pie plano.
- Ella es desconocida. Él no sabe nada de ella, y eso presupone un desafío y despierta en el alma de conquistador y aventurero… ¡Se siente Cristóbal Colón!

Pero lo que más enamora a la gente es la proximidad. Clara Rojas tuvo un hijo estando en cautiverio muy pegadita a un guerrillero de las FARC. La princesa Estefanía de Mónaco tuvo dos hijos con dos guardaespaldas muy pegaditos a ella. Madonna tuvo una hija con su *personal trainer*, que estaba pegadito a ella y además la tomaba de la cintura, del cuello y de los muslos. Uno tiende a enamorarse de la gente que ve constantemente, por la famosa oxitocina de la que hablábamos al principio. A esto de enamorarse del secuestrado se le llama el síndrome de Estocolmo, porque los suecos estudian cualquier cosa, pero sucede en Jalisco, Bucaramanga y Guayaquil. Si te fijas un poco, la mitad de tus amigas están casadas con compañeros de escuela o del trabajo, o con vecinos. ¿Tan afortunadas fueron de encontrar al amor de su vida frente a sus narices? No: la proximidad enamora. Está estudiado que la mayoría de la gente se casa con personas que viven a menos de 40 km de su domicilio, que es la distancia que recorre una persona andando en un día hasta que cae la noche. O sea que si conoces a un tipo del entorno cercano, ya sabes que el tipo no tiene coche. Si tu marido trabaja muy pegadito a mujeres, es muy probable que si pasa por una crisis, está inseguro, y una de ellas lo busca, acaben pegaditos en la cama.

ENFRENTANDO A LA RIVAL: EL SÍNDROME DEL GALLINERO

"Me doy cuenta de que lo amo tremendamente", dice una amiga engañada. "Solo pensar que haya estado con otra me rompe el alma. Sé que esto es casi una batalla por él entre ella, una perfecta desconocida, y yo. No quiero que gane ella. ¿Pero qué sentido tiene quedarme con alguien que me estafó sin respeto por mis sentimientos? No quiero perderlo, pero no quiero estar junto a alguien que me ha traicionado".

¿Realmente te interesa tanto quedarte con él? ¡Si ya no es quien creías que era! Es artero, traicionero y mentiroso. La amante también sabe que él no vale nada si él le ha dicho: "No podemos vernos más, porque mi mujer lo sabe todo".

Sin embargo, las dos pelean por él, un tipo inconstante y poco fiable.

¿Realmente pelean por él?

No.

Pelea una contra la otra.

Si entras a un gallinero y arrojas un trozo de carne al suelo, ves que todas las gallinas pasan luego indiferentes a su lado. Hasta que una de ellas empieza a picotear la carne. Y entonces vienen todas y, desaforadamente, se matan por arrancarle el trozo de carne a la primera que lo picoteó. En este caso, es lo mismo. Tu marido ya no te importa tanto. Ahora, sabes que no es el ser confiable que creías. Pero que esta gallina quiera llevárselo te impulsa a pelear por retenerlo. No por conservarlo a él, sino porque no se lo lleve la otra. Y así están, la mujer y la amante, peleando por 80 kilos de carne, que es lo que viene a ser él. O más bien, un trozo de carne para perros.

Lo mismo sucede entre los hombres. Todos ignoran a una mujer hasta que uno sabe que otro se la llevó a la cama. Y luego todos se disputan a la dama para que no sea el otro quien se quede con ella. Saber que otro más la desea, le pone pimienta al tema. Y hay mucho de competitividad en eso. O sea que muchas esposas no recuperan al marido por amor, sino para que la otra gallina no se lleve esos 80 kilos de carne cruda. Pero también hay mucho de posesividad, porque él era tuyo y, de golpe, otra lo quiere. Entonces, piensas: "Si fue bueno para otra, quizás es mejor de lo que creía". Si esto te sirve para valorar a tu hombre, bienvenido sea. Si lo que quieres es competir con la otra, regálaselo: el tipo no vale tanto.

QUE NO TE IMPORTE CON QUIÉN TE ENGAÑA

Si sigues obsesionada con tu rival, cometes otro error, que es darle una entidad y una presencia fuerte entre tú y tu pareja, cuando lo primero que debes hacer es fingir que jamás existió. Debes lograr que él la olvide, que no la recuerde con cada una de tus preguntas. Si sigues hablando de ella, le estás dando protagonismo, cuando la única protagonista aquí eres tú.

Esto es pura estrategia publicitaria. Si Pepsi quisiera hacerle la competencia a Coca-Cola, hablando en cada anuncio de lo fea que es la Coca Cola, no está poniendo el foco en que debes beber Pepsi, sino en que recuerdes –sea rica o fea– que existe la Coca-Cola. Obviamente, al terminar la publicidad, querrás pedirte una Coca-Cola para saber si efectivamente es tan fea como dice el comercial. Así que no te conviene para nada pedir detalles sobre quién es el otro u otra, porque estás promocionándole y recordándole a tu pareja que comparare si es tan buena como tú o no tanto.

Lo único que tiene que importarte al saber con quién te ha engañado, es saber de dónde lo ha sacado y cómo se han conocido, para que sepas cuál es la zona de riesgo de tu pareja. Si te dice que lo ha conocido jugando al tenis, quémale las raquetas. Si la ha conocido en viaje de negocios, quémale el pasaporte. Si la ha conocido en el trabajo, no incendies nada, pero procura que consiga otro empleo o pida que lo transfieran a zona segura: el baño de hombres, por ejemplo.

Lo importante es que dejes de torturarte con que tu rival sea mejor que tú.

La infidelidad de tu pareja no tiene nada que ver contigo, con lo que hagas o dejes de hacer, por más que tu pareja te diga lo contrario. (Si te culpa de su infidelidad, es un cretino doble).

Mira a la británica modelo Elizabeth Hurley. ¿Acaso se acomplejó y se le arruinó la carrera cuando su novio Hugh Grant fue descubierto en su auto con una prostituta, Divine Brown, haciéndole sexo oral? Todo lo contrario: Liz no solo no se acomplejó, sino que siguió de novia con él, empezó a protagonizar películas y se hizo superfamosa vendiendo bolsos Vuitton y artículos de lujo, se casó con un millonario y tuvo un hijo, mientras todo el planeta mira sus publicidades, pensando: "Esa es la mujer que no practica sexo oral". ¿Acaso es suyo el problema? No, es de sus novios o esposos, que deben pagar por sexo oral.

La tendencia a la infidelidad no tiene nada que ver con cómo eres tú o cómo tratas a tu novio.

El infiel tiene una tendencia a serlo, por un motivo u otro, como un jugador compulsivo va al casino, el cocinero cocina, el pescador pesca o el tocoginecólogo toca.

La infidelidad se produce cuando, pese a los problemas de pareja que tengan, desean seguir juntos, no consideran el divorcio como alternativa y creen que la única vía de escape es la infidelidad. Si tienen rollos morales o religiosos sobre el sacrosanto matrimonio, es más probable que seas infiel. El resto se divorcia y comienza de nuevo.

¿Por qué cuernos me engañaste?

Desde que el divorcio es legal, hay menos infidelidades que en siglos anteriores. Si tu pareja te ha sido infiel, lo quitas de tu vida a través del divorcio. Entonces, ya no vale la pena buscarse una amante y ocultarlo. Simplemente, te divorcias y conoces a otro, te divorcias y conoces a otro, te divorcias y conoces a otro... hasta que todas las demás ex mujeres –juicio de divorcio mediante– vivan en pisos con vista al mar y él a ti te diga: "Lo siento, cielo. Mis ex mujeres no me han dejado un centavo. Pero el camioncito en el que vivo, aunque no tiene motor, alcanza para nuestro nidito de amor". ¿No es tierno?

CAPÍTULO 13

"La otra"

Dos amigas estaban conversando:
    –Ay, imagínate que después de seis años de andar de novios, mi novio ya me habló de matrimonio.
    –¡Qué buena noticia! ¿Y qué te dijo?
    –Que es casado y con dos hijos.

¿YA NO HAY HOMBRES?

Cuando descubres que tu marido te es infiel, no entiendes cómo puede haber por allí mujeres que se conformen con salir con un hombre casado. Hay gente que aduce que el hecho de que tantas solteras terminen saliendo con hombres casados, se debe a que, habiendo más mujeres solteras disponibles que hombres solteros, la diferencia en número de mujeres sueltas no tiene más remedio que tomar prestado a marido ajeno.

    ¿Es cierto que faltan hombres? ¿Por qué todas las mujeres solteras insisten con eso de que "ya no hay hombres"?
    En verdad, los hombres abundan. Te tropiezas con ellos en la calle, te pisan en el tren y te roban la cartera en el colectivo. Ojalá hubiera menos hombres en el mundo; este sería un lugar sin guerras

ni fútbol y lleno de gordas felices. El problema de la falta de hombres tiene múltiples aristas —ya que hablamos de triángulos— y se trata de lo siguiente. En primer lugar, la inmensa mayoría de mujeres jóvenes son más bonitas, cultas, cuidadas y preparadas que la inmensa mayoría de hombres jóvenes, que no se cuidan la ropa, ni la dentadura, ni la manera de hablar. ¿Cultura y elegancia? Solo las tienen los *nerds* y los gays.

Todas las universidades están llenas de mujeres que se gradúan, mientras que los hombres van abandonando sus estudios sin llegar al diploma. En promedio, todas ellas están más preparadas profesionalmente que ellos. Por eso, las mujeres ven reducido el espectro de hombres elegibles que las merezcan.

En segundo lugar, los hombres son más proclives que las mujeres a caer en vicios, a abusar del alcohol y las drogas, y a caer en el delito. Son los responsables de la mayor parte de los asaltos y los homicidios. Las armas las cargan los hombres. Las cárceles están llenas de hombres. ¿Obtener un certificado de buena conducta? ¿Cuántos resisten un archivo, una auditoría, carecen de prontuario y pueden obtener un certificado de buena conducta? Eso nos reduce a los elegibles en un porcentaje aún menor.

Los hombres tienen una tendencia a descuidar su salud, por esto de que "soy macho y me la aguanto". Así que no tienes totales garantías de conocer hombres sanos; la mayoría no volvió a ver a un médico desde el día en que nació. En cambio, las mujeres hacen de las visitas al médico un culto. Por eso, ellas viven siete o más años que ellos: se cuidan más.

Está comprobado científicamente que la fertilidad del hombre promedio va en declive. No tienes modo de saber si un hombre es fértil, salvo que ya haya tenido hijos. Saber que un hombre es padre te asegura la calidad de sus espermatozoides, y vas sobre seguro.

Tampoco puedes conocer la solvencia de un hombre. Puede decirte que tiene empleo, que gana bien, que podría mantener una familia... pero también te podría estar mintiendo. Si se trata de un padre de familia, sabes que todo eso es cierto. Tiene trabajo y recibe un sueldo. Tiene un sitio en la vida.

La inmensa mayoría de los hombres tiene más fuerza física que la mujer más fuerte y musculosa. Esto hace que una mujer se sienta como entre hombres como una liliputiense en el país de los gigantes. Por eso, la mayoría de los hombres nos genera una desconfianza de base... salvo que estén casados. Todo esto hace que un hombre casado tenga un encanto muy especial para las solteras: las hace sentir seguras y relajadas, sabiendo que es un hombre que puede convivir con una mujer sin pisarla, robarle la billetera, asaltarla, violarla o drogarla.

HOMBRE CASADO SE BUSCA

Como la mayoría de las mujeres están hartas de hacerse ilusiones con hombres solteros que no quieren ningún compromiso, que dicen que te llamarán y no llaman, que aparezca en tu vida un señor gentil y galante, que te trata con cortesía y respeto y que sabe exactamente qué quiere una mujer (porque convive con una), parece un sueño hecho realidad.

Este señor tiene dos ventajas enormes sobre cualquier otro varón del planeta: ya pasó por el duro filtro de selección de otra mujer –lo que garantiza que no es muy perverso, ni drogadicto, ni asesino serial– y, además, está domesticado. Sabe comer con cuchillo y tenedor, sabe qué medicamento darte si tienes dolores premenstruales y es habilidoso reparando cosas de tu casa.

El hombre casado es muy peligroso, porque todos los solteros son poca cosa si los comparas con él. Para empezar, el casado es un hombre seguro de sí mismo. Dado que no puede prometerte nada, el casado típico te dice todo lo que siempre quisiste escuchar y ningún soltero te dice, como: "Eres lo mejor que me pasó en la vida", "Creo que estábamos destinados uno para el otro desde antes de nacer", "Eres la mujer más maravillosa que jamás conocí", "Nos conocemos de otra vida", "Te amo tanto que mataría por ti". Sí, claro: matar sí, casarse, no.

Por eso, el casado te malcría, haciéndote sentir una reina a cada instante. Pero cuando estés muriendo de dolor y tengas que hacerte una apendicetomía, él no estará a tu lado porque tenía que buscar a su suegra a una reunión de amigas o a su hija a una fiesta. Después de haberte dicho que tú eres el paraíso y su casa es el infierno, te dice que debe salir corriendo hacia el infierno. Es lógico... ¡si es un diablo!

Si te enfadas, vuelve y te dice: "No puedo vivir sin ti. Eres el amor de mi vida", porque es la única manera de retener a una amante soltera a la que no puede proponerle proyecto de vida alguno. Palabras de amor y romanticismo inagotable es lo único que puede dar para que su amante siga atrapada bajo su hechizo. Y su amante siente que, por fin, conoció a un hombre que no le teme al compromiso y a la paternidad. ¡La prueba está en que se casó y tuvo hijos!

¿QUIENES SON LAS RIVALES?

Un *affaire* nos renueva la imagen que teníamos de nosotros mismos. Nos permite ensayar un comportamiento nuevo, vestirnos distinto, cambiar de gustos y diversiones, tomar un rol diferente ante la vida y el otro... ¡es casi como vivir la vida dos veces!

El tema de la infidelidad no tiene que ver con las cualidades del amante. Tiene que ver con la codicia: todos queremos tenerlo y probarlo todo. Como todo no lo encuentras en una persona, hay personas que se regocijan en encontrarlo en varias amantes, para satisfacer a distintas facetas de su propia personalidad.

Por eso, la rival no suele ser alguien espectacularmente espacial sino, simplemente, disponible.

- Puede ser una chica harta de conocer tipos inmaduros y falsos, que le dicen que la llamarán y no la llaman. Generalmente, hace mucho tiempo que está sola y sin pareja.
- Es muy sensible a lo que provoca en los otros.

- Sus amigas la han ido abandonando por sus novios.
- Está desesperada por salir con alguien.
- Está harta de que en las reuniones sociales se les pregunte siempre por su soltería obligada.
- Suele ser una romántica incurable que acostumbra a soñar despierta con un amor de película.
- No eligen a los hombres: se dejan elegir y se enamoran de quien las eligió.
- Están tristes e insatisfechas y quieren poner un poco de acción en sus vidas.
- Una vez que conocen a alguien, no pueden sacarlo de su mente.
- Que la relación sea algo prohibido le pone más sabor a la cosa.

Como ves, son chicas que precisan un acompañante terapéutico que las guíe y contenga. Y como sabes que tu marido para eso no es muy bueno, ya sabes que su *affaire* tiene los días contados.

DISTINTOS TIPOS DE AMANTES DESQUICIADAS

Hay algunos casos típicos de amantes desesperadas, que son los siguientes:

- **Las trepadoras:** son mujeres que se sienten atraídas por hombres que representen valores como poder, riqueza, estatus social, autoridad, etc. Quieren estar cerca de ellos para recibir algo de su aura ganadora, ya sea por ósmosis o por el sistema de quitarle la billetera mientras duerme. Estar con un hombre poderoso tiene un encanto indudable. Pudiendo tener miles, la eligió a ella. Eso le levanta la autoestima a cualquier mujer solitaria. Y si no le levanta la autoestima, acostarse con el jefe quizás sirva para que le levanten el sueldo.

- **Las vengadoras:** cuando se descubrió el *affaire* del presidente Clinton con su pasante, siguió un resonado juicio en torno al vestido azul (manchado de Clinton) de Mónica Lewinsky, donde tuvo que declarar su amiga Linda Tripp. Y Linda declaró que Mónica Lewinsky le había contado que tuvo un romance con el presidente estadounidense solamente por tratar de quitarse de la cabeza a Andy, un hombre casado de la costa Oeste, seducido y abandonado. ¡Imagina cómo serán las ínfulas de ese tal Andy, diciendo que su ex amante tuvo que tener un *affaire* con el presidente de los Estados Unidos para poder olvidarlo! Pero abundan las mujeres que juegan con hombres casados para darle celos a un novio, por despecho hacia otro, o para olvidar un viejo amor. Las campeonas en este rubro son las recién separadas, desesperadas por sexo después de años de abstinencia forzada con un marido indiferente. Estas no quieren relacionarse con casados, pero están tan apuradas por quitarse la bombacha, que no investigan mucho si es cierto que él "se está separando", como le dijo, o está más casado que tu padre con tu madre.
- **Las competidoras:** son las que crecieron compitiendo con las hermanas o la madre por la atención de papá, y luego se pasan la vida tratando de ganarse la atención del papi... de otra gente.
- **Las semibisexuales:** hay un componente homosexual en esto de querer estar en el medio de una pareja, donde la esposa oficial siempre está presente de algún modo, ya sea en las quejas del infiel, en los recaudos para que no sospeche nada o en que, en el mismo día, él tiene sexo con las dos. Porque todos siguen teniendo sexo con su esposa, y miente el que jure: "A ella no la toco desde hace un año". En cierto modo, se trata de un interesante *menage a trois* entre La Mujer Maravilla (tú), Supermán y la Mujer Invisible.

- **Las aterradas:** la inmensa mayoría de mujeres que se relacionan con casados son muchachas que les tienen terror al compromiso y pánico a los hombres... Muchas temen perder poder y libertad junto a un hombre que las domine, y lo ideal es buscarse un hombre inaccesible y ¿qué mejor que un casado?
- **Las nostalgiosas:** quizás "la otra" no es una mujer nueva, sino alguien que reaparece del pasado de tu marido. Son las más peligrosas, porque él no gusta de ella por quién es ella, sino por quién era él veinte años atrás, cuando la conoció a ella. Y ella también se frota contra él, como si fuera la lámpara de Aladino, esperando que de adentro salga el genio que le devuelva su juventud.

Lo más gracioso de esto es que a tu marido le importa un comino qué razones tenga ella para elegir un hombre ocupado, habiendo tanto soltero suelto. Lo que quiere creer es que ella cayó prendada de sus irresistibles atractivos masculinos, nada más. Entonces, él le hará el juego, apelando a los instintos maternales de esa mujer deseada y usará el bajísimo truco de dar lástima: se queja de su dura vida, de su desastroso matrimonio contigo, de que tú no lo comprendes y de que su hija es tan rebelde como su propia caspa. En suma, le dirá un sinfín de cursilerías, salpicadas con mentiras y exageraciones para impresionarla: "Una vez anduve en bote, Sé regar la plantas y Mi gato me adora". Y ella le cree, porque el amor no es más que ver en el otro lo que quieres que tenga, no lo que el otro es. Para tu consuelo, por locas, obsesionadas, insistentes y fascinadas con tu marido que estén cualquiera de estos distintos tipos de amante, es cuestión de tiempo para que tu marido se harte de ella o ella de él, lo que suceda primero. En general, lo que pasa es que la amante se harta de tantas excusas y pretextos, de tantos sábados solitarios y de tener cero chance de tener hijos con él. Pero apenas ella verifica que cuando él dice: "No quiero más hijos, no quiero otro matrimonio, así como estamos, estamos bien", está hablando completamente en serio y no hay modo de hacerlo cambiar de opinión, quien se retira de escena es ella.

Tú tienes todas a tu favor; lo tienes en tu casa, obligado a volver.

Mantente firme al timón. Llevas un pirata a bordo, pero es tuyo.

NO ES DIVERTIDO SER LA OTRA

Hay hombres que dicen: "Me encantan las mujeres infieles; las de los otros". Pero la sociedad entera odia a la otra, mucho más de lo que odia a la mujer infiel. A la otra la odian todos: las mujeres, porque es una amenaza para sus matrimonios y podría quitarle al marido, y los hombres, porque ella es la amante de otro y no la de ellos.

La infiel puede contar libremente una aventura, pero la otra no, porque todo el mundo la estigmatiza: "¿Cómo vas a salir con un tipo casado?, ¿No piensas en sus hijos?, ¿No ves que no tienes futuro con el?, ¿Has pensando en la pobre mujer?, Te quedarás vieja y sola, ¡Eres una rompehogares!... Definitivamente, no es algo que se pueda hablar en tiempo presente en una reunión familiar, y un novio casado no es alguien que puedas presentarles a tu abuelita y tus sobrinos.

La otra la pasa bien en dos lugares: en las cenas íntimas (porque él no mira el menú por el lado de los precios) y en la cama (porque a ella no puede decirle "esta noche no, querida").

El resto de su vida es un infierno.

Increíblemente, ella cree que existe una etapa en el matrimonio que se llama "nos estamos separando", y se queda esperando que él se separe de su mujer. Y vive esperando que él deje a su mujer y, en esto, hay una sola verdad: él jamás deja a la mujer. Salvo que su matrimonio estuviera mortalmente herido y con planes de separación desde antes, o que su mujer descubra todo y lo eche a patadas, él nunca deja a su mujer. Los hombres no dejan a sus esposas. El matrimonio es un sitio muy cómodo para los varones. ¿Por qué habrían de dejarlo si no los sacan de ahí a la fuerza? El 90 % de los divorcios son iniciados por mujeres que ya no los aguantaron más.

Hay pocos casos en que la Otra espera que Él deje a su mujer y, en efecto, por fin, luego de 20 años de romance prohibido, él deja la esposa… ¡para irse a recorrer el mundo solo (porque está harto de tantas mujeres) o con la secretaria del abogado que le tramitó el divorcio!

Entonces, si la relación prohibida continúa, es a fuerza de la cantidad de mentiras que él le dice a la otra. Y en esto, él lleva las de ganar, porque las mujeres nos creemos todo.

Él le dice que no puede dejar a la mujer porque tiene un hijo psicótico y ella lo cree.

Él le dice que no puede dejarla porque tiene tres hijos psicóticos, y ella le sigue creyendo.

Él insiste en que no puede dejar a su mujer porque tiene diecisiete hijos psicóticos, dos con cáncer, seis autistas y su mujer se suicidaría si la deja y ella le cree, porque en Discovery Home & Health se ven casos peores y porque cualquier mujer se suicidaría si un marido la deja con semejante paquetito.

Tengo un amigo que trabaja en un sitio repleto de mujeres, y cuando hay una reunión grupal y ve que la mayoría de ellas asiste sola, se acerca y le pregunta a cada una: "¿Por qué no vino tu marido?" y va anotando cada respuesta que ellas le dan, para aumentar su lista de pretextos para escapar de su propia mujer : "Él fue a navegar y no pudo regresar porque había tormenta en el mar, Estaba llegando a casa, se le dañó el auto y tuvo que llamar al auxilio mecánico, Pasó por casa de su madre para repararle un grifo y se quedó a cenar con ella, Tiene reunión de junta hasta medianoche". Esas son las cosas que se creen a pies juntillas las esposas y... las amantes. Y ella le dice: "Yo no sé si es cierto o no lo que me dice mi marido, pero si me es infiel... ¡al menos se esfuerza por ocultarlo!".

La otra vive en un estado de celos permanentes. Tiene celos de la esposa de él, a la que se le suman los celos de que si él es capaz de mentirle tan alegremente a su esposa, quizás también le mienta así a ella. ¿Quién le asegura que no tenga otra amante al mismo tiempo? Y peor aún, ¿quién le asegura que si deja a su esposa por ella, no acabe poniéndole los cuernos a ella con una amante nueva? Porque convengamos: el tema de ser infiel a este tipo le sale tan natural como respirar.

Hay otras que resuelven el tema por la vía práctica: "Si no dejas a tu esposa y quieres que sigamos juntos, me pones un departamento y me mantienes, y tenemos un matrimonio paralelo en nuestro nidito de amor, y si llego a tener un hijo contigo, lo tratas como a uno más de tus hijos matrimoniales". Pero por más que logre esto, la otra debe saber que por toda su vida ella estará en un décimo puesto en la vida de él, después de su mujer, sus cuatro hijos, su madre, su casa, su auto, sus plantas y su perro. Y es triste que pudiendo ser la prioridad número uno en la vida de un hombre, una mujer elija no serlo. De hecho, escondida con ese hijo, vive una vida triste; el hijo crece resentido y luego va y se mete en culebrones colombianos, avisando en todos los canales a la ricachona incrédula: "Soy hijo de Luis Alberto" o irrumpiendo en la vida del acaudalado estanciero para decir: "Soy tu hijo", y por qué no, hasta casándose con una media hermana rica para poder heredar algo. ¿No será mejor conseguirse uno menos galante, pero que sea todo para ti, y evitar que veamos esas escenas en las telenovelas? Para lograrlo, antes de buscar hombres, debes saber detectar a tiempo a los casados y saber detectar a los solteros.

CÓMO DETECTAR SI ÉL ES CASADO

Una chica soltera debe estar en condiciones de reconocer a un hombre casado del que no lo es, no para evitarlo, sino para saber a qué atenerse y poder decidir si quiere un rollo con uno casado o prefiere buscarse uno todito para ella. Porque es molesto empezar a salir con un tipo creyendo que es un soltero maduro, y que luego te confiese en la cama que tiene cinco hijos y otro en camino. Es esencial detectar a tiempo si es casado, cuando no habla del tema por iniciativa propia.

El casado jamás te invita a salir un sábado; lo hace los miércoles o los jueves. Fines de semana y feriados... ni lo ves. Él hace llamadas telefónicas desde el frente de su casa (y en voz muy baja) y siempre te dice que hablaba con un cliente. ¿Por qué no tenía señal a tu lado? Para que no te enteres de que le toca comprar un pastel de cumpleaños para su hija, por lo cual deberá abandonarte dentro de media hora.

El casado siempre está superdispuesto a visitarte y a pasar por tu casa con una botella de vino en la mano e insiste en cocinar o en pedir comida a domicilio. ¿Lo hace de gentil? No; lo hace para no correr riesgos de que lo vean contigo en la calle.

Te da tres teléfonos de su oficina y dos de sus celulares... ¿para que lo ubiques enseguida? No; para que no lo llames a su casa.

Hace planes exóticos, como hacer un picnic en un bosque o almorzar en un barco. ¿Porque es romántico? No; para que no lo vean contigo en los lugares más frecuentados por sus vecinos, parientes y conocidos.

Jamás te presenta a sus amigos ni a sus parientes. En vez de decir: "Conocí un sitio, Fui a un lugar, se le escapa decir un "conocimos" y "fuimos", porque ha ido con la esposa.

No usa mochila ni morral informal; solo usa portafolios. A veces, tiene una marquita blanca en la base del dedo anular; se quitó el anillo de bodas.

En el supermercado, no compra cerveza sino leche.

Te hace regalos útiles: un abrigo grueso, un par de botas fuertes y una cadenita de oro, que puedas vender en caso de necesidad.

No se asusta si lloras; ya sabe que te pasará.

No sabe dónde hay un lavadero automático (le lavan todo en la casa).

Su auto es tipo *break* con tres filas de asientos.

En los fines de semana, desaparece; ni siquiera un mensaje de texto.

Se pone a chatear a las dos de la mañana y te pide que apagues el micrófono de tu *webcam*.

Te cita en un bar un martes a mediodía, para almorzar contigo en su rato libre en la oficina.

Te dice que le da asco el lápiz labial. Te cuenta mil anécdotas de "matrimonios amigos".

Jamás se queda la noche entera.
Si te lleva a un hotel, saluda al conserje por su nombre.
Y tiene todo el tapizado del auto lleno de chicles pegados.

> TODO IBA BIEN CON ÉL HASTA QUE ME DIJO QUE LO QUE MÁS LE GUSTABA DE MÍ ES QUE SOY IDÉNTICA A SU CUÑADA...

¿CÓMO DISTINGUIR A LOS SOLTEROS?

Los solteros se detectan de lejos por lo desaliñados. Van mal afeitados, porque no tienen una esposa que les diga: "Aféitate que raspas". Visten mal, porque nadie les dice: "Quítate ya esa corbata horrorosa, pareces un payaso". Los mejores frecuentan los lavaderos automáticos, lo que es buena señal, porque indica que tienen dinero y se bañan. Frecuentan las tiendas de comidas para llevar, donde con el pollo piden una ración extra de pan que usarán para hacer tostadas y comer en el desayuno del día siguiente. Los ves paseando un perro en el parque, porque lo tienen como única compañía. Generalmente, no es un perro de raza, sino uno callejero. Son los casados los que compran perros costosos.

En el carro del supermercado, siempre cargan mucha cerveza, mucho pan y algunas ridiculeces, como *ketchup* y salamis, porque son cosas que no se echan a perder.

Suelen andar con sandalias en vez de zapatos. Esta práctica la dejan al casarse, porque la esposa detesta verlo con los pies sucios.

Si se resfrían, no tienen un antihistamínico ni un analgésico a la mano, ni tienen idea de qué puede ser lo que hayan pescado. El casado, en cambio, siempre tiene todo un botiquín de primeros auxilios o corre a la farmacia más cercana.

No te dejan plantada los fines de semana y planean vacaciones contigo. No se perfuman, como el casado, ni te dicen que eres el amor de su vida... Pero se quedan a dormir contigo dos noches seguidas. No te traen regalos fastuosos, pero te presentan a sus amigos. No tienen auto, pero no te esconden de la vista de la gente, como si fueras leprosa, ni te dejan llorando sola en la sala de espera de emergencias de un hospital. En suma, ¡tienes alguien que te acompañe a que te quiten el apéndice!

El casado puede ser el mejor hombre del mundo, pero como no es ni jamás será tuyo, todo lo que vivas con él será ilusión, y las ilusiones desilusionan. Un soltero no te hablará de amor eterno, pero una vez que quede prendado de ti, será tu hombre. Por desaliñado que sea, tienes todo el tiempo del mundo por delante para afeitarlo a tu gusto. ¡Pero tampoco lo dejes tan perfecto como para que una soltera adicta a los casados quiera quitártelo! Ahí es cuando puedes sugerirle: "Cielo, ¿por qué no te pones esta corbata de payaso, que te queda tan graciosa?".

NUNCA TE ACUESTES CON EL HOMBRE QUE…

- Llama a su mamá para decirle que va a volver tarde.
- Pierde el aliento después de ayudarte a ponerte el abrigo.
- Pasa más de diez minutos hablándote de su ex esposa.
- Te pone apodos porque no recuerda bien tu nombre.
- Piensa que usar jabón y desodorante es solo para maricones.
- Solo escucha los mensajes del contestador cuando ya te fuiste de su casa.
- Solo te invita a salir los jueves y, con suerte, también un miércoles.
- Te pide que pagues las salidas porque "no tiene cambio".
- Tiene aliento a alcohol a las once de la mañana.
- No puede acompañarte al casamiento de tu amiga porque no tiene quién se quede a cuidarle al perro.
- No puede contarte a qué se dedica o cuál es su trabajo específico.
- Llama a su esposa para decirle que llegará tarde.
- Te dice que su última esposa pasó un año entero llorando por depresión aguda.
- Le envía mails a tus amigas sin que lo sepas.

Las tres preguntas ardientes que se hace la otra

La otra siempre se tortura, queriendo respuestas urgentes a tres preguntas que le queman las entrañas. Ellas son:

1. ¿Lo nuestro es amor o solo me quiere para el sexo?

¿Qué importa si lo amas o te ama o no te ama ni lo amas? ¿Por qué esa manía de ponerle nombre a los sentimientos y las relaciones? A veces amas, a veces admiras, a veces estás caliente con alguien y solo eso, a veces quieres acostarte con un amigo... ¿qué te importa qué sientes y qué nombre le pones, mientras la pases bien? ¿Te gusta un tipo y disfrutas con él? ¡Adelante, aprovéchalo que, con los años, a los hombres hasta se les olvida desearte!

Ser romántica con un casado significa arruinar toda la diversión que esta relación pueda darte.

Pero si empiezas a querer tener una relación más estable y él no quiere, simplemente déjalo y búscate a alguien con quien puedas lograr un proyecto a largo plazo.

2. Casado y todo, él es el amor de mi vida. ¿Cómo podré olvidarlo?

No, no podrás olvidarlo, y está muy bien que así sea. Sufrirás, y está muy bien que así sea. Lo echarás de menos, y está perfecto que lo eches de menos. Ponte a escribir poesías y canciones desgarradoras con todo ese maremoto de dolor, como hace Shakira: "No se puede vivir con tanto veneno/ pesa más la rabia que el cemento". Un gran dolor te da una bella anécdota para contar en el futuro, cuando todo pase (porque todo pasa). Y si no quieres sufrir nada de nada... sigue con él, pero aceptando el tiempo que él quiera dedicarte, sin reclamar más. La decisión es tuya. De acuerdo a qué futuro quieras vivir: ¿Amante eterna? ¿Amor secreto de por vida? ¿O esposa legal de un tipo leal? Si lo que quieres son las dos primeras cosas, quédate con él. Si quieres una relación estable con un hombre que sea solo tuyo, búscate uno que sea soltero. Sé que es más fácil decirlo que hacerlo, pero todo lo que vale la pena en la vida es bastante difícil: hasta un buen pastel. No, no podrás olvidar a tu amor casado, pero lo llevarás en el recuerdo "contigo a la distancia", como canta Luis Miguel…. ¡Cuanto más lejos, mejor!

3. ¿Y si no encuentro a otro como él?

Claro que no encontrarás a otro como él. No hay hombres más fascinantes que los casados. Los solteros no saben cómo tratarte ni adónde llevarte, y siempre pierden confrontados con un casado. Para colmo, el tipo que te conviene como marido es siempre un tipo aburrido y simple, que no precise toneladas de adrenalina para sentirse vivo. Algunas mujeres me dicen: "No quiero un aburrido; quiero un hombre fascinante y seductor". Pero el seductor justamente lo es porque se dedica a seducir a otras... ¿O piensas que con tu linda cara lo tendrás entretenido para siempre? Los bailarines bailan, los dibujantes dibujan y los seductores seducen a cualquier cosa con tetas. Más vale aburrido propio que seductor compartido. Y un aburrido no te pone los cuernos ni se le ocurre cambiar de rutina de un día para el otro. El hombre aburrido es tan predecible, que jamás te dará sorpresas desagradables. Si es aburrido y feo, tanto mejor; será todo para ti. De todos modos, no te descuides, porque hasta los feos aburridos a veces hacen de las suyas: muchas mujeres que quieren uno predecible y tranquilo te lo quitarían con ganas.

CUANDO EL RIVAL ES UN HOMBRE

Este tema es mucho más simple, porque los hombres son más simples, y la relación de las mujeres con sus amantes casadas también lo es. Te diré solamente esto: ella te engaña con alguien que la ve como mujer, no como madre o esposa. Te engaña con alguien que la desea. No importa que sea lindo, musculoso, atractivo o demasiado especial. El narcisismo de las mujeres es tal, que se enamoran del brillo en los ojos que provocan en la mirada del otro. Las mujeres, salvo casos de venganza o resentimiento contra el marido, no están esperando encontrar a alguien con quien ponerle los cuernos al marido. Lo que están esperando es que el marido les dé pelota, les haga caso y se fije en ellas. Pero si de golpe sienten que un hombre se siente irresistiblemente atraído hacia ella, que es capaz de luchar por ella, que trata de conquistarla de un modo delicado y sutil, sin invadirla, mostrándole que ella es muy especial para él y que estará siempre allí esperando por ella y, de repente, ella descubre que este hombre también es especial para ella, porque le prepara comiditas, le trae cafecitos, le plancha el pilón de ropa, le friega los platos y le repasa los pisos… pues lo intentará con ese hombre… pero sin demasiadas esperanzas, porque como buena mujer sabe que lo que el otro quiere es un poco de diversión y nada más.

Los rivales masculinos también tienen los días contados. Ningún amante es tan bueno como para que valga la pena echar un matrimonio por la borda en pos de este romance. Y si lo es… ¡vete ya con él!

CONSEJOS PARA MUJERES INTELIGENTES

- Hazte una vida propia interesante. Maridos, novios o amantes no deben ser el centro de tu existencia, sino solo un condimento para ratos libres. Si haces de tu pareja el centro de tu vida, arruinas tu vida y la de él.

- No te quedes con alguien que te maltrata, ignora o jamás tiene tiempo para ti.

- No te quedes sola, esperando que una pareja sea el único antídoto ante la soledad. Realiza actividades que te interesen y hazte muchos amigos y amigas que te mantengan conectada con el "afuera", sin que tengas que procurarte un tipo que te quite de adelante del televisor.

- No corras detrás de un tipo casado, o que no te llama, o que te ha dicho que no es el momento para estar de novio, o que no olvida a su ex, o que no está superinteresado en ti, o que confiesa que nunca se casará, o que tiene la edad de tu padre, o la de tu hijo, o que sueña con irse a hacer beneficencia en Tanganica. Pierdes el tiempo y lo espantarás más aún, mellando –para colmo– tu autoestima.

- Cada hombre que conoces jamás es el último, salvo que tú decidas que no quieres arriesgarte a perderlo. Pero hay miles de posibles "amores de tu vida" que no conocerás por falta de tiempo y para no fallarle al que tienes hoy. Por eso, no te aferres a nadie que no haga que tu vida sea un poco mejor gracias a que lo has conocido.

- Si un amante te tiene loca o muerta de amor, piensa que no es buena noticia estar loca y estar muerta. Deja que se te pase solo y verás que no es él último hombre del planeta, y que no es tan especial como creías. Ahora crees que jamás podrás amar a nadie como a él, pero no es cierto; hay hombres divinos con quienes podrás tener relaciones mucho más sanas y amorosas. Especialmente, tu marido. Todos son así de fabulosos, si te detienes a conocerlos bien.

- Si un hombre te hace llorar, *no es amor*.

- Hay gente que jamás podrás olvidar y, sin embargo, tienes que dejarla ir. "Olvidar" a alguien que has amado es imposible. Sin embargo, sí puedes salir de su vida y llevar el cálido recuerdo del romance que has tenido con él para siempre en tu corazón, y contárselo un día a tus nietas, para que sepan que la abuela no se privó de nada, lo que es un buen ejemplo para la siguiente generación.

- No te acuestes con él en la primera salida, ni en la segunda, ni en la tercera. Cuanto más lo dilates, mejor, si es que quieres una relación de verdad y no una revolcada rápida.

- Si solo quieres una revolcada rápida y nada más, acuéstate con él en la primera salida.

- Tu pareja, antes que nada, debe ser tu mejor amigo.
- No hay hombres perfectos, solo hombres "bastante buenos".
- Trata a tu pareja como te gustaría que te tratara a ti.
- No le hagas a tu pareja lo que no te gustaría que te hiciera a ti. Y si lo haces, que jamás se entere de que lo has hecho.
- Siempre es más importante no herir que decir la verdad. Las mentiras piadosas valen oro.
- Trata a una pareja igual o mejor de lo que tratas a un íntimo amigo. Y exígele lo mismo a tu pareja, que no te trate peor que a un amigo.
- Cuando estés confundida por un hombre que dice una cosa y hace otra, que desaparece sin aviso, o que parece burlarse de ti, deja de verlo.
- Siempre que estés confundida, ve a terapia. Ni tarot, ni brujas, ni videntes; psicólogos. Hay cosas que pueden pasarte que no puedo tratar en este libro. Quizás descubras que te aburres si un hombre no te maltrata, quizás tienes un problema para confiar en los demás, quizás buscas hombres complicados porque la que le teme al compromiso eres tú, quizás inconscientemente empujas a tu pareja a serte infiel. Eso puedes descubrirlo con una terapia, que en un lapso de seis meses a un año de sesiones, ya debería darte resultados favorables. No hay recetas mágicas ni terapias express. Debes tener paciencia para salir a flote.
- Si sientes que algo anda mal, no es una sensación: es que *anda mal*. Confía en tu instinto femenino: las mujeres percibimos todo. Busca ayuda profesional lo antes posible.

CAPÍTULO 14

¿Cuándo se puede perdonar? (y cuándo no)

¿QUÉ SIGNIFICA PERDONAR?

Pudo haber sido solo una noche de sexo o un romance de varios meses. Ya sabes todo. Ahora tienes un solo problema: ¿qué hacer con quien te puso los cuernos?

Porque si no quieres seguir con el infiel, se acabó el problema.

Pero para seguir con tu pareja infiel, debes verificar que no vuelva a serlo.

¿Lo perdonarás?

Mira a tu amorcito.

Te dice que está arrepentido, que ha cometido una torpeza, que no debería haberlo hecho jamás, que no comprende qué le ha sucedido, que te ama como a nadie, que estaba mal consigo mismo, que se le dio la oportunidad, que te notaba distante, y un sinfín de tonterías que ya ni quieres escuchar, pues aunque te dañan, el daño mayor ya está hecho.

¿Debes perdonar?

¿Pero qué significa exactamente "perdonar"?

"Perdonar" significa "el grado máximo de donar" o "dar mucho", tanto es español como en francés –*par-don*–, en italiano –*per-donare*–, en inglés –*for-give*– y en alemán –*ver-geben*.

Para Santo Tomás de Aquino, el perdón es la entrega por excelencia, el summum de la generosidad. No consiste en entregar dinero o tiempo, sino en donar dos veces, regalar dos veces, que es lo que significa "per-donar". "Donar" es regalar voluntariamente, un acto de gracia que uno realiza como dando un regalo a quien lo merece.

¿Te parece que tu amorcito que acaba de revolcarse con una mujer de cascos ligeros merece un doble acto de entrega, un regalo doble de fe como es el perdón, etimológicamente hablando?

Fíjate que quien te pide perdón por una infidelidad te pide que le regales por lo menos cinco cosas:

1. El disfrutable recuerdo de una memorable revolcada en cama ajena sin consecuencias.
2. Que sigas considerándolo buena persona, aunque intercambió fluidos corporales con otra.
3. Que olvides el desliz, como que aquí no ha pasado nada.
4. Que vuelvas a confiar en esa persona.
5. Que no le hagas más reproches, porque ya te ha pedido perdón, y basta.

¿No son demasiadas pretensiones para alguien que ha roto un pacto de confianza ciega, fundamento básico de toda pareja? En verdad, no hay perdón verdadero si uno no siente reales ganas de entregar ese doble don de la misericordia. Pero ¿por qué habrías de ser clemente con alguien que no recordó que existías cuando se acostó con otra? Somos grandes, él ya no es virgen… ¡No puede decirte que no sabía lo que estaba haciendo! Ella no es más grande y pesada que él… ¡Tampoco puede decir que lo forzaron a tener sexo! Él se gasta en hoteles lo que tú ahorraste en tomates… ¿y hay que perdonarlo?

¿Por qué cuernos me engañaste?

"El perdón es la supresión del resentimiento", afirma Butler. Mi gato no me perdona si lo dejo solo un fin de semana: me da la espalda, ignorándome durante una semana como mínimo. Y yo no le he puesto los cuernos, pero le ofende que yo pueda vivir sin él. Como yo tengo un cerebro 40 veces más pesado que el gato, ¿80 días de darle la espalda al infiel serán suficientes?

Pedir perdón es hipócrita. Claro que hay que hacerlo, pero es falso. ¿Quién cree que él lamenta haberse revolcado con la morena del sexto piso? Por eso, pedir perdón es una especie de manipulación postraición de parte de quien ha cometido la falta, hecha con la intención de que pares de llorar porque no quedan más pañuelos.

No nos engañemos; el dolor sigue ahí, y seguirá por mucho tiempo más. Dicen que la Biblia dice: "Si te ofenden, no hay que perdonar siete veces, sino setenta veces siete". Es una buena receta para convertir a neandertales en gente civilizada en épocas en que todo se resolvía a los garrotazos. En una sociedad donde nadie perdona a nadie, no se podría viajar en autobús, no se venderían camas matrimoniales ni sillones de tres cuerpos, ni baldes de pollo frito de 24 piezas, ni autos de 4 puertas, ni papel de regalo. Entonces, si perdonamos, es para poder comer fondue y pollo frito.

CÓMO SABER SI TU PROBLEMA ES GRAVE

Lo primero que se pregunta el traicionado es si podrá perdonar al infiel. Y pegado a eso, viene la pregunta más importante: ¿Lo hará otra vez?

Para saber si puede perdonar o no, cada uno debe saber qué se juega dentro de la pareja, y cuál fue el grado de infidelidad que estamos debatiendo. Aquí entran muchas cosas en juego: si hay hijos, si hay casa, si hay auto… si puedes echarlo y quedarte con todo… ¡No lo perdones!

Los mensajes que recibo de centenares de lectoras engañadas prueban que quien engaña una vez, vuelve a engañar. Una relación de pareja solo tiene sentido si sabes que puedes poner las manos en el fuego por el otro. Y eso de arrastrar una infidelidad, que es como una nube negra permanente que te persigue, me parece que no ayuda a renovar la confianza perdida. Por si no lo sabían, la gente solo te trata del modo en que permitas que te traten. Si marcas en el aire los límites, no habrá nadie que ose traspasarlo. Para que te traten bien, debes quedarte con alguien que se entusiasme por conservarte.

Una infidelidad siempre es un duelo y una pérdida. Aquí te toca saber si el duelo es sobre la confianza perdida o sobre la relación entera.

Si tienes mucho miedo de cortar la relación, habría que descubrir a qué le temes tanto. Probablemente, debas reforzarte como individuo, si sientes que estarías desprotegida sin... ¡un infiel que se acuesta con otras!

Lo importante es que llegue un momento en que puedas decir "ya está, lo perdí, se acabó, no lo busco más", como quien pierde un reloj en un bosque. Perdonar implica hacer borrón y cuenta nueva, y ponerle un cierre a toda la situación. Hay que dejar que el tiempo pase, para que todo el suceso pierda fuerza, y a la larga sea un incidente más en la historia de la pareja. Si lo reavivas todo el tiempo, no lo dejas morir. Perdonar no es olvidar, pero no metas más el tema en el medio todo el tiempo, si quieres reconstruir la pareja.

Solo puedes reconstruir la confianza sabiendo que:

- No puedes vigilar lo que hace él las 24 horas del día.
- No puedes revisarle sus cosas, porque te humillas tú.
- No puedes desconfiar de cada cosa que te diga.
- No puedes esperar que él cambie de un día para el otro.
- No puedes convivir con resentimiento

¿VALE LA PENA SEGUIR CON UN INFIEL?

Ya sea que elijas el estilo *laissez faire, laissez passer* o el de escribir poemas desgarradores, el abordaje más conveniente ante la traición es bajar las armas. Lo primero que tienes que pensar respecto al infiel es: "Está bien, me ha perjudicado. Pero no permitiré que lo haga un minuto más". Entonces, simplemente dejas de pensar en lo que te ha hecho, y haces tu vida, siguiendo tu camino.

Uno no puede controlar los sentimientos, pero puede controlar cómo los enfrenta.

Pero también estoy segura de que engañar a la pareja es romper un trato, donde la primera cláusula –escrita o no– es siempre la de lealtad y honestidad mutuas. Y donde no hay confianza, no hay amor. Si te quedas con quien te engaña, te engañas a ti mismo. Y no debes culparte: le pasa a cualquiera.

El Agha Khan le fue infiel a Rita Hayworth, que era entonces la actriz más sensual de Hollywood.

El príncipe Carlos de Inglaterra le fue infiel a la bella Diana Spencer con una mujer casada, más vieja que su propia esposa, con quien se casó luego de 35 años de romance clandestino.

Y esto lo hacen porque quieren dar por terminado el matrimonio, y ponen los cuernos y esperan que seas tú quien tome la decisión.

Si me preguntas qué hacer cuando descubres todo, te diré algo muy simple: si sabes que te fue infiel porque él te lo cuenta, quítalo de tu vida; se acabó. Si lo sabes porque tú lo has investigado y descubierto, bueno, eso te pasa por husmear donde no debes. Y sacarlo de tu vida o no, depende de qué clase de tipo sea tu esposo, si vale la pena conservarlo o no.

¿Cómo sabes si vale la pena conservarlo?

Esto lo marca el CRP: coeficiente de reemplazabilidad de tu pareja.

Si estás casada con Quique, un alcohólico frustrado sin ambiciones al que debes atender como a un hijo más, bueno para nada que ni te toca en la cama y se siente una víctima del destino, tu Quique es 100% reemplazable y tiene un CRP de 100, porque cualquiera que conozcas después de este incidente será mejor que él. Así que no debes perdonar a Quique, que además de marido desastroso, ahora es infiel.

En cambio, si estás casada con Guillermo, gerente general de una empresa multinacional, buen padre y compañero estimulante, un genio en la cama, amoroso con tus hijos y cariñoso contigo, que mantiene a toda la familia, te hace regalos fastuosos, te lleva de vacaciones, satisface cada capricho tuyo, se arremanga para lavar los platos y bañar a los niños, es guapo y divertido, su CRP es de 0 porque no es reemplazable. Así que no solo debes perdonarlo, sino que me debes dar su número telefónico y su correo electrónico porque quiero robártelo. Será muy difícil que después de Guillermo conozcas a alguien que lo supere en

calidad de compañero. Tómate el desliz con filosofía, como que "algún defecto tenía que tener", no sea cosa que acabes de novia con uno muy fiel, porque no tiene dinero ni para invitar a otra con un café.

Los reemplazables no se perdonan, y los irremplazables tienen más oportunidades.

Como dice Walter Riso, en la pareja siempre manda quien menos necesita al otro. A un hombre irreemplazable lo necesitas más; entonces, por eso, pueden perdonársele más cosas.

Perdonar, como amar, es una decisión.

EL SÍNDROME DE CYNTHIA LENNON O DE LA ENGAÑADA INFELIZ

Cynthia Powell conoció a John Lennon en la escuela de arte de su pueblo. Los dos eran miopes, y él solo bromeaba con ella acerca de las gafas que usaban ambos. Pero ella quedó prendada del joven que tocaba la guitarra y no paró de seguirlo hasta atraparlo. En muy poco tiempo, quedó embarazada y se casaron justo en el momento en que los Beatles llegaban a la cima de la fama. John no quiso que la prensa se enterara de que estaba casado, ni de que tenía un hijo con Cynthia, por temor a que eso le espantara las *fans*... y porque Cynthia no le importaba demasiado. Hizo todo lo posible por no mostrarse con ella en público, y por mostrarse con diversas amantes en privado. A una la llevó a su casa, y Cynthia los descubrió en su propia cama. Él también era violento y un par de discusiones terminaron a los golpes. De todos modos, ella insistía en preservar la pareja y en acompañarlo en las giras, y él se negaba. Ella comentaba: "Me doy cuenta de que a veces sugiero algo y John me ignora o dice que digo tonterías. Unas semanas más tarde, Ringo sugiere lo mismo que dije yo, y él lo aprueba, admira y aplaude... Y jura que yo jamás se lo dije antes". En medio de la vorágine de la fama (y las drogas), él comenzó a verse seguido con la artista japonesa

Yoko Ono, que se le pegó como un mejillón a una roca. Cynthia supo de la infidelidad y decidió pegarse aún más a él para recuperarlo. Un día, los Beatles con sus esposas partían de gira en tren a Bangor, Gales. Al llegar a la estación, vieron que esta estaba atestada de admiradoras con pancartas de adhesión a los Fab Four (los Fabulosos Cuatro). Todos corrieron a abordar el tren a último momento. Pero a Cynthia las *fans* le cerraron el camino, el tren partió y ella se quedó mirándolo alejarse, en la plataforma. "Ahí supe que todo había terminado", comentó. Al perder el tren, perdió a John. Pero siguió amándolo toda la vida, y tuvo que casarse cinco veces –el cuarto marido fue alguien muy joven que no estaba con ella por interés, sino por amor, "porque no le gustan los Beatles; él prefiere a Eminem"–, siendo el último un negro grandote que no tiene el menor interés ni en los Beatles ni en Eminem.

John no fue mejor marido con Yoko Ono. De hecho, también empezó a serle infiel a ella. Pero Yoko, astuta, contrató a una jovencita japonesa que le gustara a su marido, para así poder controlar de cerca el romance de su esposo. Cuando John se cansó del idilio con la japonesita –que era más boba, celosa y demandante que Yoko– , Yoko estaba allí para recuperarlo.

Yoko luchó: tenía claro que no quería perder a John.

Cynthia no luchó, dejó que se le fuera de las manos.

Cynthia vio desde lejos cómo John compraba mansiones, islas y castillos con el dinero ganado por el grupo formado junto a ella. Recién en el 2006, publicó una novela deprimente en la que contaba toda esta historia, que se llama *John*, pero que bien podría llamarse *Cómo ser una perdedora*.

Yoko vivió dentro de esos castillos.

Tú puedes elegir ser Yoko o ser Cynthia.

Para eso, debes poner en la balanza si la relación vale la pena o no.

Si eliges ver cómo el hombre a quien amarás toda la vida se va en el tren, dejándote sola en la estación como la Penélope de la canción, padeces el síndrome de Cynthia Lennon.

Claro está que no te conviene quedarte con un hombre que no quiere mostrarse contigo y que no te escucha, pero sí a su baterista. Pero no hay nada tan patético como seguir amando a un hombre, observando de lejos cómo él –¡famoso!– la pasa genial ovacionado por el mundo, mientras tú te quedas tejiendo calceta, sola con tu gato y un novio que vende memorabilia Lennon para comprarse gorritas de béisbol estilo Eminem.

Si un marido a quien amas te ignora, más que dejarlo, te conviene buscarte a alguien que te consuele. Mientras tú retozas con uno dulce y gentil, deja que se divierta con la amante de turno.

Cuando se canse, ahí estarás esperándolo.

De todos modos, no vivirá demasiado.

EL ALTO COSTO DE QUEDARSE PEGADA A UN PREMIO NOBEL

Ya sabemos que los hombres famosos, ricos y poderosos ejercen un atractivo irresistible en las mujeres. No importa si él tiene cien años, usa peluquín y necesita cinco cajas de medicamentos para ponerse de pie. "¿Es rico? ¿Es famoso? ¡Tiene que ser mío!". Es lo que sienten ellas, en su ancestral ambición por el macho alfa. Sinceramente, si nos presentaran un empleaducho cualquiera con el extrañísimo peinado de Donald Trump –ese flequillo teñido de rojo que le viene de la nuca–, no querríamos pasar ni cinco minutos con él. Pero como Donald se esmera en lograr que su casa de Palm Beach aparezca en la revista *Forbes* como la casa más costosa de los Estados Unidos, será Donald mismo el que no quiera pasar ni cinco minutos contigo porque prefiere casarse con modelos eslovacas un cuarto de siglo menores que él, que se dedican a tomarse fotos con poca ropa y esquiar a beneficio de los perros abandonados.

Otras mujeres prefieren teñirse de cultas, teniendo roces voluptuosos con un intelectual. Por darte un ejemplo, hay un inglés Premio

Nobel de Literatura, Sir Vidiadhar Surajprasad Naipaul, nacido en Trinidad, de familia hindú, que fue a Buenos Aires en 1972 para cubrir una crisis política. En ese viaje, conoció a una intérprete argentina, hija de ingleses, llamada Margaret Gooding, que sería su amante por los próximos 24 años, a sabiendas de Patricia Hales, la esposa del escritor.

Durante las siguientes décadas, el triángulo entre Vidia, Pat y Margaret se transformaba en uno escaleno o en uno equilátero, dependiendo de su trabajo, ánimo o lugar de residencia. Lo cierto es que Pat temblaba cuando recibía en su casa una llamada de larga distancia, y al escuchar a su marido hablando con su amante argentina. Margaret quedó tres veces embarazada del escritor y nunca dudó en abortar a pedido de su amante, que solo le dio cien dólares para quitarse el primer hijo, y nada para los otros dos. Naipaul no quería hijos... y ella lo quería a él. Incluso dejó a su marido por él y siempre estuvo dispuesta a todo. Al inglés, en cambio, esa aventura no le interesaba. Un día, Margaret llegó de improviso a buscarlo a su casa en Wiltshire, y Naipaul, enfurecido por la "invasión", le pegó tanto que "la mano le dolió durante varios días". Imaginen cómo habrá quedado la cara de ella. En 1989, su esposa Pat fue diagnosticada con un cáncer. Le extirparon un pecho y recibió quimioterapia. Su marido la dejó sola en el trámite, porque olvidó que ella tenía que ir al hospital. Allí, Pat leyó una entrevista en la revista *The New Yorker*, donde su marido confesaba ser asiduo admirador de prostitutas. Dejando a su mujer sola y enferma, Naipaul viajó con su amante por el Caribe, Indonesia, Irán, Pakistán, la India y Europa. Pat, abandonada y sola, entró en coma en febrero de 1996. Naipaul dijo: "Podría decirse que yo la maté". Al día siguiente, Naipaul arrojó al viento las cenizas de Pat, le dijo a su amante Margaret que no quería verla más porque ya estaba vieja, y llamó a Nadira Alvi, una periodista pakistaní y columnista en *The Telegraph*, 20 años menor que él, que lo había entrevistado recientemente, para preguntarle cuándo podía irse a vivir junto a él. Nadira es su actual esposa; por esto de que las mujeres no le pueden decir que no a un Premio Nobel[1]. ¿Puede una mujer llegar a tal humillación por no perder a un Premio Nobel? Claro que sí; las mujeres nos humillamos hasta lo más extremo con tal de no perder a un hombre. Los hombres, en general, son tan indiferentes que las mujeres perdemos la cabeza por cualquiera que nos dé cinco minutos de atención, sin necesidad de que sea un Premio Nobel.

La técnica de los famosos

Imagina si las esposas y maridos celosos de los artistas de cine que hacen de heroínas y galanes les hicieran una escena de celos cada vez que filman una escena erótica con un colega. ¡Nadie podría trabajar en películas románticas sin arriesgar su matrimonio!

¿Por qué Carlo Ponti dejaba que Sofía Loren fuera a la cama con Marcello Mastroianni? Porque Ponti tenía muchos más millones y más poder que Mastroianni. Marcello era solo un empleado de Ponti.

¿Por qué Robin, la ex esposa de Mel Gibson, se quedaba tan campante tejiendo mientras él en su doble categoría de actor y director podía haberse revolcado con cuanta actriz quisiera? Porque sabía que a él lo que le interesa era poder volver a casa sin problemas.

¿Por qué Vanessa Paradis y Johnny Depp siguen casados en aparente armonía? Porque tienen un pacto ecuánime de que "si tú me pones un solo cuerno, yo te planto una cornamenta como un árbol". O sea que el primero que hace trampa, tiene mucho que perder. Vanessa hizo millones cantando como una Lolita en celo, y Depp hizo otro tanto poniendo cara de leño; no es cuestión de perder tres *jacuzzis* y un Rolls Royce por una teta talla media.

---

1   *The World Is What it Is* de Patrick French.

¿Por qué Trudie Styler sigue casada con el archimillonario de Sting, mientras que Jill, la pobre esposa de Phil Collins, tuvo que ver cómo él la dejaba para casarse con una intérprete suiza veinte años menor?[2] Porque Trudie Styler ya sabe de qué viene la infidelidad. Trudie le arrebató a Sting a la actriz Frances Tomelty, con el pretexto de ser la fotógrafa de la banda The Police. Eso logró que Styler se quedara con Swing, mientras Frances no podía creer que su marido se tirara a una fotógrafa dientuda, que también fuera una actriz de cuarta categoría.

¿Por qué el rey de España sigue con la reina Sofía? Porque la que lleva la sangre real es ella; él es solo su consorte. ¿Y por qué el príncipe Felipe de España no le pone los cuernos a Letizia? *Ejem*... ¿Vieron la cara de bobo que tiene Felipe? Por eso. ¿Y la cara de bruja de Leti? Por eso, también. ¿Por qué el Bill Gates, poderoso como es, no tiene amoríos y es tan fiel a su esposa, cuando cualquier mujer moriría por estar a solas con el emperador de las comunicaciones mundiales? Porque para pagar menos impuestos por su inconmensurable fortuna, su esposa Belinda diseñó una función que solo ella sabe cómo funciona. Supongamos que Bill quiere dejar a Belinda por Zara Phillips, la joven y bella nieta de la reina de Inglaterra. Además de que le resultaría un pésimo negocio –Zara viene de novena en la línea de la corona británica, y es la primera en 500 años sin títulos nobiliarios–, él tendrá que pagar los impuestos que Belinda se dedica a evitar. Y además, darle la mitad de sus bienes a Beli.

O sea que Belinda no siente ningunos celos por Bill, gracias al sistema de saber lo que hace, estar segura de sí misma y tener a Gates por las pelotas.

El amor no escapa de los cálculos de *marketing* más fríos. Perdonar o no perdonar depende del coeficiente de reemplazabilidad del infiel. ¿Es un don fácilmente reemplazable? No lo perdones. ¿Es la reina de España? ¡Perdónala sin dudar!

---

2   Por la suiza, Phil dejó a sus hijos, se mudó a Ginebra, y dejó a la nueva novia embarazada en menos de lo que demora en cantar *In the Air Tonight*.

SEÑALES QUE TE INDICAN QUE NO DEBES PERDONARLO

- Cuando ya los viste tres veces espiando a tu tía por la cerradura del baño.
- Cuando lo escuchas contándoles a sus amigos, muy orgulloso, su historia con su secretaria.
- Cuando su madre te dice que él siempre ha sido así y jamás cambiará.
- Cuando, de pronto, te enteras de que no puede pisar por Brasil ni en una escala de un vuelo, sin que lo detenga la policía de ese país.
- Cuando te enteras de que está vendiendo tus zapatos por Internet.
- Cuando subió a la Web las fotos de su amante desnuda.
- Cuando encuentras un paquetito de regalo, lo abres curiosa y ves que es un libro nuevo dedicado a "Para mi amada L.M.", y esas no son tus iniciales, y él tartamudea al asegurarte que esa sigla significa "La Mujer" y se refiere a ti.
- Cuando te dice que no hagas tanto escándalo, si la última vez que te fue infiel lo perdonaste en dos días...
- Cuando usa tu tarjeta de crédito para pagar sus escapadas.

PARA EL INFIEL: QUÉ HACER SI NO TE PERDONAN

Una vez que está claro que tu pareja engañada no quiere perdonarte, te queda una sola cosa por hacer: recuperar la dignidad perdida. Si la que te fue infiel es una novia (no están casados, no tienen hijos) debes desaparecer del mapa y dejar que venga a buscarte, una vez que hayas digerido lo sucedido. Y desaparecer implica nada de llamaditas ni de correos. ¡Es desaparecer! Esto es útil por dos cosas: tienes que darle

todo el tiempo del mundo para que revea la situación. Si te ve todo el tiempo, lo único que sentirá es dolor y asco por lo que has hecho. Y no es bueno para ti que te estén mirando con asco, ni para ella sentir que le das asco infinito. Salvo que sea de las que aceptan que la abraces y la consueles luego del incidente (cosa rara), trata de mantenerte lejos y de no cruzarte demasiado con tu pareja engañada en los primeros días. Lo que sucede naturalmente es que el infiel ruega, llorando que lo perdonen, que nunca más sucederá, y la engañada lo rechaza llorando, diciéndole que nunca hubiera imaginado eso de él. Para colmo, ya seguramente lo sabe su madre, sus hermanas y un par de amigas que le han dicho que eres lo peor, y que debe olvidarse de ti. Estás muy solo en esto, no tienes aliados. Si lo saben tus hijos, estarás en el mismo infierno. Y si ella te perdonara ya, quedaría como una cornuda consciente, lo que es aún más humillante.

Si estás seguro de que ella te ama, debes tener una charla valiente, digna, sin lágrimas ni ruegos. Le dirás que realmente estás arrepentido de lo que pasó, que jamás en la vida volverás a hacerlo, que lo que más te importa es recuperar su confianza, pero que no puedes volver el reloj hacia atrás para evitar lo sucedido, y como ya le has pedido perdón y queda claro que estás abochornado, si ella no te quiere a su lado, respetarás su decisión y no insistirás. Si tú recuperas la dignidad, ella también la recuperará, y ahí, en vez de llanto y reproches, tendrá que decidir si te quedas o si te ayuda a armar la valija.

CAPÍTULO 15

El placer de la venganza

BASTA DE PACIENCIA

Ante un engaño, ¿quién no sintió el secreto deseo de tomarse una venganza terrible que le quite al otro las ganas de repetir actitudes semejantes?

La literatura y la cinematografía están plagadas de ejemplos de venganzas varias. La última, y más efectiva, siempre es la muerte. Sin llegar a desenlaces tan dramáticos –mandar a un mundo mejor a alguien que no lo merece–, hay muchas maneras más leves y menos delictuosas de vengarse, que no implican el riesgo de pasar el resto de los días tras las rejas.

No hay ser humano –por bueno que sea– que no haya barajado las posibilidades de escarmentar de por vida a quien lo ha querido mal o, en su defecto, a quien no le ha devuelto la plata prestada hace tres años, cuando teníamos dinero...

Pero como muchos somos tan tímidos que, por más variantes vengativas que hayamos imaginado, nunca nos animaríamos a ponerlas en práctica, sentimos un placer morboso al enterarnos de que hay gente que sí se animó, que no murió en el intento, y que puede afirmar oronda que se vengó, y que su cuenta está saldada.

Esa gente nos inspira cierta envidia: son osados, desinhibidos, no andan por la vida sintiéndose víctimas de las circunstancias, ni llorando lo mal que hicieron en darle a aquel desalmado o a aquella infiel los mejores años de sus vidas. No hay nada más patético que la autoconmiseración. Y el mejor antídoto contra esto es una buena venganza.

SED DE VENGANZA

Hay venganzas sutiles y venganzas brutales. Todas ellas conllevan una fuerte carga de agresividad y el propósito de hacer enmudecer del espanto –aunque sea por un minuto– a quien tan mal nos trató, cosa que produce en el vengador uno de los placeres más grandes que puedan existir.

Conozco el caso de una chica que, después de pasar la noche en casa de su novio –quien le había puesto enormes cuernos con una compañera de la universidad– tuvo la idea de llenar con cemento instantáneo la cerradura de la puerta, antes de partir, para llegar tranquilamente a la casa de sus padres "poco antes de que den las diez", como diría Serrat. Esa es una vengancita leve. Más fuerte fue lo que hizo otra conocida, que "olvidó" intencionalmente sus braguitas de encaje negro debajo de la cama de la casa de su amor casado, de manera tal que, luego de encontrada, lavada y guardada por la empleada doméstica dentro del cajón de ropa interior de la patrona, la dueña de casa no se quiso tragar la burda explicación que dan los hombres en estos casos: "¡Era un regalo para ti! ¿Cómo la encontraste antes de tiempo? ¡Yo la había escondido para darte una sorpresa!".

Como los hombres temen a las represalias, siempre tienen la precaución de no llevar a sus amantes a los mismos lugares que suelen pisar con sus esposas. Y optan, por ejemplo, por pagar un hotel o frecuentar las casas de sus enamoradas. Pero, en estos casos, las cosas también se pueden poner espesas. Tan espesas como las carpetas de trabajo del amante de una mujer despechada que roció el interior de su portafolios con un kilo de miel de abejas, porque él la dejó sola para ir a cenar con su esposa.

Otra mujer, más violenta, partió dando un portazo cuando él le anunció que no viajarían juntos a París porque se había reconciliado con su novia anterior, no sin antes cortar en finas tiras la chaqueta favorita de él.

Frente a una traición, no son pocas las mujeres que pensaron en ir corriendo a contarle todo a la otra, sea esta la legítima esposa o la nueva amante. Pero contar todo a la otra generalmente no da los resultados esperados, porque la otra, con tal de no perderlo, está más dispuesta a creer las más inverosímiles explicaciones que él le invente, que tus propias verdades.

Esto de contarlo todo es una venganza muy usada por los hombres. Pero ellos tienen más posibilidades de sentirse vengados, porque un marido o novio engañado tiende a creerle más al amante despechado que a su propia mujer, y por puro orgullo machista les cuesta más perdonar un desliz. Una venganza típica masculina es llamar al marido de su ex amante para contarle que se siguen viendo, y añadirle detalles morbosos de cada encuentro, para mayor tortura del cornudo.

La venganza más antigua y más furibunda para alguien que ha sido engañado es cometer una infidelidad con el infiel: pagarle con la misma moneda, la vetusta Ley del Talión, que nos viene dejando sin ojos y sin dientes. Pero esto no tiene ninguna garantía de éxito. Puede salir el tiro por la culata en dos variantes posibles del desarrollo de los acontecimientos:

1. La persona que usamos para cornear al infiel se puede enamorar de nosotros y –a su vez– tomar venganza si no queremos continuar la relación.
2. Puede suceder que quienes nos enamoremos seamos nosotros, y tengamos que meditar una segunda venganza si este romance también nos falla.

Demasiado lío.
La mejor de las venganzas sigue siendo la indiferencia: ignorar a un egoísta es lo peor que puede sucederle a su enorme ego. Y uno no tiene que andar gastando energía neuronal pensando cómo vengarse de alguien que no merece que le dediquemos un instante de nuestros

pensamientos. A quien nos maltrató no hay que darle nada de atención, de manera tal que, cuando vuelva con el rabo entre las piernas, vea que ya perdió todas las oportunidades y que uno ya está en otra, o con otro, y "*se non tí vedo piú, felice morte*", como dicen los italianos, que de "vendettas" saben mucho.

> MÍRALO ASÍ: SI ÉL TE HA SIDO INFIEL CON UNA, ES TU TURNO DE VENGARTE CON OTRO... SI TE FUE INFIEL CON DOS, TE BUSCAS DOS AMANTES, Y ASÍ SUCESIVAMENTE...

¿SIRVE PARA ALGO VENGARSE?

Hay gente que se gasta en calcular cómo tendrá que maniobrar el auto para acertar, lanzándole a la puerta de la casa del amante un tarro de pintura negra de 20 litros.

Otros se dedican a hacer correr en el trabajo el rumor de que el marido infiel se contagió de su amante un tipo de herpes espantoso.

Pero antes de caer en tamañas actitudes vengativas, cabría preguntarse: ¿Vale la pena vengarse? ¿Uno se siente más feliz después de haberse vengado? ¿Acaso una esposa o novia despechada se siente más a gusto cuando logra que su ex se entere de que ella ya está saliendo con otro?

Enviando anónimos amenazantes y dejando grabadas risotadas maquiavélicas en el contestador telefónico del que nos hizo mal, ¿nos quitamos la bronca de un desengaño?

Quemándole su mejor camisa, pisándole los anteojos y gastándole el perfume, ¿lograremos paliar el dolor de un amor no correspondido, una mentira, una traición?

No lo creo.

En las películas, siempre llega ese momento perfecto en el que alguien se cruza con el enemigo y se toma una venganza redonda, prolijita y ejemplar. Y uno a veces conserva, en el fondo del corazón, el secreto deseo de prepararle café con cucarachas molidas, o dejar caer un chorro de tinta indeleble en sus nuevos pantalones blancos. Uno fantasea con vengarse, pero solo en la imaginación.

La vida real es otra cosa. El tiempo pasa y uno olvida los rencores.

De los amores ingratos solo nos van quedando en la memoria los buenos momentos –por ejemplo, "Recuerdo los bellos tiempos en que aún no te conocía"–, y eso si nos proponemos recordarlos. Lo malo, por suerte, desaparece de nuestras mentes y, por lo tanto, ni merece venganza. La gente sigue naciendo porque las madres olvidan los partos.

La venganza no vale la pena, porque cuando se toma en caliente, solo sirve para que el otro se ufane de lo mucho que pensamos en él. Y cuando se toma en frío, no sale bien, o sale una venganza mediocre que no logra ni que el destinatario se dé por enterado.

Como dijo Goethe: "El amor es algo ideal, el matrimonio es algo real, y la confusión entre lo real y lo ideal siempre se castiga".

La mejor venganza es ser feliz.

"¿Cómo hago para no morir de dolor cuando veo a mi ex con su nueva pareja?".

Supongamos que no hubo arrepentimiento del infiel, ni perdón del traicionado, que decidieron cortar la relación y tomar cada uno por su lado.

Pero claro: hasta enterarte de la traición amabas a tu pareja con toda el alma. Y ahora tienes que pasar el duelo de que ese amor no era correspondido y esa pareja no era quien creías.

Hay personas muy afortunadas, que cuando terminan una relación, no ven nunca más a su pareja, ni se la cruzan por casualidad. Puede ser que uno se mude a otra ciudad, o pura suerte. Pero hay otras que se ven obligadas a cruzarse con el infiel una y otra vez, sea porque trabajan en el mismo lugar, comparten los mismos amigos, o los mismos hijos...

Si el infiel es padre o madre de tus hijos, el dolor es más largo y desgarrado pero, como todo en la vida, te acabas acostumbrando hasta que se te hace un callo. Irse, no se va.

Te doy algunos *tips* que puedes usar para soportar este trance hasta que el dolor amaine:

- Avísale a tus amigos y parientes que tengan la delicadeza de avisarte si tu ex estará o no en cada reunión y evento adonde te invitan, pero que te sigan invitando y te permitan decidir si soportarás verlo o no. Algunos (malos) amigos optan por no invitarte más "para que no sufras"... y realmente sufres, pues te marginan del grupo. Luego de una ruptura, amigos y parientes toman partido por una y otra parte, y es mejor que quede claro a quién seguirán invitando y a quién no. Muchos tienen la honestidad de decirte: "Yo te quiero mucho, pero mi amistad más antigua es con tu ex". Queda claro: ahí irás solo cuando quede claro que tu ex no va. Con el tiempo, te vas dando cuenta de cómo queda la "repartición" de amigos... y te llevas algunas sorpresas, como que quien creías que optaba por ti va del lado de tu ex y viceversa. Exígeles que te aclaren de qué lado están, porque algunas personas juegan a dos puntas y luego de que les confesaste algo privado, creyendo que ya no ven a tu ex, van y se lo cuentan. Por eso, un consejo: no hables más nada de tu ex con nadie... por las dudas. Y descárgate con la gente que no se cruza con él ni le hablaría ni en un millón de años.

- Lo que te pasa es normal; si sufres por lo que pasó es que aún tienes hormonas en la sangre. Cuando no sientas nada, preocúpate: es que tienes 99 años.

- Si no te queda más remedio que cruzarte a tu ex y te duele mirarlo, la solución es simple: no lo mires más. Si trabajas con él y debes comunicarle algo, escríbele o envíale un mensaje de texto. Si debes hablarle sí o sí, háblale, mirando al piso o al pajarito que está en el árbol detrás de él, pero no a los ojos. Eso ayudará a enfriar todo lo que sientes por él. Ve a almorzar cuando él regresa del almuerzo y no salgas a la misma hora para no cruzarte con él en el ascensor. Y búscate un par de compañeras que te ayuden a llevar a cabo esta tarea de limpieza, recuperación de tu autoestima y evitación de contacto con tu ex, ese traidor. Los humanos somos expertos en enfriarnos cuando alguien deja de gustarnos. Ahora, dedícate a que él deje de gustarte. Es una decisión, como todo en la vida.

- Mientras te vas enfriando por él, dedícate a calentarte por alguien más. No, no tienes que buscarte un novio: búscate cualquiera que sea guapo y te sirva como protagonista de una fantasía sexual. Tómalo como un juego: imagina que tu verdulero, tu dentista o el joven de la pizza –quien más bueno esté– te come a besos y te desnuda en una noche romántica. Hazlo a él el objeto del deseo. Tú puedes hacerlo. Es un juego que te permite desenfocarte de tu ex, que –tengo que advertírtelo– no es el último hombre (o mujer) deseable del planeta. Haz una lista de cada una de las mezquindades que te ha hecho tu ex. Mírala cada mañana e imagina que las repite. Compáralo con tu amante imaginario, el joven de la pizza... ¿no se ve feo y viejo junto a él? ¡Y encima el joven de la pizza te trae una grande con mozarela, jamón y morrones! Es mil veces mejor que tu ex, sin dudas. Y como es una pizza imaginaria, ni siquiera engorda.

- Recurre al truco de toda persona abandonada: piensa que si tu ex te hizo daño a ti, ahora está dañando a su nueva pareja... Si te ha engañado, seguramente ya le pone los cuernos con alguien más. Entre divorciadas el *leit motif* que siempre se escucha es "no sé cómo lo aguanta... Un día de estos, cuando sepa con quién se metió, lo saca de la casa a patadas". Primero lo expresan como un deseo de que se lo envíen de vuelta. Luego, cuando el dolor pasa, deseas que se lo guarde toda la vida... ¡Alguien se hará cargo del anciano!

- Alégrate de sufrir. El poeta libanés Kalil Gibrán decía: "Cuanto más hondo cave en el alma el pozo del dolor, más lugar tendrás para la alegría". Esto es muy cierto. Sufrir es muy útil por dos motivos: el que sufrió sabe apreciar mucho más lo que es bueno, lo reconoce cuando llega, lo disfruta mucho más y no lo deja pasar. El que sufre es una persona más profunda y creativa. No creo que después de una traición puedas entender esto, pero te lo digo igual: el dolor hace crecer. La gente que más sufre llega más lejos. Hay pocas celebridades con infancias felices. El dolor nos hace confiar más en nosotros mismos. Stefan Zweig decía que el dolor busca siempre la causa de las cosas, mientras que el bienestar se inclina a estar quieto y no volver la mirada atrás. El dolor es laborioso y el placer es perezoso. Por eso mismo, los países fríos están más desarrollados que los tropicales: solo cuando duelen las orejas del frío, uno empieza a moverse y a hacer cosas. La gente de los trópicos, con el calor que hace, no tiene más fuerzas que para dormir siestas. Y así les va. Los más grandes creadores del mundo han sido personas con vidas terribles, incidentes dolorosos y desgracias en cadena. Lejos de rendirse, muchos han expresado ese dolor en obras universales que ya son clásicos. Si estudias la vida de tus escritores y compositores favoritos, verás que ninguno de ellos ha sido feliz. En Hollywood, donde están los ídolos modernos, todo el mundo tiene un historial de desgracias, drogadicción y alcoholismo, aun quienes lucen más dicharacheros. Angelina Jolie tuvo una adolescencia espantosa. Sarah Jessica Parker se ve muy feliz hoy pero, durante siete años, se dedicó a intentar rehabilitar a su pareja de entonces, el drogadicto y alcohólico Robert Downey, Jr., a quien tuvo que retirar varias veces de la prisión, pagando ella la fianza. ¿Y qué me dices de la mujer que se acuesta todas las noches con Antonio Banderas? ¿No serías tú feliz de llevártelo a la cama cada noche? Pues parece que tener a Antonio Banderas en la cama no es la receta de la felicidad: su esposa Melanie Griffith tuvo que ser internada nuevamente en una clínica de rehabilitación y desintoxicación por sus problemas con el alcohol y las drogas.

Muchos famosos han sufrido tremendas penas. Celine, Dostoievsky, Kafka, Beethoven, Frida Kahlo, van Gogh, Roger Waters (el de Pink Floyd) son gladiadores de la vida que han peleado contra viento y marea, entrenados por sobrellevar momentos difíciles. Si no quieres que nada te duela nunca, recuerda reencarnarte en una roca en la próxima vida. Como dice Simon Garfunkel, en la vieja canción *I am a rock* ("Soy una roca"): *"Soy una roca, soy una isla. No toco a nadie ni nadie me toca. Una roca no siente dolor y una isla nunca llora"*. Pero una roca no se divierte mucho y una isla no se enamora. Me parece que no sentir nada no es tan buen negocio. Las vacas no sufren, pero tampoco escriben poemas.

¿Cómo no equivocarte la próxima vez, y elegir un amor para siempre?

Hazte amigos primero, muchos amigos. Y entre los amigos, elige a alguien que te trate bien, con respeto y cuidado. Es importante encontrar una pareja que sea responsable, tenga un empleo honesto y vele porque todo esté en orden en la casa. Fíjate bien para que encuentres a alguien que sea sexi, bueno en la cama y con quien compartas el mismo sentido del humor. Y busca a alguien en quien puedas confiar y que sepas que no sería capaz de mentirte jamás. Y lo más importante: procura que estas cuatro personas jamás se conozcan entre sí.

CAPÍTULO 16

Ventajas y desventajas de ser infiel

LA TEORÍA DEL ESPÁRRAGO

En la variedad, está el gusto. Si te encanta el chocolate, luego de comer chocolate durante un día entero, acabas hartándote. Y darías cualquier cosa por algo distinto, aunque sea espárragos fritos. O sea que cuando te has empalagado con alguien y comienzas a aburrirte, terminas deseando que te manden a freír espárragos. Por eso, hay tantos infieles. Como no se animan a irse por sí solos y prefieren que los echen, teniendo chocolate en casa, buscan comer espárragos, y buscan, en la infidelidad, una manera rápida para que los manden a freír espárragos.

Tirso de Molina explica bien los deseos del infiel: *"El mayor apetito es otra cosa, /aunque la más hermosa se posea. /La que no se ha gozado, nunca es fea; /lo diferente me la vuelve hermosa; /mi voluntad de todas es golosa:/cuantas mujeres hay, son mi tarea"*[1]. Hay tipos que dicen: "Me gustan todas". Otros dicen: "Me gustan las morenas" o "Prefiero las rubias", sin darse cuenta de que hay decenas de mujeres que cumplen con esa descripción. ¿Podrán ser fieles a su esposa, dado el poco criterio selectivo que tienen? Es más: si se cruzan con una morena teñida de rubio, ¿esa les gustará el doble?

---

1 Tirso de Molina, *Don Juan Tenorio*.

En verdad, la mayoría de los hombres no hace esfuerzo alguno para resistir los encantos femeninos. Por lo general, quedan prendados con la mujer bella, se fascinan con la mujer seductora, y tienen sexo con la única que no los eche.

La infidelidad masculina también se explica con el modelo de la "ecuación matemática infalible". Es decir, que un hombre es infiel cuando calcula el resultado de la siguiente ecuación mental: "Pudiendo tener sexo con todas las mujeres del mundo que no me echen a patadas, elegí casarme con Dorita". Si al señor en cuestión lo tiene sin cuidado lo que puedan afectarle a Dorita sus andanzas, el límite de sus aventuras extramatrimoniales lo dará solamente el hecho de que las demás lo rechacen. Los hombres infieles son los que, cuando hacen la ecuación entre "Qué problema si Dorita se entera" y "Qué placer revolcarme con la rubia del departamento de ventas", llegan a la conclusión de que el cálculo da un resto positivo, y que vale la pena correr el riesgo. Después de todo, Dorita nunca pisa la oficina y hace seis meses que usa la cama solo para contarle qué aparatos dejaron de funcionar entre ellos, el de él).

Motivos para revolcarse con la rubia de ventas hay muchísimos, verdaderos o artificiales, como sus largas pestañas verdaderas y sus grandes tetas artificiales. Sin embargo, los especialistas en pareja coinciden en que el principal motivo de la infidelidad es buscar afuera de la casa lo que está faltando en el matrimonio... como un reproductor de DVD, o una lapicera que escriba.

VENTAJAS DE SER INFIEL

El adulterio siempre fue algo demasiado atractivo. Justamente por eso había que prohibirlo. En la ley, adulterio es "la violación de la confianza conyugal por parte del marido o la esposa". Ya vimos que la palabra significa "Ir hacia otra cosa distinta". Con lo cual la espantosa palabra "adulterio" queda traducida como "sensacionales vacaciones en la playa con alguien igualito a Johnny Depp (ellas) o a Scarlett Johansson (ellos)". ¿Por qué castiga la ley que seamos felices? ¿Es que los jueces no soportan que uno se divierta? Encima, tenemos la enorme suerte de no estar viviendo los tiempos en que la cultura te pide "haz lo que sientas", "cumple tus deseos" y "el cielo es el límite". El mensaje actual es que si no cumples tus más locas fantasías, otra las cumple por ti. Vendrá tu marido y te dirá que compró un libro que le abrió los ojos, que dice que "el secreto de la vida es la ley de la atracción", y que es cierto, porque esa ley se le cumplió con dos secretarias y la veterinaria de tu perro. Entonces, resulta que el que engaña primero engaña mejor, y además no queda mal engañar, porque estás siguiendo las enseñanzas del autoayuda internacional del momento. El popularísimo Osho recomienda romper con las reglas y costumbres de rutina, reinventar tu vida y vivir cada día de modo diferente. El multimillonario Wayne Dyer dice que debes pensar en ti mismo y hacer lo que sientas, sin importarte cómo le afecte a los demás. Así que si tu marido te dice que leyó a Osho y Dyer, y decidió que este fin de semana prefiere irse al Caribe con una rubia en vez de quedarse reparando el retrete, ya sabes que es culpa de Osho. Puedes alegrarte por el crecimiento espiritual de tu marido, si quieres, pero claro... ¡es una pena que justo cuando se le dio por madurar, lo haga con otra y a cuatro mil kilómetros de distancia!

Si confiesas un romance, te cotizas aún más como persona por dos motivos: estás confesando que alguien te encontró atractiva y eso te aumenta el estatus de elegibilidad en el mercado del sexo opuesto... y entre tus amigas envidiosas, que te verán con admiración, porque hay más hombres que se fijan en ti. Además, ser infiel es *cool*. Demostrar que te animarías a vivir un romance, aunque nunca lo hagas, hoy en día, equivale a rejuvenecerte más rápido y fácil que con ningún tratamiento de belleza. Es un rasgo muy juvenil decir: "Me parece perfecto que si te enamoras, vivas el romance a pleno sin pensar en el qué dirán". Eres una diosa diciendo eso. Solo una abuelita diría: "Por Dios, qué horror, qué espanto, jamás le haría algo así a mi marido...". Mostrar que te animas a vivir una aventura equivale a mostrarte como una persona valiente, que tiene el coraje de jugarse el todo por el todo, que piensa primero en su propia felicidad y que se leyó todo Osho y otros gurús millonarios que se llenaron de dinero por no importarles lo que piense su ejército de voluntarios".

Por eso, podría decirse que ser infiel no solo no es algo censurado como de antaño, sino que, al contrario, es un signo de modernidad. Casi eres estúpido si no te permites vivir una aventura extramatrimonial.

Como vemos, las ventajas de ser infiel son innumerables:

- Te muestra como una persona atrevida.
- Te llena los días de adrenalina; eso te hace sentir más viva.
- Si eliges bien a tu amante, hasta puedes conseguir ascensos en el trabajo.
- Te conviertes en el ídolo de las amigas, que te admiran por animarte a hacerlo.
- Inspiras a las amigas que quisieran hacerlo y no se animan.
- Les das tema de conversación a las chismosas.
- Te dan un motivo para cortar con una relación que no funcionaba.
- Hace que un marido indiferente de pronto se fije en ti.
- Logras que te echen de tu casa mil veces más rápido que dejando toallas tiradas por el piso, poniendo suéteres blancos de pelo de conejo en la lavadora junto con el pantalón rojo que destiñe y quemando tostadas durante diez años seguidos.

SER INFIEL ADELGAZA

Está comprobado que tener una amante te quita el hambre por los nervios a ser descubierto. Además, te quita el sueño por los mismos nervios. Si no duermes, quemas más caloría que si duermes. Así que solo por tener un *affaire* ya estás adelgazando. El sexo y sus preliminares hacen quemar calorías, de tal manera que resulta ser el tratamiento de belleza más efectivo y económico que puedas imaginar. Veamos la cantidad de consumo calórico que logras con la infidelidad:

Cita con tu amante:

- Amante rico que compra champaña: 300 calorías para beberlo y 200 que gastas en besarlo: quemas 100 calorías.
- Amante pobre que te ofrece un vaso de agua: quemas 400 calorías en ir a buscarlo.

Desvestir a la pareja:

- Con su consentimiento: 13 calorías.
- Sin su consentimiento: 198 calorías.

Quitarle el sujetador:

- Acertando con el sistema de cierre: 7 calorías.
- Sin acertarle, por los nervios: 239 calorías

Irse a la cama:

- Cargando a la pareja en brazos: 65 calorías.
- Arrastrando a la pareja del cabello: 460 calorías

Lograr una erección:

- Hombre saludable: 15 calorías.
- Hombre mayor: 250 calorías él y 470 calorías ella.

Orgasmo femenino:

- Real: 15 calorías.
- Fingido: 345 calorías.

Ser descubierto con el amante:

- Por el perro: 5 calorías.
- Por uno de los hijos: 250 calorías.
- Por tu madre: 450 calorías.
- Por un colega: 520 calorías.
- Por un cónyuge de uno de los: 2712 calorías.

Explicaciones:

- Huir por la ventana por una tira de sabanas anudadas y que te corra el perro: 780 calorías.
- Decirle "cariño, no es lo que parece": 360 calorías.
- Esquivar jarrones y portarretratos lanzados: 420 calorías.
  Fingir que estás muerto: 20 calorías.

LAS CONTRAS DE SER INFIEL

Es casi inhumano pedir fidelidad hasta que la muerte nos separe. Sin embargo, ser fiel es lo más cómodo que uno puede hacer.

No tienes que parecer moderno, no tienes que cenar dos veces, no tienes que impresionar a dos mujeres, no tienes que estar en tal sitio a tal hora para que no se ofendan ambas.

Ser infiel es tan agotador que es por esto que la mayoría de los hombres son fieles, y cuando un hombre te dice: "Quiero dormir contigo", lo está diciendo de modo literal: dormir, roncando...

Porque ser infiel puede ser excitante y divertido, pero también te harta.

Y aunque para hombres y mujeres la idea de probar el sexo y el romance con alguien nuevo, suena tentador y fascinante, en la práctica, el miedo a ser descubierto le gana a la sed de aventuras, porque el precio del *affaire* es caro: cargar la culpa de por vida. Entonces, no se es infiel porque para ser infiel debes estar siempre guapo e impecable, sin que tu esposa sospeche por qué te arreglas tanto; hay que tener buena memoria para recordar las coartadas; hay que tener buen estó-

mago para cenar dos veces y hay que tener el control de la situación, cosa imposible de lograr con, por ejemplo, una amante celosa y sin escrúpulos.

Entre otras desventajas de poner los cuernos están la de que pueden surgir hijos no deseados o maridos y esposas no deseados, que los hoteles son más costosos que tu propia cama, que hay que ducharse antes y después, y que si no estás realmente enamorado de tu amante, tienes que hacer auténticos esfuerzos por recordar el nombre de la persona que te ayuda a ser infiel.

Pero la mayor contra de ser infiel es que si tu pareja te descubre, te metes en un lío mucho más largo e intenso que la propia infidelidad. Tu pareja no solo perderá la confianza en ti, sino que se dedicará a recordarte durante cada minuto del resto de tu vida la clase de escoria humana que eres. Y aunque te haya dicho que te perdona, quizás no te diga que eres lo peor. Pero lo pensará. Sentirás ojos en la nuca y, por siempre, tendrás que traerle pruebas de tus actividades, para probarle que se te acabó la diversión por siempre. Y acabas pensando que si hubieras sabido que por un encuentro sexual te condenabas a que te vigilaran y sospecharan de ti toda la vida, en verdad, más valía haberse privado del desliz.

¿HAS PUESTO LOS CUERNOS?

Para ellas

- Si le has acariciado las partes calientes sobre el pantalón no cuenta, porque bien lo podías haber rozado sin querer en el autobús.
- Si lo has abrazado y besado mucho no cuenta, pues lo mismo haces con tus sobrinos y nadie se escandaliza.
- Si luego no vuelves a verlo no cuenta, pues lo mismo te sucede con los pasajeros del metro o del bus.
- Si no te enamoras no cuenta, pues lo olvidarás enseguida.
- Si no les cuentas a tus amigas no cuenta, pues es como que no lo has vivido.
- Si te sientes rara no cuenta, pues es como que no has sido tú.
- Si no le gustaría a tu madre no cuenta, pues tampoco te casarías con él.
- Si es pobre no cuenta, pues no tendría dinero para casarse contigo.
- Si es rico no cuenta, pues seguramente no te propondrá matrimonio.
- Si es musculoso no cuenta, pues se lo toma como un ejercicio.
- Si es muy guapo no cuenta, pues el idilio es casi irreal.
- Si vive lejos no cuenta, pues ya volverá a su casa.
- Si es extranjero no cuenta, porque no entiendes lo que te dice.
- Si lo haces de día no cuenta, pues no es hora de andar en esas.
- Si lo haces de noche no cuenta, pues no se ve nada.

¿HAS PUESTO LOS CUERNOS?

Para ellos

- Si haces el amor con otra en otro país no cuenta, porque para las leyes de ese país no eres casado.
- Si lo haces con una prostituta, no son cuernos; es dar empleo.
- Si lo haces con una noviecita del pasado, no es sexo; es compartir recuerdos.
- Si lo haces y pierdes su número no cuenta, porque jamás la llamarás.
- Si lo haces para vengarte de que ella te traicionó no cuenta, ya que sólo es venganza.
- Si lo haces en tu cumpleaños no cuenta, porque es un autorregalo.
- Si lo haces pensando en tu esposa no son cuernos; es añoranza.
- Si lo haces y no lo disfrutas no son cuernos, sino un error.
- Si el perro de ella te distrae no cuenta, pues es *coitus interruptus.*
- Si tu amante no tiene tetas no son cuernos; es como abrazar a un amigo.
- Si lo haces luego de cenar no son cuernos; reemplaza al café.
- Si fue ella quien tuvo la iniciativa no cuenta, pues no fue idea tuya.
- Si hace frío no es sexo; es calefacción.
- Si ella es fea no es sexo; es solidaridad.
- Si ella es muy guapa no es sexo; ¡es increíble!

CAPÍTULO 17

Cómo ser infiel con éxito

PREPARANDO EL TERRENO

Por más ganas que tengas de ponerle los cuernos a tu media naranja, no deberías siquiera intentarlo sin saber cómo hacerlo de manera correcta. En primer lugar, si planeas hacerlo cuando tu vida ya te esté aburriendo, deberías haber preparado el terreno desde hace años (y si no lo has hecho, comienza ya), hablando siempre pestes del adulterio y de la infidelidad. A partir de ahora, no desperdicies una sola oportunidad de decir: "No puedo creer que el idiota de Ricardo le sea infiel a Marisa... ¡qué manera de arriesgarse a perder la confianza de su esposa para siempre!" o de decirle: "Lo que más valoro de nuestra relación es que ambos podemos poner las manos en el fuego, el uno por el otro, sabiendo que jamás nos traicionaremos... ¡porque no me arriesgaría a perderte!". De este modo, le vas metiendo en el cerebro que no tienes ningún plan de correr detrás de otra, que no eres de esa clase de tipo, que eres conservador, casero, leal y que ella puede dejarte encerrado dos días con una mulata pulposa sin que a él se le ocurra otra cosa que hablar del tiempo con ella. De este modo, el potencial infiel logra tener una esposa relajada y despreocupada, que jamás le revisará la agenda, los bolsillo y los cajones... ¿Para qué, si el esposo es tan aburrido? Una vez que hayas convencido a tu esposa de que la mera idea de tener una relación paralela te repugna —por promiscua, inmoral y porque hace como quince años que no te cruzas con una mujer que valga la pena—, serás libre de hacer todas las repugnancias que quieras, porque ya estás fuera de toda sospecha.

REQUERIMIENTOS TÉCNICOS PARA SER INFIEL

Primero debes casarte, porque el mayor problema para poder cometer adulterio es que si no estás casado, no hay nadie a quien engañar. Un buen truco es imprimir fotos de una falsa familia, que sacas de Internet, y llevarlas en la billetera como si fueran tuyas. Luego, te compras una argolla dorada de juguete o le pides prestada a tu hermana la argolla que sacó del pastel de novios en la última boda. Después, vas a un bar, bien vestido y peinado, como lucen los casados. Nada de *jeans* rotos en las rodillas y gorra de béisbol con la visera hacia atrás. Te vistes con *jeans* nuevos, camisa limpia y ni una mancha en todo el atuendo, porque supuestamente hay una esposa que no te deja salir luciendo como una mezcla entre rapero y payaso. Luego, vas a un bar y finges que llamas a casa para saber cómo están los niños, tratando de que todo el mundo te oiga claramente. Y luego, tratas de levantarte a la camarera con toda la excitación y adrenalina del engaño… ¡y sin nada de culpa! Y digo que lo intentes primero con la camarera, porque es la profesión femenina que más seduce a los hombres, en especial a los famosos codiciados como Nicolas Cage, Matt Damon, Eric Clapton y George Clooney, todos casados con la mujer que les traía la cerveza. Porque la mujer ideal de todo hombre es alguien que le trae ilimitadas cervezas con una sonrisa, no la que le dice: "¿No tienes nada mejor que hacer que sentarte a beber cerveza?". Cuando estés listo para encontrar una persona a quien ponerle los cuernos –serle infiel a una muñeca inflable no es adulterio, técnicamente hablando– deberás lograr otra cantidad de cosas:

1. Que ella sea celosa y te quiera solo para ella. Porque si es tan amplia y te dice: "No tengo mucho tiempo para ti… ¿Por qué no te entretienes con mis amigas?", ya no puedes traicionarla, porque lo que estás haciendo no es ser infiel: es acatar su orden.

2. Que ella no considere correcto que tengas otra pareja al mismo tiempo. Esto te reduce el panorama de mujeres elegibles, porque deja afuera a millones de mormonas, musulmanas, y toda cultura que vea a la poligamia con buenos ojos. Y a ti también te limita, porque ya no podrás ser sultán y tener un harén con cuarenta queridas. Lo siento, pero es así.

3. Una buena idea es cometer adulterio con alguien de tu mismo sexo. Cuando sea la hora de confesar la traición, al decirle: "Busqué en él algo que tú no tienes", a ella no le sonará tan ofensivo.

4. Debes vivirlo sin culpas. Si entre los Diez Mandamientos, uno dice: "No desearás a la mujer de tu prójimo" y otro también dice: "No darás falso testimonio", se indica que estos mandamientos se aplican solamente a los mentirosos, y como tú no lo eres, puedes desear a la mujer del prójimo todo lo que quieras.

5. Evita un romance con monjas. Están casadas con Jesucristo y no querrás que Jesucristo te tajee los neumáticos con una navaja cada vez que lo estacionas frente a la iglesia.

6. Pese a todo lo que diga Clinton, el sexo oral cuenta como infidelidad.

7. Cuanto más dure la infidelidad, más infiel serás. Para que esta dure, no debes ser descubierto muy pronto. Para no ser descubierto, debes aprender a comunicarte con tu amante con códigos que solo ella y tú puedan comprender. Por ejemplo: "Dice Zumbanga que lleves el tren a la punta del árbol, para que podamos tallar el cristal moteado de la zarigüeya elegante" puede servirte para decirle a tu amante por teléfono: "Buenas noches, mi amor", sin que tu esposa sospeche nada. Lo malo es que quien comenzará a sospechar de tu salud mental será tu amante. Asimismo: "Linda, te espero a las tres en mi oficina; tú lleva tu hermosa carpeta, que yo llevo mi enorme memorándum" es un mal código. Pero: "Linda, te espero a las tres en mi oficina; lleva tú los condones que yo llevo la champaña" es un código aún más espantoso. Sé

discreto. A veces, conviene tener contacto creo con tu amante, salvo que sea una de esas que se sacan de quicio si no los llamas y te llaman a las tres de la mañana, gritando: "¿Por qué ya no me llamas?". Perdón, ¿no te lo dije antes? Regla número uno: "Jamás te acuestes con gente más loca que tú".

8. Si quieres hacerlo en un auto, que sea un Chevrolet modelo 56. El asiento trasero se convierte en un perfecto banco de carpintero, y si ella te empieza a aburrir, puedes ponerte a hacer una buena silla. El asiento delantero es tan estrecho que puedes intentar meter a tu amante sin ningún éxito, para luego decirle: "Lo intenté, lo intenté". Hacer el amor en un auto es muy buena idea. Porque si crees que han podido quedar pelos de ella, restos de sus hebillas, ropas o lápiz labial o manchas de semen en el tapizado, todo se soluciona simplemente quitándole el freno de mano y empujándolo desde el precipicio o barranco más cercano, para que se hunda en el mar y se pudra pronto sin que nadie lo encuentre. Otros dicen que el sexo en el auto es bueno para abrir la puerta, arrojar a la amante a la calle y salir corriendo a 200 kilómetros por hora, pero es una actitud ruda que se prestaría a represalias de su parte.

9. Búscate amantes que vivan en sitios distantes al tuyo. Si tienes dos dedos de frente, intenta que entre tu amante y tú hayan al menos 150 kilómetros de distancia, para que no haya moros en la costa que puedan verte in fraganti y contarle a tu mujer. Además, te conviene que tu amante sea tan madura como para que no quiera presionarte con que dejes a tu esposa para casarse contigo y tener hijitos. Busca a alguien que no tenga ataques de celos de tu esposa, ni accesos de llanto, ni histerias imprevistas, sino que posea una personalidad estable y tranquila, que sea dueña de su propia vida, que ya se haya casado y tenido sus propios hijos (el tema de la maternidad no estará pendiente), que tenga un perro que la acompañe cuando la dejas y que no intente irrumpir

en la privacidad de tu hogar, amenazando con contarle todo a tu esposa. Los 150 kilómetros en el medio le darán más discreción a la relación y evitarán, al mínimo, las posibilidades de que una vecina chismosa le diga a tu mujer: "He visto a tu marido a 150 kilómetros de aquí, paseando de la mano a una vieja de 80 años". Por supuesto que ella no lo creerá, así que andar –entre ida y vuelta– cuatro horas en auto para encontrarte con tu vieja, te da puras ventajas.

LAS TRES REGLAS DEL PERFECTO INFIEL

Un infiel exitoso es alguien que hace lo que quiere con su vida privada, sin importunar a los demás ni herir a nadie. Por ende, no cualquiera puede ser un infiel exitoso.

Hay gente que puede ser infiel con cierta elegancia y hay gente que si lo intenta, se arriesga a que lo esperen con el palo de amasar detrás de la puerta. Así de simple.

Para ser un infiel correcto, se necesitan tres cualidades imprescindibles:

- Ser atento, humilde y generoso.
- Ser listo, fuerte y valiente.
- Saber mentir.

O sea que el perfecto infiel tiene que ser, fundamentalmente, una persona perfecta con cierto arte para ocultar sus mínimas fallas. Es decir que para ser un buen infiel –como para ser bueno en cualquier otra cosa–, hay que ser esencialmente buena persona.

Veamos por qué esta triple exigencia del perfecto infiel:

1. Ser atento, humilde y generoso

El infiel debe ser atento, para tener siempre en cuenta los sentimientos de ambas partes, su esposa y su amante, y tenerlas apaciguadas a ambas para poder continuar la infidelidad sin mucha revolución interna. Y debe evitar hacer cualquier cosa que produzca dolor en cualquiera de las dos personas que trata íntimamente. Para esto, debe tener empatía con ambas, conocerlas mínimamente para saber qué esperan y qué no, y saber dónde viven para no poder pasar a buscarlas. En suma, sabe evitar hacer lo que no le gustaría que le hicieran a él.

El buen infiel no debe hacer ostentación de su romance por más que se muera de ganas de decírselo a alguien. Y para evitar contarlo, se precisa una enorme humildad. Y debe ser generoso para poder tener contentos a todos a su alrededor. Porque si su pareja llegara a sospechar algo, le costaría mucho más creer que la traiciona un tipo amoroso, generoso y atento, que uno egoísta, atento y poco comunicativo. El perfecto infiel debe ser el alma de la fiesta, el que paga todas las cuentas, y el que después del postre, te invita con champaña. Y cuanto más traiciona, más debe dar para compensar la traición. Algunos infieles famosos logran que su mujer no los deje jamás y les perdone todo, regalándole diamantes después de cada traición. Así, logra que ella, de puro ansiosa, empiece a presentarle mujeres, con tal de que las engañe pronto otra vez.

2. Ser listo, fuerte y valiente

Debes ser listo para no andar dejando pistas de su infidelidad. Hay que ser valiente para comenzar un *affaire* con alguien que te guste, y para tener el coraje de cortarlo cuando las cosas se complican. Y debes ser fuerte para superar la ruptura, y superar estoicamente los retos de tu pareja celosa si es que llega a enterarse. Y todo eso hay que vivirlo con dignidad y humildad, porque ya sabía dónde se metía.

3. Saber mentir

El verdadero infiel profesional tiene que saber mentir de un modo tan absolutamente irreprochable que hasta él mismo cree que lo que dice es cierto. Debe saber dominar su lenguaje corporal para que el cuerpo no contradiga las palabras –no vale decir "Jamás me gustó esa chica", para rematar la frase con un largo suspiro– y debe tener una memoria espectacular para poder recordar qué mentira dijo, respecto a qué día que llegó tarde. Quien mezcla fechas, horas y mentiras, olvida la mitad y no puede sostener lo que dijo, no sirve para traicionar. Quien no sabe el arte de mentir con coherencia, mejor que se quede mirando la tele con su pareja, hasta que le salga humo por atrás. Al televisor.

¡TÚ SÍ QUE SABES MENTIR!

Algunas personas se asustan con el tercer punto, diciendo: "Mejor no engaño; yo no sé mentir". Mentiras; cualquiera que tenga una relación matrimonial aburrida sabe muy bien cómo mentir. Te has pasado los últimos años de tu vida mintiéndole a tu pareja. Y te desafío a que veas si no has dicho alguna de estas mentiras para evitar hacer el amor con tu esposo o esposa.

Mentiras de ella:

- Es muy temprano.
- Estoy demasiado cansada.
- Es demasiado tarde.
- Hace demasiado calor.
- Ya me estoy durmiendo.
- Hace demasiado frío.
- Me duele la cabeza.

- No me he lavado los dientes.
- No me siento bien.
- Quiero ver la tele.
- Me está bajando.
- Estoy muy gorda.
- Estás muy gordo.
- Si escucho a los vecinos, es que los vecinos nos escuchan a nosotros.
- Escucho a los niños.
- No escucho a los niños.
- Tengo puesto un tampón.
- No me puedo sacar la ropa.
- No me puedo sacar los problemas de la cabeza.
- No me puedo sacar el tampón.

Mentiras de él:

- Comí demasiado.
- Bebí demasiado.
- Me duele la espalda.
- Tengo náuseas.
- Tengo un calambre.
- No se me levanta.
- Me gotea la nariz.
- Siento ruidos raros.
- Se me fueron las ganas.
- Hoy tengo que trabajar hasta tarde.
- Tengo que ducharme.
- Despertaremos a los niños.

- Quiero ver la tele.
- Lo nuestro va demasiado rápido.
- Estoy cansado por el trabajo.
- Estoy cansado de no tener trabajo.
- La que me gusta es tu hermana.
- Comí muy poco.

Como ves, somos maestros en el arte de mentir. Así que, en este punto, todos podemos ser infieles exitosos.

FÍJATE CON QUIÉN TE METES

La aventura puede convertirse en pesadilla si dejas que se interponga entre ti y tu vida normal.

¿SABES BIEN CON QUIÉN TE METES?

Hay agencias de amantes en las cuales te preseleccionan los candidatos con una batería de tests psicológicos que deben pasar con un "aprobado". Pero si no estás en esas agencias y quieres un *flirt* sin consecuencias, deberás correr el riesgo de enredarte con cualquier amante. Y te encuentras en la encrucijada de que lo peor que podría pasarle a tu amante es que se enamore de ti, porque entonces no podrías quitártela de encima cuando quieras, y quién sabe si no quiere meterse en tu casa y contarle todo a tu mujer. Entonces, eso de meterse en un romance, rogando que no haya amor, ya es un tanto absurdo. ¿Que tu querías solo sexo? Pues díselo en la cara a esa joven que tanto te gusta, a ver cuánto demora en darte una bofetada. ¡Al menos finge que la amas un poco! Y si ella te pregunta: "¿Cuánto me amas?", señala la ventana y dile: "¡Mira lo que hay ahí afuera!", mientras te escabulles debajo de la cama.

Así que el no poder dominar la intensidad del otro se convierte en un problema básico de la infidelidad. ¿Cómo vas a ser infiel diciendo: "Quiero un rollo contigo, pero cortito; no te me entusiasmes, porque no sé si te quiero como amante enamorado, como posible pareja de por vida o como juguete sexual, así que, por ahora, contrólate"? Por supuesto, esas son frases que los hombres dirían encantados... si quieren volver a recibir una bofetada. Así que no daré más ejemplos de estos para que no te duela más la cara.

Una desventaja de la infidelidad es que si siendo soltero cortas con una amante enamorada de ti, ella viene a tu casa, se corta las venas en tu puerta, cambias el tapete y se acabó. Pero si una persona casada corta con su amante, su amante viene a su puerta y se corta las venas ahí... cuando quieres cambiar el tapete tu marido te dice: "¿Otra vez cambiar ese tapete? ¿Crees que soy millonario para gastar dinero de ese modo?"...y ahí te queda la mancha de sangre y serás el hazmerreír de todo el piso.

Por bien que la pases dentro de un *affaire*, no debes perder la perspectiva de que un *affaire* es un *affaire* y tu matrimonio es otra cosa, con otro nivel de compromiso. Por ejemplo, si tienes un accidente en la calle y los médicos te preguntan: "¿A quién quiere que avisemos?", no puedes quedarte evaluando durante media hora si prefieres que venga tu pareja o tu amante. Así que debes hacer un cálculo rápido: es tarde y, a esa hora, tu amante toma clases de tai chi chuán, por lo cual, mejor pides que le avisen a tu cónyuge. Y tu cónyuge irá corriendo, ya sea porque te quiere, o porque quiere verificar si estás con tu amante. Ten en cuenta que si los médicos confunden los teléfonos y llaman a las dos, ambas irán a verificar que ojalá estés bien muerto, o ellas se encargarán de que lo estés.

Lamentablemente, quien comete una infidelidad no tiene demasiado criterio para elegir la pareja. Tampoco tiene tiempo para ponerse selectivo: debe concretar algo en cuanto se le presente la oportunidad, algo rápido, discreto y volver de prisa a casa antes de la cena, para que no se sospeche nada.

Pero ya sabemos que en la sociedad actual estamos peor que en el siglo XVIII con esto de armar parejas. Hace menos de dos siglos, te armaba el matrimonio un casamentero profesional. A los quince, ya tenías una prometida o prometido que ni siquiera conocías personalmente, sino a través de miniaturas donde retratistas hábiles convertían a un monstruo deforme en la Bella Durmiente. Ahora, en cambio, ese trabajo lo haces tú mismo con Photoshop en la foto de Facebook.

El hombre también tiene más tiempo para evaluar si la mujer que es su novia es un 50%, 20% o 5% parecida a la mujer de sus sueños, o más bien un 60% parecida a la mujer de sus pesadillas.

Pero cuando estás tratando de ser infiel con los minutos contados, no te fijas si ella tiene cultura o si él tiene dientes. Buscas una rápida encamada, no sea cosa de que, si lo piensas mucho, se arrepienta él o te arrepientas tú.

Y allí es cuando el infiel debería andar con pies de plomo. Para empezar, por más que evite darle el número telefónico de la casa, un amante enamorado puede acabar siguiéndolo para saber dónde vive, para acabar golpeando la puerta en la casa de él.

Un romance al paso puede convertirse en una relación peligrosa, porque los amantes son unos desubicados: tiene la mala costumbre de enamorarse.

Conocí a una muchacha que se enamoró hasta el tuétano de un hombre casado... con cinco hijos. Él le decía que ella era el amor de su vida. Harta de que no saber nada de él durante varios días, ella consiguió el teléfono particular de él, llamó a la casa y dejó un recado para él... ¡a la esposa! Al rato, él la llamó, furioso, diciendo: "La próxima vez que llames a mi casa, no me verás un pelo por el resto de tu vida". ¡El mismo que le decía que la amaba eternamente!

Por eso, la infidelidad es algo que solo puedes hacer si sabes ocultarlo... y si te consigues un amante que sepa ocultarlo. El único adulterio que vale la pena es con alguien más discreto que tú.

No puedes tener como amante a alguien que decide entrar por la ventana de tu casa para darte una sorpresa, y acaba dándole la sorpresa a tu marido. Si todo el mundo se entera por culpa de este idiota, el romance pierde el sabor de lo prohibido y secreto.

Es más complicado para el infiel varón quitarse de encima una amante pesada que para una esposa infiel quitarse de encima al amante que se tomó todo demasiado en serio. La amante mujer se desespera si su casado la deja, porque cree que si lo pierde, no podrá conseguir otro casado en su vida... ¡ya que todos los han tomado otras solteras fóbicas al compromiso! En cambio, la mujer infiel, si quiere quitarse de encima a un amante pesado y pegajoso, basta que le diga: "Te amo más que a nada en el mundo, eres todo para mí, y quiero pasar el resto de mi vida, cada minuto que me quede, junto a ti, a tu lado, y seremos felices por siempre jamás" y el tipo se irá corriendo tan rápido que dejará marcas en el pavimento... y no volverás a saber nada más de él. A algunos basta que les digas: "Quiero que hablemos de lo nuestro", para que desaparezcan con igual velocidad.

En las relaciones amorosas siempre ocurre así, porque como decía Ortega y Gasset, el amor es un eterno insatisfecho.

SER INFIEL NO ES PARA CUALQUIERA

Cuando nos enamoramos, los seres humanos nos volvemos bastante estúpidos: nos olvidamos de todo, conservamos recuerditos, dejamos tareas inconclusas y vivimos esperando el reencuentro con nuestro amor. Un infiel no puede volverse estúpido, y mucho menos extrasoñador y distraído. Y mucho menos puede ir atesorando recuerditos de su amante.

Un infiel profesional puede estar enamorado, pero no demostrarlo.

Y en verdad, cuanto más enamorado está, más debe disimularlo, no solo ante la esposa o marido a quien pone los cuernos, sino ante el mismo amante, que si cree que estás muy enamorado, comienza a tratarte como un felpudo y no se esfuerza en conquistarte más.

Por eso, en una relación, siempre es pésima idea decir alguna de estas frases rastreras y humillantes: Sin ti me muero; Eres lo mejor que me pasó en la vida; ¿Me quieres mucho?; ¿No es cierto que soy el mejor?; Siempre estaré a tu lado, pase lo que pase; Me da pánico perderte; Soy totalmente tuya; ¿Es cierto que me amas?; ¿Cuánto me amas?... *Uff*, no quisiera conocer a alguien que hable así. Se ponen tan pesados que, por eso, poca gente dice "te amo" a la pareja... "Te quiero" está bien, pero "Te amo" suena como una sentencia a muerte de todo esfuerzo del otro para mantenerte a su lado y preservar la relación. Una relación sana se basa en dos personas un tanto ansiosas por no por perder al otro, que jamás están un ciento por ciento seguras de que el otro se quedará por siempre a su lado, pase lo que pase. ¿Es necesaria tanta ansiedad? Sí: siempre conviene sentir que no tenemos al otro tan seguro, para luchar cada día por conservar tu amor.

¿INFIDELIDAD POR SEXO O POR AMOR?

La mala fama que tiene la infidelidad no es por la infidelidad en sí, sino por la cantidad de pésimos infieles que han manchado la reputación de la infidelidad.

Digamos que todo el mundo quisiera tener una *affaire* con alguien del sexo opuesto después de equis años de casados, aunque sea por ponerle variedad a su sexualidad o saber "como sería si...". Y si se anima a tener una aventura, queriendo solo sexo, logra exactamente eso: sólo sexo... y cada uno a su casa. Eso no es sexualidad, sino pura genitalidad, como masturbarse con el cuerpo de otro, donde el otro no cuenta como persona. No es nada malo practicar el sexo por el sexo, por supuesto. Sería como hacer *jogging*, pero acostado.

Pero la diferencia entre el sexo por el sexo mismo con alguien que nos importa un comino, y el sexo por amor, –con alguien que nos pone el tiempo en suspenso hasta que lo volvamos a ver– es tanta, que equivale a cargar una oveja al hombro en vez de ponerte un suéter de lana si tienes frío. Es lo mismo, pero nada que ver.

La infidelidad es uno de los más importantes pasos que puede dar una persona en la vida para encontrar un verdadero amor cuando el matrimonio es un mar de hipocresía y tristeza. Los amantes que han encontrado verdadero amor uno en el otro saben que deben acabar con su matrimonio. Los dos amantes pasan entonces a formar una nueva "pareja oficial", con lo cual se acabó la infidelidad. Por ende, cuando una infidelidad es 100% exitosa, deja de ser infidelidad, porque se forma una nueva pareja. Esa es la infidelidad tomada en serio, de manera adulta. Tomársela en serio es apostar el alma –y no solo los genitales– en el otro.

En cambio, poner lo cuernos por descarga sexual es mucho más grosero que poner los cuernos por enamorarse de otro. Lo de la descarga sexual es mucho más frívolo y vulgar, y quizás no amenace la integridad del matrimonio. Lo segundo es mucho más profundo y entendible, y pone al matrimonio en una tembladera. ¡Es cierto! ¡Pero es mucho más excitante y atractivo! Imagina: no solo te gusta el cuerpo de esa persona, sino su voz, su olor, su cara, cómo habla, cómo piensa, cómo se mueve y… ¡ya quieres formar parte de su vida!

Como los hombres maduran mucho más lentamente que las mujeres, el típico proceder masculino es: "Sexo sin compromisos y si te he visto no me acuerdo". Lo que es una bajeza, porque allí no hubo intimidad, para él significó poco y nada. ¿Pero vale la pena poner un matrimonio en jaque para algo que para él significa poco y nada? Exactamente, este es el tipo de infidelidades que le dan mala fama a la infidelidad: cuando el infiel trata a las personas como objetos. Eso es subestimar a los demás, lo que no es nada galante.

Y está el otro tipo de infidelidad que enaltece al infiel. Y es cuando no se trata solamente de sexo, sino que hay aprecio, admiración, apego, amor… que los llevó al sexo del mejor.

Ese otro tipo de infidelidad de mayor nivel sucede cuando una persona que está en pareja siente un flechazo por otra, y tiene la suerte de que el amor sea correspondido. Se dan cuenta de que han encontrado a alguien tremendamente especial, pero que los acontecimientos de la vida les llegaron a destiempo, dado que conocieron al amor de su vida después de haberse casado. "Ojalá te hubiera conocido diez años antes" es la frase de rigor en estos casos.

Si estamos convencidos de que esto no es un enamoramiento pasajero, una adicción al amor, una venganza a nuestro cónyuge o una obsesión por alguien que nos quite de la rutina, habría que pensar en empezar de cero con esta persona, intentar una relación de verdad. A veces, ser infiel es la única manera de conocer al amor de tu vida.

Ahora bien: no hay en el mundo excusas tan pesadas que impidan a un hombre acabar con su matrimonio y empezar una vida nueva con su amante, que ahora además es su enamorada. Ni siquiera estar casado con una heredera millonaria, tener cinco hijos, estar viviendo en la casa de los suegros o tenerle pánico a su mujer grandota y fornida, su padre policía y sus cuatro hermanos karatekas.

Una mujer que se enamore de su amante ya sabe qué hacer: si su amante es el hombre de sus sueños, y además la ama de verdad, le dice a su marido: "Adiós, cariño, que tengas suerte, me voy", bastante antes de darle tiempo de reaccionar al marido.

Pero un hombre casado enamorado de su amante se toma mucho más tiempo para definir nada.

¿POR QUÉ EL INFIEL NO DEJA A SU ESPOSA, SI DICE A SU AMANTE QUE LA AMA TANTO?

¿Qué pasa con un hombre casado enamorado de una amante con la que tiene una relación larga?

Le arruina la vida a dos mujeres: a la esposa que no sabe nada y a la amante convencida de que nacieron el uno para el otro. O sea que este tipo también le da mala fama a la infidelidad, ya que estropea la situación de tres personas: su mujer, su amante y él mismo.

Si vamos a definir al tipo que no deja a su esposa por su amante, este generalmente se trata de uno de estos tres tipos:

- Un cobarde.
- Un materialista, interesado en las ventajas económicas y logísticas de quedarse con su mujer.
- Un mentiroso, que miente al decir que ama a su amante.

Pero si tenemos que elegir uno de los tres motivos, en el 99% de los casos, la razón de que no deje a su mujer por su amante es la tercera: no ama a su amante tanto como dice amarla. Solo se lo dice para retenerla a su lado con la vana esperanza de que llegue el día en que los dos vivan juntos. Y él prolonga la agonía diciendo que no tuvo el momento de decírselo a la esposa, con las remanidas frases: "No se cómo decírselo "Ahora está muy enferma", "Es mal momento, está embarazada" o "Es el peor momento: está por ser abuela". Mientras tanto, impiden a su amante ser madre y abuela... con alguien con más pelotas que él.

Si te quedas con un hombre casado que después de seis meses de romance contigo no da señales de pensar en dejar a su esposa para comenzar una nueva vida a tu lado, debes aceptar dos cosas: que por más que te ame, eres su última prioridad (su mujer y sus hijos siempre están antes que tú) y que, si por él fuera, estaría dispuesto a tener una relación paralela contigo por lo que dure el amor. ¿Que él te quiere? Es probable. ¿Que la pasa bien contigo? Seguro que sí. ¿Que no quiere perderte? Claro como el agua. ¿Que puede armar contigo un vínculo estable con un nivel de compromiso en el cual puedas contar con él un sábado a la noche? Olvídalo: jamás sucederá. Si aceptas esas reglas del juego, adelante. Y si no, búscate un hombre entero, no la pata o la pechuga de medio hombre prestado.

Tampoco le des a tu casado un ultimátum que él no pueda cumplir para que deje a su mujer, porque nunca más te tomará en serio.

Tampoco vale engañarse, diciendo: "Yo puedo dejarlo cuando quiera", porque lo mismo dicen los adictos a cualquier droga y el amor es la más poderosa.

La verdad es que no debería haber impedimento en el planeta que obligue a nadie a sufrir un matrimonio mediocre si se da cuenta de que el amor de su vida es otra persona. Conozco personas a quienes esto les pasó, tuvieron las agallas de dejar a su mujer o su marido y seguir su vida junto a alguien con quien son más felices. El tenor italiano Luciano Pavarotti dejó la comodidad de su esposa y sus cuatro hijas para irse de gira con su secretaria Nicoletta Mantovani, 30 años menor que él, con la que tuvo otra hija. La soprano María Callas dejó a su marido italiano para irse detrás del armador griego Aristóteles Onassis, cuando ella estaba en la cúspide de la fama. Cuando Onassis la dejó por Jacqueline Kennedy, ella tuvo encuentros furtivos con su ex marido infiel en París, porque tenía ganas de ver al magnate griego y basta. No es casual que estas vidas apasionadas las vivan solo los cantantes líricos. Las personas que protagonizan en óperas a gente engañada y amantes celosos tienen bastante más claro cuáles son las ventajas de jugarse el todo por el todo por amor: lo estudian en sus libretos. Pero la mayoría de los hombres que podemos cruzarnos en la vida no se juegan el todo por el todo ni para buscar papel higiénico... ¿Qué van a jugarse por una mujer? Jugarse por amor es algo que les sale más fácil a las mujeres, como Anna Karenina, aún sufriendo porque su marido le impidió volver a ver a su amado hijo Sergéi, cuando supo lo de su romance con el Conde Wronsky. Así, vamos viendo que si hay algo que estropea la fama de la infidelidad es que mientras los hombres juegan con ella, las mujeres *se juegan* por ella. Hay una diferencia abismal entre los encuentros sexuales del pobre Duchovny de la serie *Californication* y el amor desaforado de Ana Karenina, que no tiene más opción que arrojarse a las vías de un tren cuando todo se le pone en contra para ser feliz junto al verdadero amor de su vida.

Los maridos y esposas temerosos de ser engañados siempre opinan que preferirían que sus cónyuges cometieran infidelidades sexuales frívolamente, sin compromiso ni sentimientos, un "toco y me voy" ocasional. Total, un traspié lo tiene cualquiera.

Lo que no se dan cuenta es que si un infiel está dispuesto a echar su fidelidad por la borda, sería mucho más inteligente que lo hiciera por una razón más importante que tener un acercamiento sexual rápido y ocasional, como el de los conejos, sino por enamorarse de verdad. Nadie es quien para prohibir que él encuentre a alguien que le dé lo que quizás no encontró en ti.

Ya hace años, desde un estudio hecho en los años sesenta por la famosa pareja de sexólogos Masters & Johnson, se venía afirmando que los hombres son más celosos ante la infidelidad sexual y las mujeres son más celosas ante la infidelidad emocional. Esto hace que un hombre pueda tolerar que chatees las 24 horas con tu ex novio, pero no tolerará que te acuestes con él. Si un día tu marido descubre las cartas de amor, te preguntará, alarmado: "¿Y te has acostado con él?". Y tú le dirás: "¡No, amor, solo nos dijimos que no podemos vivir el uno sin el otro!". Y él suspirará aliviado y dirá: "¡Menos mal! ¡Me habías asustado!". El mismo estudio decía que a las mujeres, por el contrario, no les importa que su marido haya tenido sexo con un harén mientras no les escriba cartas de amor.

Pero ahora se demostró que esto no es así. Una universidad sueca (¡estos suecos están en verdad obsesionados con el sexo! ¿Será por el frío o porque tienen ocho meses de noche?) repitió el experimento este año, mostrándoles videos sexuales y románticos a cientos de hombres y mujeres con la cabeza repleta de electrodos. Se confirmó que los hombres son más celosos ante las efusividades sexuales, y no tanto a las sentimentales. En cambio, las mujeres se mostraron tan sensibles y celosas ante las efusividades sexuales como las emocionales. Es decir, que las mujeres somos el doble de celosas que los hombres. Esto prueba que somos bastante más complicadas ante una infidelidad. No soportamos que él le hable a otra, toque a otra... ni que la salude con la mano desde la acera de enfrente. Esto nos da una enorme ventaja a la hora de ser infieles: mientras no te acuestes con él, para tu marido, todo está en regla y puedes flirtear lo que se te antoje. Pero nos da también una desventaja: como los hombres saben que somos terriblemente celosas de los emocional y sexual por igual, son más cobardes como para jugarse por otra, a sabiendas del lío que tendría en casa. Por eso, se escucha con muchísima más frecuencia la explicación de: "Me la gocé porque estaba borracho, no pienso verla más y se acabó", que la de "En verdad amo a mi amante... no sé si podré olvidarla", que requiere un coraje del tamaño del Coliseo Romano. Y después de la época de los gladiadores, no han nacido más hombres con esos cojones.

O sea que si él no deja a su esposa, lo hace por tres motivos:

- Con su amante quiere solo sexo.
- No la ama de verdad.
- Le tiene un miedo atroz a su señora esposa.

¿PODEMOS ENAMORARNOS DE DOS PERSONAS A LA VEZ?

Claro que sí: de dos, de tres y de cuatro... ¿por qué no?

Todas las personas que conocemos son amables, en el sentido que puede ser el objeto de nuestro amor. Lo que pasa es que no alcanza el tiempo para amarlas a todas, porque cada tanto hay que comer y dormir. Entonces, solemos apegarnos a personas que nos resulten familiares. Si nos enamoramos de una cara, generalmente, también es porque vemos en ella algo que nos resulta familiar. Por eso, hay tantos matrimonios de parejas que parecen hermanos: se han enamorado de su imagen en el espejo y no pararon hasta encontrar a alguien bien parecido a esa imagen. De ahí sale la expresión de ser alguien "bien parecido": "bien parecido a mí". Si además esa persona piensa como nosotros, quiere decir que no estamos tan equivocados: hay más gente que piensa como nosotros. Y si alguien piensa igual que uno, esa persona es un genio. Es así como te enamoras.

Ahora, supongamos que te enamoras de alguien sin dejar de amar a tu pareja oficial. ¿Qué sucede aquí? Muchas personas, en especial las mujeres, se sienten atrapadas en un dilema, se sienten culpables, y no toleran esa ambivalencia de sentir "no puedo vivir sin ninguno de los dos"...

A todas estas suertudas les digo que lo disfruten porque esto no dura para siempre. Tarde o temprano, los sentimientos decantan y la balanza se inclina hacia uno de ellos.

El problema que tiene la gente es que cree que el amor es un mandato: "Si amas a alguien, debes actuar acorde y dejarte llevar por el amor hasta sus últimas consecuencias". Si así fuera, no nos diferenciamos de un perro en celo. Puedes amar locamente, y burlarte del amor. Puedes amar con toda tu fuerza, y disimularlo perfectamente, como hace el mayordomo inglés en *Lo que queda del día*, la novela de Kazuo Ishiguro, y seguir tu camino sin que tu gran amor lo sepa. Que nos sintamos irrefrenablemente atraídos por otra persona no significa que tengamos que lanzarnos a sus brazos y decirle que no podemos vivir sin él.

"Ah, pero yo no puedo olvidarlo", me dirás. ¿Y quién dijo que tienen que olvidarlo? Puedes convivir toda la vida con la sensación de amor hacia esa persona, aunque nunca más vuelvas a verla... y eso no es malo. El recuerdo permanente de amores frustrados, perdidos, pasados, nos lleva a poner la energía que no pusimos en ese amor en otras cosas creativas (eso se llama "sublimar": convertirlo en cosas sublimes), y nos lleva a emocionarnos con la ópera, los poemas y las películas románticas. ¿Quién no recuerda con ternura a un primer amor? Quizás este lo encuentras hoy y dices: "Menos mal que no me casé con ese pelmazo". Pero lo que sentiste por ese primer amor está dentro de ti para siempre, y es un recuerdo valioso, dulce y bueno. No, no hay que olvidar, hay que llevarse el amor puesto como una chaqueta suave y caliente, que te abriga en los días de lluvia y pena. Cuanto más te enamores, más significa que te gustan los seres humanos, y más a gusto estarás en el planeta Tierra, que está plagado de ellos.

CAPÍTULO 18

¿Hay que confesarlo todo?

TÚ Y TU BOCAZA

"¿Jura decir la verdad, solo la verdad y nada más que la verdad?" es una pregunta que se hace en los tribunales o en el juzgado, no en el altar de la iglesia, ni en la boda. En una boda, la pregunta es: "¿Prometen protegerse y cuidarse en la salud y en la enfermedad hasta que la muerte los separe?". Esto demuestra a las claras que decir la verdad no es la primera obligación entre marido y mujer. La primera obligación es cuidar del otro, y cuidar del otro quiere decir intentar no herirlo.

Por ende, ¿debería el infiel que ama a su pareja confesar la infidelidad, aun sabiendo que su cónyuge resultaría herido, a costa de querer saberlo todo?

Hay tres respuestas para eso: ¡No! ¡No! ¡Y no!

Ninguna inconducta se borra con una confesión. Los criminales que confiesan igual van a la prisión. A lo sumo, quien confiesa se está haciendo un favor egoísta a sí mismo, porque ya no carga con el peso del secreto. Pero no le hace ningún favor a su pareja.

Lo único que teme una mujer al perder un hombre es perder su protección, su compañía y su apoyo.

Lo que más teme un hombre es perder su orgullo, su dignidad y su amor propio.

Para mantener en su mujer la sensación de estar protegida y para preservar el orgullo de su marido, lo mejor que puede hacer un infiel es llenarse la boca de esponja, cubrirla con cinta de embalar y, por las dudas, luego enyesarse la mandíbula inferior. Habrá que alimentarse con una sonda nasogástrica, sí. Pero al menos, no habrás confesado.

El único motivo real para confesar es el peso de la culpa. Mira cuánto pesará, que quien se siente culpable es capaz de compensar esa culpa de cualquier manera. Un amigo que trabaja en exportaciones y comercio exterior me contó que, en Hong Kong, los hombres de negocios lo invitaban a cenar a su casa, con una cena preparada especialmente por su esposa. Luego, lo dejaban a solas con su esposa, que seducía al invitado, mientras el marido se retiraba a dormir en otra parte de la casa. La esposa china lo emborrachaba y le hacía un espectacular *strip tease* en la sala, bañándose los pechos con champaña *brut*, e invitaba al extranjero a beber champaña de sus pezones. Finalmente, el conducido invitado tenía sexo con la esposa de su cliente oriental, sobre la alfombra persa de la casa del cornudo. A la mañana siguiente, sentía tal cargo de conciencia por lo hecho, que era capaz de firmar cualquier contrato y quitar cualquier cláusula que objetara el cornudo, sin leer siquiera la letra chica. El detalle que se destaca es que quien había hecho la cena no era la esposa, sino una geisha contratada por una noche, que se hacía pasar por la esposa del cliente. Esto es usar la culpa con fines creativos.

Otros, por quitarse la culpa, se van de boca. ¿Qué buscas con la confesión? Ciertamente, no salvar la relación. ¡Nadie cuenta algo terrible para salvar una relación!

Imagina que te dijeran: "Oye, soy tu amigo, y te he estado robando dinero durante el último año. Te lo digo para que sigamos unidos". ¿No es absurdo? ¿Qué harías? ¿Lo invitarías nuevamente a tu casa a ver si te sigue robando o no? Se dice por allí que "una pareja no tiene secretos". Y se dice también que "cada pareja es un mundo". ¿Un mundo sin secretos? Seamos honestos. Nadie le cuenta absolutamente todo a su pareja, ni a la gente que aprecia. ¿O vas por la vida, diciéndole: "Qué gorda y vieja te has puesto, mamá". "Tus chistes, Ernesto, jamás han tenido gracia... nos reímos por compromiso" o "Acabo de fingir ese orgasmo"? Bueno, sí, se lo dices. ¡Y por eso están como están!

Por eso, solo deberías contar tu aventura si quieres que tu matrimonio se termine.

Di la verdad: si has sido infiel es porque has podido, porque sentías que tenías piel con ella, no había nadie mirando y no tendría consecuencias graves... O sea que es un asunto tuyo solamente.

¿Vale la pena poner a prueba la tolerancia del otro por un evento que no lo involucra? ¿Le preguntas a tu pareja si está de acuerdo en el modo en que te cortas las uñas de los pies? ¿Le confiesas cómo estás tratando a tus compañeros de fútbol? Esto es más o menos lo mismo: se trata de tú y de tu manera de relacionarte con terceros que tu pareja no conoce. ¿Para qué involucrarla de pronto en algo en lo que siempre ha estado afuera? Parece algo perverso, o por lo menos, desubicado. No lo hagas si quieres a tu pareja. Y si no la quieres, ¿por qué no te vas de una vez con tu amante y dejas que tu pareja viva su vida en paz, con alguien que realmente la cuide y quiera?

¿QUÉ HACER SI TE ATRAPAN?

Solo puedes hacer tres cosas: niega, niega y niega.

Yo sé que si eres mujer, es peor. Los hombres están habituados a guardárselo todo, y las mujeres, si no cuentan todo, sienten que están por explotar. Por eso, las mujeres consideran que guardar un secreto es simplemente no decir quién se lo dijo. Pero si eres mujer y cuentas tu secreto, te expones a que alguien más se lo cuente a otro y, en horas, puede caer a oídos de tu marido. Cuando una amiga me lo cuenta, yo escucho, pensando: "¿Para qué me lo cuenta?", porque lo que quiero, a partir de es instante, ¡es contarle todo a todos! ¿Por qué? Por el placer de ver la cara de asombro de los demás ante la novedad, diciendo: "No puedo creer... ¿Susana engaña al marido? ¡Tan calladita y con esa pinta de mosquita muerta!". Qué placer... Por eso, no tiene ningún sentido confesar nada, y mucho menos a otras mujeres, que explotan si no lo esparcen.

¿Para qué confesarías? ¿Para que te torturen con preguntas? ¿Para que ella viva el resto de sus días torturada por el recuerdo? ¿Para que te echen de casa?

Salvo que tu pareja te venga con fotos alevosas donde estás teniendo sexo con otra persona, debes negarlo todo. Como máximo, puedes decir que el otro u otra te ha perseguido o extorsionado hasta el hartazgo... o hasta una cama. Pero que no has hecho nada de nada con el otro u otra, que no te has quitado ni un calcetín.

Hay evidencias que no se pueden negar, pero es preferible que insistas hasta la muerte en que no ha habido ni un segundo de sexo.

Dime una sola buena razón para que haya que contarle a tu pareja que tuviste sexo con otra persona. ¿Volverla loca de celos? ¿Demostrarle que alguien más, aparte del perro, se deja tocar por ti? ¿Y qué ganas con eso? ¿Aumentar tu autoestima, diciéndole: "¡Ey, mira, no soy gay!"?

Mentir no es fácil y resistir la andanada de preguntas de la cornuda o cornudo tampoco es fácil. Pero si querías las cosas fáciles, no deberías haber cometido una infidelidad. El que confiesa – "Te he engañado"– comete una bestial agresión contra el otro. Lo hace para expiar sus culpas. Pero, en verdad, le está arrojando al otro en la cara la carga de lo sucedido.

En vez de decidir por sí mismo qué hacer con la historia de su infidelidad (continuarla, olvidarla, despreciarla, escribir una novela), esta persona le endilga al cornudo la responsabilidad de decidir cómo seguir la relación con esta novedad... Quien confiesa, no se responsabiliza ante lo que ha hecho y ante las consecuencias de la infidelidad, esperando que el peso de sus propios actos los cargue justamente quien sufrió la infidelidad.

Evítale ese mal trago. Dile cosas originales, como que está loca, que imagina cosas, que no es lo que ella piensa, que no es lo que parece, que está paranoica, que debe estar en esos días femeninos, que sus amigas le llenaron la cabeza, que lo dice por insegura, que no sabes de qué te está hablando, que no solo nunca has visto a esa mujer, sino que ni siquiera le has podido quitar el corpiño. Dile lo que se te ocurra, pero jamás le digas: "Sí, te he engañado". Aunque te parezca atroz seguir mintiendo, es lo único que puedes hacer ahora: el que empieza engañando tiene que llevar el engaño hasta las últimas consecuencias y no reconocerlo jamás. Si ella te pesca en la cama con otra, le dices que está alucinando, que no hay nadie más. Y si ella encima le da una bofetada a la otra, le dices: "¡Qué admirable, cariño, alucinas en 3D!". Si no hay manera de negar que te estabas besando con alguien, le dices que es parte de tu trabajo, que en tu empresa hay una oficina de publicidad (todos los trabajos tienen oficina de publicidad) que está haciendo una investigación de mercado para saber cuánto tiempo una persona soporta el contacto repugnante con la saliva de otra sin vomitar... o algo así. Te creerá, porque en todas partes se hacen encuestas idiotas. El escritor español Juan José Millás escribió una novela a partir de que un encuestador le dijo que tener un canario en casa es un "hábito de consume" que forma parte de estadísticas referidas al ciudadano promedio.

De todos modos, hay cosas que irritan más a una mujer que una infidelidad. Se sabe de un hombre casado que tenía un romance con su secretaria; se encontraba en la casa de ella por las tardes y regresaba a su casa para tomar el té. Pero un día, se quedó dormido y se despertó a las ocho de la noche. Se vistió apurado, no sin antes pedirle a su secretaria que refregara sus zapatos contra el pasto y la tierra. Cuando llegó a su casa, la esposa le preguntó dónde había estado. "No voy a mentirte; tengo una historia con mi secretaria y estuve toda la tarde con ella". La esposa le miró los zapatos y le dijo: "¡Mentiroso, estuviste jugando al golf!".

Invéntate lo que sea, como este señor, pero no confieses. Más vale callar y parecer tonto que hablar y despejar toda duda. Como diría Tales de Mileto, allá por el 540 a. de C.: "Muchas palabras nunca indican mucha sabiduría". Johann Wolfgang von Goethe escribió en 1800: "Apenas se habla y ya se está uno equivocando". Con trece siglos de diferencia, ambos nos dicen lo mismo: "Mejor callar".

Haz lo que quieras, pero niega, niega y niega, y luego cambia de tema abruptamente y cambia de foco su atención, como hace una madre para que su bebé deje de llorar: "¡Mira, un pajarito!" :

- No, no me acosté con ella… ¿Y qué tal si comemos algo?
- No, nunca lo besé… ¡Y mira esa araña enorme en la pared!
- No, jamás nos vimos a escondidas… ¿Y si me rapo la cabeza?
- No, nunca la invité a salir…. ¡Y están golpeando la puerta!
- No, él no es mi amante… ¡Mira, un pajarito!
- Ya te he dicho que jamás me acosté con él… ¡Mira, hay un ovni en el patio!

Y remetas diciendo: "¡Pero qué fea es la infidelidad! ¡Yo no te haría algo tan espantoso a ti! ¿Y tú a mí?".

La técnica de dar vuelta al tablero es excelente; en vez de defenderte, ataca.

- "Por qué me lo preguntas, querido? ¿Acaso andas en algo raro? ¿Tienes fantasías con tu secretaria?".
- "¿Qué te hace pensar eso, linda? ¿Le tienes ganas al jardinero? ¡Vaya, lo sabía! ¡Y mira cómo me vengo a enterar!". A lo que puedes responderle: "Estás haciendo un mecanismo de proyección: me acusas a mí de lo que querrías hacer tú… ¿Quieres serme infiel con el jardinero? ¡Dilo de una vez!".

Y si eres tan flojo o floja como para no poder sostener la negación a perpetuidad, puedes decirle alguna de estas cosas, como para no acabar de hundirte cuando ya estás con el agua al cuello:

- "Yo nunca te faltaría al respeto a ti, haciéndote las cosas asquerosas y sucias que le he hecho a ella".

- "Es que necesito tanto tener sexo contigo, y siempre me rechazas, que lo he hecho por pura soledad... Hablemos de esto ahora, mi vida. ¿Qué está pasando con nuestro amor?".

O mejor: "Pero, cariño, aunque estaba con ella, estuve todo el tiempo pensando en ti".
De todos modos, ya estás en el horno.
Si todo anda mal, divórciate de tu esposa, cásate con alguien que odies, luego encuéntrate a escondidas con tu ex, y ambos hallarán algo muy parecido a la felicidad, solo por portarse mal.
Algún famoso dijo: "Yo no me caso más; no sirvo para ser infiel. Si me vuelven las ganas de casarme, me buscaré una mujer odiosa y le regalaré una casa. Así, me ahorraré montones de dinero".
De todos modos, hay hombres que insisten en confesarlo todo en algún momento de su vida. Contarlo forma parte de su orgullo machista: es revelar qué machos sementales son. Como ese cuento del tipo que naufraga y queda en una isla desierta con Pamela Anderson. Por supuesto, al comienzo, disfruta con ella y luego se empieza a deprimir. Pasan las semanas y él está cada vez más decaído, hasta que ella le pregunta qué le pasa. "Tengo que pedirte un favor enorme. ¿Puedes disfrazarte de hombre y ponerte un bigote postizo por unos minutos?". Intrigada, ella accede y se disfraza de hombre. Al verla, a él se le ilumina la cara. Se acerca y, dándole una palmada en el hombro, le dice: "¡Hola, viejo! ¡No sabes lo que me pasó! ¡Hace como un mes que estoy con Pamela Anderson! ¿Qué me dices?". Luego de lo cual, el tipo dice: "Ahora sí... ¡Por fin soy feliz!". Para algunos hombres es menos importante hacerlo, que contarlo. Por eso, les cuesta tanto no confesar... ¿Cuál es la gracia de ser un Casanova si nadie se entera?
Algunos no quieren morir sin contarlo. Se cuenta que un hombre estaba muriendo y le dijo a la esposa:
—Cariño, debo confesarte algo...
Ella le dijo:

–No, no tienes que confesar nada, descansa y no te agites…

–Es que me estoy muriendo y quiero decírtelo. Lo llevo atragantado toda la vida… –insistió él.

–No, no tienes que contarme nada –dice la esposa.

–Te lo diré, igual: en todos estos años, me he estado acostando con tus dos hermanas, tú prima y tú mejor amiga…

–Lo sé cariño, y ahora calla y deja que actúe el veneno…

RESPUESTAS INCORRECTAS PARA EVADIR LA CONFESIÓN

Pregunta: *¿Me has sido infiel?*

Tengo que sacar a pasear al perro.

Tengo que sacar la basura.

¿No deberíamos ir pintando el cielorraso?

¿No tienes un cigarrillo? ¡No respondo sin nicotina!

¡Cómo desearía darte una respuesta tan honesta como bonita!

Si quisiera que supieras la respuesta, ya te la habría dicho.

Depende qué se entienda por "infiel".

¿Y eso qué tiene que ver con nosotros dos y nuestro perfecto idilio, intachable y eterno?

Shhh… Baja la voz, que pueden escuchar los niños.

¿Podemos hablarlo mañana? Me muero de sueño…

No hago declaraciones sin mi abogado presente.

Te noto cansada y no es buen momento para discutir.

Mi madre está escuchando todo.

Tu madre está escuchando todo.

Los vecinos están escuchando todo.

Ahora no; tengo hambre.

¿Qué eres ahora? ¿Cronista de la revista *Hola*?

Creo que llegó un taxi para recogerme.

Ups, no va a gustarte mi respuesta…

¡Veo que eres capaz de cualquier cosa con tal de no pagar nuestra fiesta de aniversario de casados!

¿Estás en esos días femeninos…?

EL AMANTE IDEAL

¿Y qué pasa con el tercero en discordia, el amante?

Supongamos que te has enyesado la boca y lo has ocultado todo impecablemente... ¿No se le ocurrirá hablar a esa tercera persona y estropearte todo el asunto?

La mayor cualidad que puede tener un amante no es ser dulce, apasionado, con bellos ojos, ni una cabaña en el bosque o un piso céntrico a disposición de los dos. Lo más importante que tiene que tener un amante –hombre o mujer– es que sea discreto...y, en lo posible, mudo.

Un amante es discreto cuando es capaz de burlar hasta a un detective pago por nuestro cónyuge, de modo tal que nadie en el planeta sepa que pasa algo entre alguien casado y él. Se comporta como un caballero o como una dama, no hace reclamos, y solo toma del otro lo que este pueda darle, sin invadir.

Una aventura solo tiene sentido si es absolutamente secreta y si se vive en un plano casi irreal, como quien vive en carne propia una película de Hollywood.

Después de todo, siempre hay algo de diferencia entre lo que imaginamos, los sueños y la realidad. Solo debes cuidarte de que no haya demasiada poca diferencia entre la realidad y una pesadilla.

Un buen amante tiene que ser alguien que disfrute del sexo, pero que no dependa de ti.

Que quiera verte seguido, pero que no sueñe con que van a envejecer juntos.

Que pueda acudir en tu ayuda, pero que no lo haga si no se lo pides.

Que sepa que estás comprometido, pero que no sepa con quién.

Que tenga muchos amigos y parientes que lo entretengan cuando tú tienes compromisos familiares.

Que viva el presente sin planes ni reproches.

Tiene que ser alguien con cuerpo joven, mente adulta, emocionalmente maduro, económicamente independiente, que no quiera saber nada con ataduras socialmente impuestas y que quiera estar contigo sólo por el placer que puedan obtener de cada encuentro.

Y que jamás te llame por teléfono a tu casa o al celular cuando no lo atiendes.

Como ves, debe ser una joyita... ¡Hay que buscarlo y proponerle casamiento!

CÓMO QUITARTE UN AMANTE MOLESTO DE ENCIMA

Para colmo, y como si la cosa no estuviera ya complicada, luego de una confesión a la esposa, viene otra confesión: a la amante.

Así como pensabas: "¿Cómo le digo ahora a mi mujer que le he puesto los cuernos?" –luego de abrir tu enorme bocaza–, debes pensar: "¿Cómo le digo a mi amante que ya no podemos vernos más porque mi mujer lo sabe todo?".

Esta parte es la más cursi de toda la historia. Porque debes apelar a fórmulas antediluvianas que ni tú te crees, y sabes que el otro tampoco quiere creer. Esto es: ayer estabas en la cama con ella y le decías: "Eres la luz de mis ojos" y "Mi linterna en los cortes de luz", y otras sandeces por el estilo, para que siga contigo... ¡Y hoy le tienes que decir todo lo contrario, para que te odie lo antes posible y salga de tu vida a paso acelerado!

Esta parte es la más fea. Amante insultado y despreciado no puede creer lo que le estás diciendo, te pide explicaciones por cada cosa que pasó y le has dicho a lo largo de toda la relación, y además comienza a despreciarte por las barbaridades que le estás diciendo.

Tú tienes que estar ahí parado con cara de carnero degollado, soportando sus gritos, furia y llantos, hasta que se aplaque y convenza de que eres una cucaracha sin sentimientos, que le has hecho perder tiempo y que no vales nada.

Lo peor es que, si lo haces bien, acabarás creyéndotelo tú.

¿Qué frases idiotas y remanidas puedes decirle para que se desilusione de una buena vez?

Veamos:

- Mi mujer lo sabe todo y me ha amenazado con suicidarse.
- En verdad, siempre te mentí. No te amo; soy gay.
- Soy disléxico verbal. No era "amor"; era "Roma:
- Lo nuestro debe terminar; no tengo más dinero para pagar hoteles.
- Cometiste un error. No debiste haberte enamorado de mí. Padezco amnesia y no recuerdo quién eres.
- Gracias a ti me di cuenta de que sigo amando a mi mujer.
- No puedo hacerte feliz. Mi cuota de repartir felicidad a terceros está excedida por este lustro.
- Mi esposa está enferma de una enfermedad terminal y debo estar a su lado día y noche.
- Mi esposa está embarazada y debo cuidarla... ¡No te pongas así! ¡Mío no es!
- Tengo herpes, sífilis, clamidia y gonorrea.
- El jefe lo ha descubierto y si nos ve juntos, nos echa a los dos.
- "Se te han caído los senos y ya no me gustas tanto.
- A tu edad, ya deberías pensar en casarte o te quedarás vistiendo santos.
- Mi amigo cortó con su amante y somos como hermanos, así que yo debo cortar contigo.
- Le conté a mi madre y no aprueba lo nuestro, así que se acabó.
- Dice mi socio que no eres tan guapa; se me han quitado las ganas de seguir contigo.

- Todos los orgasmos fueron fingidos. No siento nada por ti.
- En verdad, no hacemos linda pareja.
- Mi perro Rottweiler sospecha algo.
- Me enteré ayer de que el adulterio es pecado; no quiero que te vayas al infierno por mi culpa.

- No tengo nada para darte.
- Soy una basura de persona.
- Soy dos basuras de persona.
- Con eso no, porque tendrás que llamar una ambulancia.

No, no intentes salir bien parado. Ella jamás te lo perdonará.
Ahora, habrá que ver si tu esposa te perdona.
En estos momentos, no quisiera estar en tu pellejo.

FRASES ABSOLUTAMENTE INADECUADAS PARA TRANQUILIZAR A LA PERSONA ENGAÑADA

- Yo prometo cambiar... si tú prometes dejarme salir aunque sea una vez por mes con Samantha...
- No te preocupes, mi profesor de karate es solo un amante más... ¡No pienso casarme con él!
- No te culpes por no haberlo sabido antes; hace quince años estamos juntos, ella y yo, y nadie lo descubrió jamás.
- Me encanta que lo hayas descubierto. Eso prueba lo perceptiva que eres.
- No es lo que tú crees. No es una descarga biológica cargada de erotismo y pasión... ¡Es una profunda relación intelectual cargada de intimidad y comprensión!
- Él y yo somos el uno para el otro, pero ya pasó el momento, así que no te aflijas más.

- Hace siete años que me veo con ella, pero te juro que no es nada importante.
- ¡Qué bueno que sufras tanto! Si sufres, significa que te importo.
- Solo volveré a verla una vez más para que me regrese la tarjeta de crédito y el reloj de oro.
- Lo único que echaré de menos de él es el sexo. Por lo demás, tú eres perfecto.
- Creo que estos cuernos te han venido bien para que, por fin, adviertas lo atractivo que soy.
- Bueno, no fue para tanto; fue una escapadita así no más, sin trascendencia.
- No le des tanta importancia a esta muchacha... ¡Fue una entre veinte más!
- ¿Estás celoso de mi amante ricachón? ¿Y quién crees que ha pagado nuestras vacaciones y la educación de tus hijos?
- No eres tú, soy yo. El infiel, digo.

CAPÍTULO 19

Infidelidades frustradas.
¡No tengo con quién poner lo cuernos!

EL MUNDO ESTÁ LLENO DE COBARDES

Para saber de qué sabor pediremos un helado, uno tiene el cuidado de pedir en la heladería una degustación, a ver si nos llevamos un vasito de ese sabor o de otro. Lo mismo en la vinería y en la quesería. Si podemos saber qué compramos, uno está más predispuesto a comprar, porque conoce la calidad de lo que se lleva. Antes de ser infiel, por ende, habría que ir degustando más gente que helados y quesos, para ver si nos lo llevamos o no. Pero, en la mayoría de los casos, la persona que quiere ser infiel se encuentra con dos opciones:

a. Sexo fácil con alguien que no te gusta.
b. Sexo imposible con alguien que te gusta.

Y conste que no estoy hablando de amor, que exige mucho más determinación de ambas partes.
Es decir que, excepto que te conformes con poco, la verdad es que no hay mucho para elegir, y dentro de lo que hay, las oportunidades de tener aventuras que valgan la pena son pocas.

Es cierto que existe gente práctica que solo quiere una revolcadita rápida y nada más. Si te conformas con eso, bendita seas. Mi opinión personal es que no vale la pena poner los cuernos con una historia que no sea digna de ser convertida en una película, protagonizada por Hugh Grant y Julia Roberts, o Robert de Niro y Meryl Streep que, en 1984, hicieron juntos un desgarrador film sobre la infidelidad, llamado *Enamorarse*, (*Falling in love*), que muestra cómo se sufre cuando eres casado y te enamoras de verdad de tu amante. Es cierto que en el cine

todas las aventuras extramatrimoniales terminan mal, por puro moralismo. Pero en la vida real, también son pocas las que terminan bien y no por moralismo, sino porque la mayoría de la gente le teme a sufrir, a los cambios y a sufrir por los cambios. Por eso, en el mundo hay más conservadores que revolucionarios. Dejemos de lado aquí a los adictos al amor, que saltan de pareja en pareja hasta quedarse solos y viejos. Estamos hablando de la gente que quiere ver si vale la pena tener una aventura para poner acción en su vida.

La clave del tema es que para tener un romance prohibido, se precisa, justamente, *no* enamorarse. Y si no te enamoras, francamente no le veo la gracia al romance prohibido. El sexo sin amor puede ser interesante para algunos que quieran probar su juventud, hombría o poder de seducción. Pero es una actividad no apta para celosos –no puedes sufrir pensando que él esta misma noche se va a acostar con su esposa o novia– y, en calidad de sexo, está años luz de hacer el amor con alguien que te aprecie por tus talentos y virtudes, no solo por tu cuerpo. Como dice Woody Allen: "El sexo sin amor es una experiencia vacía; pero entre las experiencias vacías, es una de las mejores". Entonces, cuando el sexo vale la pena es cuando te enamoras. Pero si te enamoras de alguien que está "tomado", sufres. Para no sufrir, hay que tratar de tener sexo sin entregarse totalmente. Lo que es una paradoja, porque la gracia del sexo es la entrega total. Y sin entrega total, no hay disfrute total. Por lo cual, el mundo se llena de gente que prefiere preservarse, no entregarse, no enamorarse y no arriesgar nada antes que disfrutar como loco y pasarla muy bien para sufrir luego.

Y este es un dilema sin salida ni respuestas.

¿Qué es mejor? ¿Enamorarse locamente para ver que el amor es imposible, tener que separarse y sufrir, con todo el esfuerzo que conlleva superar esa separación y quitar de la cabeza al ser de quien te has enamorado? ¿Meterte en una relación prohibida con alguien que te vuelve loco de amor, para acabar preguntándote por qué te complicaste la vida? ¿O elegir no complicarse la vida y quedarse en casa mirando televisión, porque ya no tiene ni de qué hablar con tu marido?

Sobreponerse a un amor imposible cuesta tanto trabajo emocional que nadie quiere meterse en algo de lo cual después hay que salir. "¿Tanto trabajo cuesta divertirse un poco? Prefiero aburrirme, gracias".

La verdad es que la vida se hace mucho más interesante a través de estos sufrimientos que si evitas prolijamente toda posibilidad de sentir algo intensamente.

El problema de hoy en día es que la gente no solo no quiere sufrir, sino que ni siquiera te deja sufrir.

Sufrir por amor está pasado de moda; estaba en pleno auge en el siglo XVIII, en los albores del Romanticismo, donde las novelas contaban tragedias de amantes que morían tuberculosas. Goethe escribía a su torturado y apasionado "Werther" y todos creían en el Destino, que golpea la puerta de Beethoven en su Quinta Sinfonía. Ahora está de moda la anestesia, la comida rápida, las actividades veloces, los entretenimientos cortos, las escapadas de fin de semana, los restaurantes al paso y los servicios express. La consigna es: "No profundicemos mucho en nada". Lo más osado que puede hacer alguien es hacerse un tatuaje; otra vez, dolor epidérmico, superficial. Y está estudiado que quien se tatúa mucho está buscando poner afuera un dolor que lleva adentro... y no es muy *fashion* llevar dolores adentro. Mejor hacerse un *piercing* que indique: "¡Oye, con tantos clavos en la cara es que realmente sufres de verdad!".

Así es como el mundo se va llenando de cobardes, entre ellos hombres que prefieren preservar su estatus de hombres casados, antes que convertirse en maridos infieles. Disculpen los señores lectores porque no conozco casos de varones desairados; quizás no lo cuentan por orgullo. Pero todo lo que escucho sale de boca de mujeres maravillosas y desesperadas porque son fieles contra su voluntad, porque los tipos de clase A –que ni siquiera te gustan– solo buscan chicas de 20 años, y los de clase B –que te gustan pero no quieren saber nada con concretar– son como los que se describen a continuación:

COBARDE NÚMERO 1

Mónica es médica, está aburridamente casada desde hace 17 años, y cada año viaja al exterior a congresos internacionales de medicina, donde generalmente está rodeada de viejos médicos casados, entre los cuales ella es como un tipo más. Ella es atractiva y simpática, y está muy dispuesta a un encuentro cercano del tercer tipo sin compromisos a 10 000 km de su hogar. Un día, en uno de esos viajes, conoció a un italiano muy atractivo con el que se quedó conversando hasta el amanecer en el bar del hotel. Los dos coquetearon a rabiar, contándose sus vidas y riendo antes tantas coincidencias. Al subir para irse a dormir, él se bajó en el quinto piso y ella subió pateando las paredes del ascensor hasta su piso número 10, pensando: "Paciencia... sucederá mañana". Al día siguiente, él la miraba de lejos, y al almuerzo, eligió una mesa en la otra punta del salón. El muy cobarde, la dejó volver a su casa más pura que la Madre Teresa de Calcuta. Al año siguiente, le tocó un congreso en Francia, donde había un tipo encantador, pero tan sencillo que ella creyó que era uno de los choferes para invitados al evento. Él se ofreció a mostrarle todo París, la invitó a almorzar y a tomar champaña, y al terminar el evento, se ofreció a llevarla al hotel, no sin antes compartir una cena con él. El francés de ella fue mejorando con cada salida, y el último día, la acompañó al aeropuerto y la despidió con un ramo de rosas rojas. Cuando ella le pidió su correo electrónico "para seguir perfeccionando su francés", él le dio su tarjeta y casi se muere al ver que este señor era el director general de uno de los laboratorios más importantes de Francia. Intercambiaron mails dulces y amistosos durante tres meses, hasta que un día, él le dijo que estaba muy ocupado y "ojalá nos veamos nuevamente". Ella le dijo que se iría a verlo cuando él quisiera y él ni siquiera respondió ese último mail. ¿Cómo te parece?

COBARDE NÚMERO 2

Dolores es bonita, rubia, con una linda sonrisa. Es una periodista malcasada con un hombre que junto a una planta, la planta resulta más divertida que él.

Dolores aprovechó su oficio para entrevistar a un político seductor y encantador. Con el pretexto de hacerle una entrevista, se quedó conversando con él durante tres horas. Luego, quiso verificar algunos datos, y volvió a citarlo. Otras tres horas de risas, jarana y buena onda. Luego le preguntó cosas vía email y sms, y siguieron chateando largamente. Los comentarios de él no salían de "qué excelente entrevistadora eres", "qué magnífica profesional", "jamás me divertí tanto dando una entrevista", etc. En fin, nunca nada personal. Suponiendo que un político no quiere jugarse a que una periodista comente públicamente que él intentó seducirla, ella le envió una copia de la revista donde por fin salió publicada la entrevista, con una esquela: "Qué tal si festejamos esta nota, que ojalá te guste tanto… como me has gustado tú". El todo por el todo, digamos. Y la pobre Dolores pasó seis meses chequeando sus mails sin respuesta de un político que perdió un voto *ipso facto*.

COBARDE NÚMERO 3

Elvira es una bellísima directora de teatro que estaba embarazada del segundo hijo de un marido semifosilizado. Hizo muy buena migas con el único hombre que la tocó durante todo su embarazo: su ginecólogo, igualito a Javier Bardem, que encima usaba el guardapolvos semiabierto sin llevar nada abajo, por lo que a ella se le iba la vista hacia su pecho musculoso y velludo. Ella se enamoró apenas lo vio y esperaba con ansias cada próxima cita. Él la esperaba con una sonrisa enorme y besos muy cerca de la boca. Las otras embarazadas de la sala de espera la odiaban, porque él pasaba una hora conversando con Elvira, mientras a las demás las despachaba en diez minutos. Después del parto, Elvira siguió atendiéndose con Javier (llamémoslo así), que hasta le dio el número de su teléfono celular. Se reunían en el consultorio para comentar cómo habían salido las mamografías: "Hermosas como mis pechos", le decía ella. "No. El original es superior", decía él. Risa va, risa viene, él siempre la citaba para hacerle estudios inútiles que Elvira aceptaba con gusto: otro análisis de sangre, colonoscopia, Papanicolau, electrocardiograma... todo para volver a verse. Cuando él ya no sabía qué inventar, y luego de verificar que Elvira era la mujer más sana del mundo, ella lo invitó al estreno de una obra teatral que ella dirigía, aclarándole que luego de la función podrían ir a comer algo juntos, para festejar la velada los dos. Javier jamás vino. Y ni siquiera avisó. Y conste que este ginecólogo no era de los que tienen a la esposa como secretaria, supervisándolo todo. Pero él se perdió la aventura y se la hizo perder a ella que, por supuesto, pasó a atenderse con una médica mujer, con la que si se quedaban charlando durante tres horas, ella no alimentaba ilusiones en vano. ¿De qué charlaban? ¡De la histeria de los hombres!

COBARDE NÚMERO 4

Desde que entró al trabajo, Dolores –malcasada con un mecánico de pocas pulgas y demasiados kilos de más–, quedó flechada por Enrique, un compañero que reunía todos los requisitos que ella siempre había soñado para el hombre de su vida. Ella respondía al típico caso de la mujer que pasa buscando al amor de su vida, y mientras tanto, se casa. Es decir que no había encontrado al amor de su vida hasta que entró a la empresa de publicidad. Enrique era perfecto: guapo, ocurrente, interesante...y ella no podía quitárselo de la cabeza. Todas las noches tenía sueños eróticos con él. Enrique le parecía tan irresistible, que no entendía cómo las demás mujeres no se le lanzaban encima. Estaba pendiente de cada palabra de él, para ver si le daba alguna señal de atracción mutua... pero nada. Y ella no se animaba a avanzar más, porque toda la oficina estaba observándola. A fin de año, se hizo una reunión en la empresa y Dolores no hizo otra cosa que intentar sentarse junto a Enrique. Sabiendo que al mes siguiente todos estarían de licencia sin verse, Dolores se dijo: "Es hoy o nunca". Pero no hubo manera de acercarse a Enrique de manera discreta sin que todos la vieran. Entonces, optó por tocarle el muslo por debajo de la mesa. Enrique pegó un salto, la miró alarmado, se levantó de la mesa y se sentó en la otra punta. Ella no encontró la oportunidad de explicarle nada. Quedó anonadada, pensando que quizás él tendría alguna historia con otra de las colegas presentes... o quizás era gay. Tres meses después del incidente, Oscar, otro compañero de trabajo y amigo de Enrique, le dijo que Enrique ya no la saludaba "porque sintió que, en la fiesta de fin de año, trataste de robarle su billetera". Cobarde y, además, paranoico...

COBARDE NÚMERO 5

Amalia venía de dos divorcios, y tenía muchas ganas de estar en pareja nuevamente. Tenía dos hijos con severos problemas de la vista, que trató con un oftalmólogo increíblemente guapo y soltero que coqueteó con ella en cada visita sucesiva, cosa que Amalia aprovechó para chequear su propia visión, para saber si él era real o imaginario. Él le dio un teléfono móvil para que lo llamara por cualquier cosa. Y la despedía con un beso, diciéndole: "Hasta pronto, amor". Cuando Amalia llevó a su hijo otra vez, él le dijo: "Ya te estaba echando de menos". "Me hubieras llamado", dijo ella. Él rio, firmó una receta y le dijo: "Ya te llamaré". Y ella se quedó esperando el llamado. Luego de otra visita en que hablaron durante una hora, él le dijo: "No olvides pedir un turno para dentro de dos semanas, porque viajo a un congreso. Recuerda que quiero volver a verte, ¿eh?". En la siguiente visita, ella había planeado regalarle una botella de champaña con una nota provocativa: "Prohibido descorchar sin mí". En la siguiente visita, entre risas y coqueteos, él le dijo que se ausentaría otra vez la semana siguiente. Ella le preguntó: "¿Otro congreso?". "No, luna de miel... ¡Me caso!". Ella estuvo por partirle la botella en la cabeza. Luego, pensó que la champaña era muy cara para ese idiota. Se la llevó de vuelta a casa, y se la bebió, en soledad, buscando más cobardes por Internet.

COBARDE NÚMERO 6

Isabel recibió en Facebook un mensaje de un ex compañero de la escuela secundaria, que a ella siempre le había gustado, que había estado enamorado de ella mientras ella estaba de novia con quien sería su esposo. Empezaron a conversar en línea y él le dijo que se moría de ganas de verla. Ella le dijo que estaba dispuesta a encontrarse con él cuando él quisiera (o sea, antes de que se le arrugara todo). Isabel mintió para cuidarlo, diciéndole que "se estaba separando". Él estaba divorciado y con cuatro hijos grandes, y la invitó a almorzar a su casa un sábado a mediodía, sin aclararle si estaría acompañado por sus cuatro hijos o no. No sonaba a cita entre dos, por lo cual ella prefirió decirle que el sábado no podía. Entonces, él la invitó a una fiesta de amigos en su casa al mes siguiente. Como tampoco parecía una cita privada, ella también decidió poner una excusa para no ir. Finalmente, fue ella quien le pidió que se encontraran en un bar los dos solos. Cuatro meses después, él por fin aceptó una reunión íntima, se encontraron, y ella lo vio más atractivo que nunca. Ni siquiera entendió de qué le hablaba él, por mirarle esa boca sensual y morirse de ganas de besarlo. Se contaron sus vidas y, a las dos horas, él decidió que debía irse. Entonces, le preguntó que cuándo iría a casa de él... Otra vez insistiendo en lo del encuentro familiar cuando lo que ella quería era llevarlo a un sitio oscuro, donde solo cupieran los dos.

No la llamó nunca más, pero empezó a enviarle pedidos de que fuera su amiga de Sónico de Hi 5 y de que se comunicara por Skype... ¡cuando jamás la llamaba! En los meses siguientes, él le llenaba la bandeja de entradas con spam acerca de cómo acabar con el calentamiento global. Y ella aún duda en enviarle o no el spam de vuelta, diciéndole: "No te preocupes por estas campañas que has llevado adelante con enorme éxito: tú sí que ya has acabado con el calentamiento global".

COBARDE NÚMERO 7

Inés, casada con un marido más interesado en su perro que en ella, recibe en Facebook un día un mensaje de su primer amor, un joven al que ella había amado veinte años atrás con toda su alma. Habían compartido un romance juvenil, y luego no supo más de él. Empezaron a intercambiar novedades de sus vidas, opiniones y emociones por haberse encontrado finalmente. Él le dijo que jamás olvidaría sus ojos y sus labios, que vivía en otra ciudad y que estaba casado con una mujer buena a quien jamás amó ni por cinco minutos tanto como la amó a ella. Que no había nada en el mundo que quisiera más que encontrarse con ella y acabar con la asignatura pendiente. Luego de varios meses de intercambiarse mensajes tórridos, emotivos, nostalgiosos y pasionales, Inés le dijo que ya era hora de verse las caras y quitarse las ganas. Él le respondió que no podía hacer eso porque vivía lejos y no tenía tiempo. Entonces, ella le dijo que no tenía sentido estar ratoneándose sin ningún proyecto de verse. Él se ofendió y le dijo que era una mujer dura y fría, sin corazón, que estaba destruyendo todo el sentimiento que durante años él tuvo por ella; que era mejor no contactarse más y que ni sabía para qué le escribió. La que menos entiende para qué él le escribió es ella, que se quedó sin saberlo.

Joaquín Sabina tiene una canción llamada *Y si amanece por fin*, con la que cualquier hombre con más de tres dientes podría llevarse a cualquier mujer a la cama, diciéndole: *"olvídate del reloj, nadie se ha muerto por ir sin dormir una vez al currelo./ ¿Por qué comerse un marrón/ cuando la vida se luce poniendo ante ti un caramelo? /Anda, deja que te desabroche un botón; que se come con piel la manzana prohibida /y tal vez no tengamos más noches /y tal vez no seas tú la mujer de mi vida"*. Lamentablemente, los hombres prefieren comerse un marrón a comerse un caramelo. Por razones aún desconocidas, no entendieron que el tiempo pasa y no tenemos toda la vida para tener una aventura sin correr el riesgo de que se nos caiga la dentadura postiza en el fragor de la pasión. Gente que te atraiga en la vida no hay tanta. Entonces, ¿cómo van a echarlo a perder? ¿No saben que "carne que no comen los humanos se la comen los gusanos"? Un director de cine argentino llamado Leonardo Favio dijo que él se acostó con mujeres que no le gustaban, solo para entregarse a ellas, "como quien entrega un racimo de uvas jugosas... por el placer de que ellas disfrutaran de mí". ¡Eso es ser generoso de verdad! Otro director de cine, el británico David Lynch, dijo en una conferencia: " Hay en mi vida unas tres mujeres que si llegan a pasar ahora por esa puerta, me les echo encima y les hago el amor antes de que vuelvan a desaparecer otra vez, aunque estoy felizmente casado... Tal es el impacto que me causaron. No las olvido".

La sensación que queda de esto es que en el mundo hay demasiados médicos cobardes y demasiados pocos directores de cine. Y el resto no se acuesta con ninguna mujer mayor de 20 años.

Pero hay otra categoría peor: la que se acuesta con cualquiera y en el peor momento.

Los desubicados

Esta es una población masculina que no nos tiene miedo a las mujeres, no desaprovecha oportunidades y va directo al grano, pero con cero sentidos de la oportunidad. Veamos los casos.

DESUBICADO 1

Elena tuvo que hacer un viaje de negocios con una comitiva de empresarios. En la ruta, se dañó el autobús que los llevaba. Entonces, se vieron obligados a pedirle a los autos que pasaban que los llevaran a la ciudad. A Elena le tocó subirse a una furgoneta apretada, con cinco colegas. Uno de ellos –viejo y feo– aprovechó el apretado viaje para abra-

zarla y acariciarle la cintura. Elena se pasó una hora de viaje pegándole codazos al señor cariñoso, para tenerlo a raya. Pero este señor, lejos de entender que tenía cero oportunidades con Elena, la persiguió por todo el evento. En la última noche, coincidieron con otra empresa en la que sí había un señor que le gustaba a Elena, y que la sacó a bailar. Y el desubicado de la furgoneta se interpuso entre ambos toda la noche, para arruinarle a Elena toda posibilidad de que el otro se acercara, como el perro del hortelano, que no come ni deja comer.

DESUBICADO 2

Marisa asistió a una fiesta de disfraces de la empresa, donde todos iban enmascarados. La sacó a bailar un señor vestido de vaquero que, muy amablemente, la invitó a varios tragos. Ella pensó todo el tiempo que se trataba de uno de sus colegas o gerentes. La consigna era quitarse las máscaras luego de la medianoche. El vaquero se le insinuó insistentemente y ella, halagada, lo tuvo a raya, porque aún no sabía quién era. Cuando el vaquero se sacó el antifaz, ella vio que se trataba del señor que hacía la limpieza de los baños. ¡Qué pena! Hubiera sido mejor que se convirtiera en una calabaza.

DESUBICADO 3

Gloria viajó como turista a una ciudad donde visitó a un amigo de su marido que, con su flamante esposa la invitaron a cenar en su casa. La joven pareja era encantadora. Le sirvieron una cena deliciosa y, durante toda la noche, le enseñaron fotos de su boda, la luna de miel y sus viajes por el nuevo país. Luego del último café, él la llevó a su hotel, mientras la esposa se quedó en casa, ya que estaba en su octavo mes de embarazo del primer hijo. Él entró con ella a la habitación del hotel a recoger algunas cosas que le habían enviado. En un momento, se le lanzó encima, queriendo besarla y subirle la blusa. Ella reaccionó diciéndole que qué era ese comportamiento. Él le pidió disculpas y le dijo que no podía contener sus deseos, que ella le parecía increíblemente atractiva, y que se quería acostar con ella. Entonces, ella le recordó que él era amigo de su marido y que su esposa estaba por tener un bebé. A lo cual, él le preguntó: "¿Y eso qué tiene que ver con lo nuestro?".

DESUBICADO 4

Susana y Jorge se llevan bastante bien con sus vecinos, Beatriz y Carlos. El gordo Carlos se hizo muy amigo de Jorge. De hecho, lavan los autos juntos, van a jugar tenis juntos, y miran los partidos de fútbol juntos. Además, las hijas de ambas parejas son compañeras de escuela y se han hecho amigas entre sí. Un día, Susana no logra poner su auto en marcha cuando tiene que llevar a las niñas a la escuela y viene Carlos a ayudarla, aprovechando para tomarla de la mano cuando están viendo qué pasa con el embrague... delante de las niñas. Ella lo mira, asustada, y él le dice al oído: "Estoy loco por ti". Ella decide evitarlo cuidadosamente cada día siguiente. Beatriz se ofende con Susana y Jorge porque cada vez que los invita a comer a su casa, Susana pone una excusa para no ir. Finalmente, se retiran el saludo por siempre, comportándose finalmente como vecinos absolutamente normales.

DESUBICADO 5

Marina está en crisis con su matrimonio. Su amiga Jessica la invita a salir con su marido y un amigo del marido, con el fin de presentarle a alguien que le alegre un poco la vida. Pero en la mitad de la cena, su amiga Jessica se levanta y se va con el candidato para Marina. Ambos se ausentan durante más de una hora, mientras Marina se queda acompañando al marido de Jessica, que tiene menos conversación que un balde de hielo. Al rato, vuelven Jessica y el otro, con la ropa arrugada, sin contar dónde estuvieron. Cuando Marina le pregunta a Jessica dónde estaban, ella le dijo: "Como tú no te decidías, te lo gané yo". ¿Que la desubicada es Jessica? ¿Y el tipo no, por hacer eso delante del marido de Jessica?

DESUBICADO 6

Guido es compañero del trabajo de Sonia. Es casado y adora a su mujer y sabe que Sonia es casada, pero coquetea con ella de modo flagrante y le deja notas y regalos en el escritorio. Un día, la cita en un bar. Ella dice: "¿Por qué no? Es bien guapo...". Ella va, él le declara su amor, le dice que quedó flechado desde el día que la vio, y que pensaba llevarla a un hotel, pero que no tiene tiempo hoy, y que la llevará mañana. Al día siguiente, Guido falta al trabajo, y al otro también. Al cuarto día, sigue el coqueteo, y le dice que quiere encontrarse con ella la semana siguiente. Ella va al bar según lo convenido y él no aparece. Unas compañeras la invitan a almorzar al día siguiente y ella –que nunca sale con ellas, por ahorrar dinero y hacer dieta– hace una excepción y las acompaña. Y allí se entera de que Guido es tan divertido, que no solo faltó dos días para internarse en un hotel con la gerente de *marketing*, sino que al regresar, se llevó a un hotel a la secretaria de la gerente, motivo por el cual la secretaria tiene los días contados en la empresa. Y Sonia se da cuenta de que por un pelo se salvó el pellejo. Más vale conservar el trabajo... y preservarse de un adicto al sexo a quien le gustan todas.

Como vemos, los que se animan a meterse con una mujer casada no son de lo mejor. El resto no se anima. Además, hay evidencia científica que dice que el 50 % de los hombres de más de 40 años sufren de disfunción eréctil, mientras que el 50 % restante padece de eyaculación precoz. Con esto, resulta que las mujeres que quieren meterle los cuernos al marido se tienen que quedar con las ganas. ¿Con quién podrían hacerlo? ¿Cómo puede una persona quebrar su fidelidad, si no tiene con quién? ¿No hay canciones de despecho que hablen de los tontos que pudiendo llevarnos a la cama, se lo han perdido? No hay nada qué hacer: las mujeres estamos condenadas a la fidelidad eterna.

SOLO PARA HOMBRES "QUEDADOS"

Test para avivar a potenciales galanes

¿Quieres saber si alguna mujer quiso avanzarte para tener una relación prohibida contigo? Responde este test:

- Eres médico traumatólogo especialista en mano y una paciente tuya, casada, cincuentona apetecible, perfumada y con buenos pechos, se quita la blusa sin que se lo pidas. Esto significa que:
    a. Te confundió con un neumonólogo.
    b. Tiene calor, por los sofocos menopáusicos.
    c. Es hipocondriaca.
    d. Quiere esperarte a la salida.

- Eres profesor de guitarra y una alumna comienza a lamer tus dedos sobre el diapasón. Esto quiere decir que:
    a. Es sorda y escucha con la lengua.
    b. Quiere saber si te lavas las manos antes de la clase.
    c. Es ciega y te confunde con un helado.
    d. Quiere que le compongas una canción de amor para cantársela en la cama.

- Tu compañera de oficina casada insiste en que no logra buscar en Google la letra de la canción *Algo contigo*, de Chico Novarro, la que dice *"¿Hace falta que te diga que me muero por tener algo contigo?"*, y apoya su trasero encima de ti cuando te paras detrás de ella para ayudarla. Esto indica que:
    a. Es una bruta con las computadoras.
    b. En su casa no tiene Internet.

c. Tiene un gusto musical dudoso a tu entender, que eres cultor del *heavy metal*.
d. Quiere algo contigo.

- Una compañera del curso de posgrado te toma del brazo con la excusa de que no puede caminar con tacones altos, se levanta la pollera con la excusa de mostrarte una cicatriz en el muslo e inventa tonterías para decirte al oído, como excusa para tocarte la cara y hacerte sentir su aliento en la oreja. Esto significa que:
    a. Inventa muchas excusas, y se pega a ti porque no tiene amigas. Qué rara...
    b. Se lastimó la pierna por andar en tacones altos... y ya le has dicho que use zapatos sin tacón.
    c. Es una pesada que no te deja concentrarte en lo que se dice en la clase.
    d. Está caliente contigo.

Respuesta: Si a todo respondes cualquier cosa menos "d", es un milagro que logres reproducirte alguna vez en tu vida... salvo que te viole alguna mujer harta ya de darte mil señales y que no captes ninguna (¿Te casaste embarazado, verdad? ¡Típico!)

CAPÍTULO 20

¿Cómo prevenir y evitar la infidelidad?

¿ADÓNDE FUE NUESTRO AMOR?

La cultura del individualismo a ultranza que vivimos hoy dio luz a la idea de que si no eres feliz en tu matrimonio o no estás enamorada de tu pareja, deberías divorciarte. Lo que es una terrible tontería, porque el estado de enamoramiento, en cualquier pareja normal, por ese tema de las hormonas que mencionamos, no dura más de tres años. Hasta que se descubra otra cosa, se sabe que el amor son los síntomas de la feniletilamina en la sangre, que obliga la secreción de la dopamina o la norepinefrina, que por sus efectos se parecen a las "anfetaminas", las cuales producen un estado de euforia natural cuando estamos con nuestra pareja.

La segunda fase del amor comienza cuando cambian los patrones bioquímicos cerebrales. En lugar de "anfetaminas", el cerebro segrega ahora hormonas "narcóticas": endomorfinas y las encefalinas que les dan a las personas gran seguridad, calma y paz espiritual. Estas hormonas, por supuesto, bajan la pasión, que el cerebro tiende a recuperar con terceras personas, en lo que sería una tendencia innata a la infidelidad o a la separación. Lo que te queda luego es un tierno afecto por alguien a quien le tienes confianza, pues aún no te ha robado el bolso. A veces, el afecto se pone aburrido, lo que te llena de tal avidez por consumir videos de acción, que te inscribes no en uno, sino en tres videoclubes de la zona.

Los videos te llevan a comprobar que el amor verdadero no es como en las películas. Ese de los violines, solo existe en la ficción. El amor real es el que lo lleva a él a elegir un video romántico, porque lo quiere ella, aunque él muera por ver una de explosiones y karate. El amor verdadero es el que te lleva a levantarte a traer las cervezas cuando él ya está tan acomodado en el sofá, que tal vez solo un terremoto lo levante de allí.

El amor es cederle a ella el control remoto, aunque no creas que haya que ver nuevamente el mismo capítulo de *Sex & the City*.

En la antigüedad, los matrimonios se soportaban por los hijos, por el qué dirán, y porque afuera hacía demasiado frío para andar con chancletas en la nieve.

Ahora, vivimos bombardeados por estímulos publicitarios que quieren convencernos de que si no te sientes como Romeo y Julieta luego de veinte años de matrimonio, tu pareja no sirve. Y te meten en la cabeza que debes divorciarte porque ya no estás escuchando violines como antes.

Estás con esa persona que tienes al lado mirando la tele y que bosteza como un gorila. Increíble, ¿verdad? Estás con alguien de quien no te sorprenden ni las sorpresas. Ser fiel se trata de aceptar que toda esa etapa del cortejo y enamoramiento no volverás a vivirla nunca más, o que está muy bien reemplazarla por otra cosa: otro video y una pizza grande, por ejemplo. O un amante.

Pero estás casada o casado, y el haber vivido juntos desarrolla la intimidad que no tienes con nadie más, que es el fundamento de toda relación afectiva. La vida cambia y mantener el romance como era al principio es una ilusión, pero podemos seguir viendo en nuestra pareja el objeto del deseo sexual y erótico. Si decidiéramos cambiar de pareja, solo por sentir otra vez la pasión, no olvidemos que una vez más volverá a repetirse el ciclo. Una y otra vez.

Pero ¿sabes qué? Tu amor sigue allí. A tu lado.

Harías muy bien en tratar de encontrar en él o ella lo que primero te atrajo cuando se conocieron. No, no digas que lo perdió. Sigue estando allí, pero no lo deja salir porque a ti ya no te impresiona con

nada. Porque pareciera que cada vez necesitas más del otro para seguir impresionada o impresionado. Pero la verdad es que ambos perdieron el camino.

¿Recuerdas ese tiempo en que estuviste sola, buscando pareja? ¿Recuerdas qué pretensiones tenías? ¿Querías conocer a alguien millonario, guapo e inteligente? No. Dijiste: "Ah... si solo encontrara un hombre bueno y tranquilo con quien ir cada tanto al cine y compartir una cena, porque estoy harta de comer sola...". Si eres varón, nunca dijiste que querías una bomba de sexo dispuesta las 24 horas a hacerte el amor. Recuerdo que dijiste: "Solo quiero una chica dulce, que no sea muy demandante, si es bonita mejor, con quien pasarla bien y reírnos juntos". Solo pedías un compañero o amiga, alguien con quien comer una pizza e ir al cine cada tanto, alguien que le pudieras presentar a tus amigos sin pasar vergüenza.

Tu cónyuge no ha venido al mundo para llenar cada expectativa tuya, ni para hacerte feliz.

Pero sigue teniendo todo eso que necesitaste cuando buscabas pareja, y lo que te decidió a que sea tu pareja estable. Después de todo, tú la elegiste. La tienes a mano... ¡aprovéchala!

RECUPERAR LA CONFIANZA

Un *affaire*, un romance, una infidelidad... son temas provocativos, cargados de misterio, lujuria y glamour. A una película que en el original inglés se llama *La noche en que el dragón dormía* y en verdad se trata de "la noche en que el público dormía"–, le cambian el título a *Adulterio*, *Seducción fatal* o *Romance prohibido* y es un éxito de taquilla... aunque el público siga roncando.

¿Son tan glamorosos los encuentros clandestinos, dado que las consecuencias no son glamorosas?

Solo hasta que descubres cómo es el otro, bajas a tierra y el amor se acabó. Solo el 10 % de los infieles se queda con su amante. El 90 % se desilusiona rápidamente.

La infidelidad deja una cicatriz ultrasensible, y que la pareja sobreviva o no, depende de la capacidad que tenga el infiel para confortar y consolar a su pareja engañada y herida, respondiendo a todas y cada una de las preguntas de quien sufre, incluso acerca de la clase de condones que usabas. (¿Por qué "cualquier clase"? ¿Tanto disfrutabas, que no precisabas ultrafinos? ¡Buaaa!). Piensa que hay una sola manera de superar esto, y es que se convierta en un secreto entre los dos, y que pase a la historia.

Descubrir toda la intriga y mentiras que hubo mientras tú creías en el otro es terrible. Y tendemos a rebobinar la historia permanentemente, diciendo: "Aquella noche que me dijiste que te dolía el estómago y tardaste tres horas en regresar de buscar un analgésico porque no encontrabas una farmacia de guardia, ¿también te encontraste con ella?".

Hay una necesidad imperiosa de repetir cada instante, rebobinar la historia para internalizarla y comprender. Esto se puede hacer mejor en terapia. Pero para curarse, hay que pasar otra vez por el dolor. Como cuando el médico te cose la herida. Las víctimas de las catástrofes repiten y repiten hasta el cansancio cada detalle de cuando vino el tornado, el autobomba o cuando subió la marea: "¿Cómo no lo vi llegar?", hasta que ya no cause un dolor insoportable. Pero a veces este dolor fortalece. A uno y a la pareja.

¿Cómo se fortalece la pareja a través del dolor?

Dando detalladas explicaciones de cada cosa que haces: el infiel debe permitir que el otro sea quien atienda el teléfono de la casa y de su propio móvil. Debe dejar que abra sus correos electrónicos y su correspondencia. Debe dejar que su esposo o esposa pase a buscarlo a la hora que quiera por el trabajo. Y allí, presentarle a sus compañeros de trabajo. Y no asistir a reuniones sin él o ella. Y hasta contarle honestamente el día que te has encontrado por azar con tu ex amante y decirle: "Me preguntó cómo estaba y le dije que no le contaré cómo estoy, porque no quiero que hablemos nunca más... ¡Y me dijo que soy un resentido!".

Combinando respuestas, sentimientos y percepciones, ambos pueden reconstruir una historia propia y comprender juntos la infidelidad. Entonces, esta historia ya no será del infiel, sino que es una anécdota que pertenece a los dos, una parte de la historia de la pareja.

Cuando a Hillary Rodham, la esposa del ex presidente estadounidense Bill Clinton, le preguntaron sobre el *affaire* de su esposo con Mónica Lewinsky, ella dijo: "Estamos casados desde hace 22 años, y he aprendido desde hace mucho tiempo que las únicas personas que cuentan en un matrimonio son las dos que están metidas en él". Y con eso quedó muy claro que la historia ya estaba internalizada por la pareja, y que la pasante Mónica era algo pasado y pisado... para ellos dos, porque el resto del planeta lo recuerda todo muy bien. Pero Hillary tenía claro que si dejaba a Bill, ella sería una muerta política, así que hizo el balance y resolvió que le convenía quedarse con él. Tonta no es.

Dice Phyllis Rose que el amor sucede cuando una persona se rehúsa a pensar en otra persona en términos de poder. O por lo menos que ambos poderes estén equiparados. Para eso, el que queda con menos poder debe lograr que vuelvan a confiar en él. Y esto cuesta trabajo.

CÓMO VOLVER A CONFIAR EN EL INFIEL

Quien sufrió una infidelidad cae en una crisis tal de inseguridad, y teme tanto que todo vuelva a suceder, que se convierte en un cancerbero de su pareja.

Entonces, vigila a su pareja, le hace un interrogatorio cada vez que sale y regresa, le revisa sus cosas, chequea su agenda... y acaba teniendo un comportamiento tal, que si aún no le han puesto los cuernos, acabarán poniéndoselos, para quitarse a esa pareja tan pesada de encima y, de paso, darle buenos motivos para sospechar.

¿Recuerdas la vieja máxima de "Si amas a alguien, déjalo libre. Si regresa, es tuyo. Si no regresa, jamás lo fue"? Es cierta. Sé que cuesta horrores darle libertad absoluta a alguien que amas y de quien sospechas. Pero aferrarte a los pantalones de tu pareja no solo es agotador, sino que le estropea los pantalones. No hagas papeles patéticos de heroína de rimel corrido y pañuelo en mano: "¿Qué he hecho yo para merecer esto?". No te humilles. La inseguridad es una prisión en la que te metes sola.

Cuando te sientes segura de ti misma, puede venir Pamela Anderson en cueros y lanzarse sobre tu marido y tú te reirás de ella: "¿Tanto dinero y no tiene qué ponerse?".

Lo que debes pensar es: "Si se va con ella, allá él" y eso es todo. Si le das a un hombre toda la libertad que quiera, él no intentará escapar de tu vigilancia, y será todo más relajado. Es más, asumirá que te tomas esa misma libertad para ti... ¡y estará pendiente de ti, para cuidar que no te lleve otro!

No te quedes nunca pegada a tu hombre. Hay investigaciones que demuestran que el hombre acompañado atrae más que el hombre solo, tanto entre los animales como en los humanos, porque las mujeres piensan: "Si ella está con él, es que algo bueno debe tener". Es decir, que si estás con un hombre que tienen tendencia a hacer trampa, y te quedas junto a él, el hecho de verte contigo es más señuelo para las mujeres que están a la pesca que si lo dejas solo. Un hombre siempre parece un poco más raro o amenazante si está solo que si está en pareja.

Aun así, hay mujeres que se abalanzan sobre un hombre solo. Déjala que lo haga.

Tengo una amiga que cuando ve que una mujer bella se le acerca demasiado a su marido, ella misma se va primero a decirle: "Como ves, mi marido no es ningún tonto. ¡Habla contigo porque eres la más guapa de este lugar! No me explico qué haces aquí sola. ¡Tendrías que estar rodeada de novios!".

Lejos de sentirse agraviada, mi amiga los deja solos y va a servirse un trago, lo más campante, dejando a la guapa con una frustración gigante por no estar rodeada de admiradores, junto a un tipo casado con una mujer astuta. En dos minutos de reloj, la rival se retira.

También puede ser que se quede, pero para hablar contigo de cosas de mujeres, en cuyo caso el hombre queda excluido. Y si no se va, ni habla contigo, y se queda con tu esposo, es tu oportunidad de mezclarte con la gente y conversar con el más guapo que encuentres. Y si es el marido de alguien, que sea su propia esposa quien lo cuide. Esa es mejor táctica que vigilar a un hombre. Que sea tu marido el que te tenga que vigilar a ti, si quiere.

Vigilar a un hombre es, además, peligroso, porque hasta al más dormido le das la idea de hacerte trampa. Suponte que estás con un tipo normal, de los que solo piensan "a qué hora se come" y "qué dan en la tele", y empiezas a decirle que lo has visto mirando con ojos encendidos de pasión a la empleada doméstica, que ya no lo toleras y que si quiere hacer algo con ella, que lo haga fuera de casa. Solo ver que tú puedas imaginar que él pueda tener un rollo erótico con la empleada hará que él también lo imagine, y verás que pronto él, que solo pensaba en fútbol y comida, se va con doña Clotilde, la señora de 60 años que te ayuda con el planchado.

Cuentan por ahí que la dueña de casa le dijo a su mucama: —Acabo de enterarme que el cretino de mi marido sale todos los días con su secretaria. Y la mucama le respondió: —¡No lo creo, señora! Usted me lo dice para darme celos...

¿Un consejo? Sospecha de él solamente si quieres quitarlo rápidamente de tu vida.

De todos modos, por más que lo cuides, está científicamente comprobado que bajo las condiciones más rigurosamente controladas de presión, temperatura, volumen, humedad y demás variables medioambientales, el macho humano siempre hará lo que le venga en gana.

Haga lo que haga, finalmente, tú podrás decirle con la frente en alto, a lo Laura Pausini: *"...y sé que no vas a tener /alternativa a mí, /sé depender de mí. /Añorarás cosas de mí/ que ya nunca más tendrás"* [2] o como Gloria Gaynor cantaba en los años setenta: "I will survive" (*Sobreviviré*) El problema es de él, que pierde a una mujer fiel. No tuyo, que te sacas de encima un infiel.

¿PARA QUÉ SIRVE LA INFIDELIDAD?

La infidelidad no es algo malo en sí. Tiene muchas cosas buenas.

De hecho, hermosas obras literarias se han escrito con la infidelidad como tema central, desde el siglo I, con Ovidio a la cabeza, pasando por Shakespeare y mil autores consagrados más. La infidelidad ha hecho correr ríos de tinta sobre papel. *Ana Karenina,* de Tolstoi; *La Regenta*, de Clarín; *El primo Basilio* de Eça de Queiroz; *Effi Briest*, de Theodor Fontane; *Madame Bovary*, de Gustave Flaubert; *El paciente inglés*, de Michael Ondaatje; *Los pazos de Ulloa*, de Emilia Pardo Bazán, son grandes obras que analizan el adulterio desde adentro.

En el cine, también el adulterio ha llenado kilómetros de celuloide: *El cartero llama dos veces, De aquí a la eternidad, El piano, La letra escarlata, Ojos bien cerrados, Perversa luna de hiel...* Son cientos de films famosos que espían dentro de la infidelidad con fruición y por eso son recordados.

Hay miles de canciones y poesías desgarradoras que narran incidentes triangulares y romances prohibidos que desbordan amor. Los amores imposibles son un tema trascendental de la creación humana.

La principal ventaja es que te despabila y te abre los ojos en varios sentidos. Gilbert Tordjman, un sexólogo francés estudioso del tema

---

2   *Escucha atento*, Laura Pausini / Badia. En: www.laurapausini.com.

dice que el adulterio "es una verdadera prueba de fuego de la pareja: destruye aquellas en las que falta amor, y consolida las demás".

En primer lugar, te muestra quién es la persona con la que estabas y qué es capaz de hacer. O sea, siempre es preferible enterarse de quién es el otro, antes de seguir en el limbo de creer que todo anda fantástico entre tú y él, cuando él está por irse de vacaciones con la otra.

En segundo lugar, es bueno que te des cuenta quién eres tú; si hasta ahora no sabías nada, es porque no quieres ver lo que sucede alrededor.

En tercer lugar, saber que tu marido anda con otra es muy bueno para la pareja. Estas crisis indican que es el momento de hacer una evaluación total de lo que sucede.

En cuarto lugar, un marido contrito y culposo es un maravilloso compañero que te trata fantásticamente bien para compensar sus perrerías.

En quinto lugar, aprecias más a tu pareja si estuviste a punto de perderla. Nada se aprecia tanto como lo que estuviste a punto de perder.

En sexto lugar, saber que tu marido fue deseado por otra mujer, o que tu esposa anduvo entre brazos ajenos, le pone picante a un sexo que estaba dormido, y les despierta las ganas de intentar demostrar que el buen sexo está en casa. El infiel, por otra parte, viene estimulado por alguien de afuera y con ganas de probar si puede sentir la misma adrenalina con su esposa. Esto, crease o no, hace que muchos cornudos bendigan los cuernos, por lo mimosa que se vuelve la esposa o por lo salvaje que les vuelve el marido luego de una aventura. Lo interesante de esto es que las mujeres regresan a casa mucho más sexis si su *affaire* fracasó, justamente como inconsciente venganza al amante por haberla dejado. Más de un marido extrañado ha dicho: "Haya pasado lo que haya pasado entre ella y alguien más, le perdono todo porque está fantástica en la cama y tiene más ganas de sexo que nunca. ¡Benditos sean los cuernos!".

¿SIRVE PARA ALGO LA TERAPIA DE PAREJA?

No es fácil encontrar en la vida alguien que te garantice fidelidad duradera. Hay que conformarse con encontrar a alguien que sepas que si solo queda un alfajor, no se lo come él, sino que te pregunta si quieres.

No se trata de amor eterno. Hay que conformarse con que uno pueda decir: "Podría vivir sin ti, pero… ¿quién sacaría la basura?". Porque lo importante de una pareja es comunicarse. El problema se presenta cuando ya no hay diálogo y ambos se miran pensando: "¿Qué estoy haciendo con esta persona?". Es cuando uno no escucha al otro. En este punto, no queda más remedio que ir a terapia de pareja, para que ninguno escuche al otro, pero delante de un tercero al que tampoco escuchan. Para el común de la gente, la terapia de pareja parece ser un sistema de separarse sin romper demasiada vajilla. Cualquier separación genera mucha culpa y nada mejor que una terapeuta para darnos permiso: "Ustedes dos no tienen remedio y ya me tienen podrida: sepárense de una vez". Pero esto no pasa, porque la terapeuta precisa que sigamos en la duda; así conserva a sus pacientes.

Los hombres son más reticentes que las mujeres a la terapia de pareja. Esto se nota porque en la primera sesión, los dos se sientan juntos ante la terapeuta. Pero a medida que avanza la terapia, él se va alejando de ella… hasta caerse del sofá. En la sesión siguiente, se sienta en otro asiento más alejado. Y si no hay otro asiento, se va al baño hasta que termina el turno. Así que lo primero que una mujer debe preguntarle a una terapeuta es: "¿Cuántos asientos tiene en su consultorio?".

Luego empieza la terapia, un proceso en el cual un perfecto extraño (el psicólogo o psicóloga) mira a los miembros de la pareja alternativamente, como en un partido de ping pong aburrido, mientras ambos se echan la culpa de todo, se acusan de mutuas traiciones, gruñen y echan espuma por la boca, como en la casa, pero de manera más dramática y convincente… ¡porque tienen público!

Cada uno quiere convencer al terapeuta de que la culpa de todo la tiene el otro, cuando lo que en verdad pasa es que ambos perdieron lo esencial de una relación: la cortesía. Si tratas a tu pareja peor de lo que tratas a un amigo —como hace la mayoría de las parejas disfuncionales—, tu pareja pasará a ser menos que un amigo. O sea, un extraño. Pero los terapeutas no te dicen esto, porque son los pacientes los que tienen que darse cuenta. Entonces, como pasan las semanas y nadie se da cuenta de nada, el terapeuta se aburre y empieza a hablar de su propio perro, de cine, o de perros en el cine, para luego retorcerse en su sillón durante 45 minutos una vez por semana, mirando el reloj, mientras los dos miembros de la pareja se agotan tanto de pelearse en terapia que ya no pelean en casa. Y lo mejor es que en cada sesión miran al terapeuta y se empiezan a preguntarse: "¿Qué estamos haciendo con esta persona?". Esto es sumamente terapéutico porque ven que entre ellos dos tienen mucho más en común que cualquiera de ellos con el terapeuta. Nada como un enemigo común para unir a la gente.

Cada pareja es un mundo cerrado y misterioso, como una cámara séptica, y si alguien de afuera pretende penetrar ese mundo, obtiene materia similar. Sin embargo, recomiendo la terapia de pareja por varios motivos:

- Uno descubre que las cosas que le molestan del otro son las mismas que nos molestan de nuestra suegra. Eso indica que pedirle a una pareja que se extirpe el gen MC75GX de criticar todo y el BR134 de no colgar las toallas mojadas no es viable ni sensato.

- Uno descubre que no dejar la cinta adhesiva siempre en el mismo lugar es para su pareja una afrenta equivalente a una infidelidad. Eso nos habilita a buscar viejos afectos en Facebook, sin culpas... ¡Siempre y cuando uno deje la cinta en la repisa del teléfono!

- Uno descubre que todo lo que quisieras que tu pareja haga y no hace ocurre porque no tiene idea de cómo hacerlo. Por ejemplo, para un hombre, comunicarse es difícil. No es que te castigue con el silencio; es que no sabe de qué hablar.

- Uno descubre que el problema es que el otro es distinto a uno. Y que si se separa de esta pareja, la próxima también va a ser distinta, y para colmo no va a saber dónde queremos que cuelgue las toallas mojadas. Como aún no se consiguen clones, mejor aceptar al otro tal cual es.

- Uno descubre que está gastando tal dineral en terapia de pareja, que más vale reconciliarse, perdonarse todo y reservar esa plata para irse juntos en una escapada a Cancún. ¡No es cuestión de que quien se acabe yendo a Cancún a reconciliarse con su marido sea la terapeuta!

Finalmente, no hay que irse a la cama peleados: hay que quedarse despiertos discutiendo hasta el amanecer. Tiene razón Marguerite Duras: "El hombre y la mujer son irreconciliables. Y es esta tentativa imposible de reconciliación renovada en cada amor lo que le da su grandeza". Yo añadiría: "No te separes de nadie que tenga la deferencia de preguntarte: 'Queda un solo alfajor... ¿lo quieres tú?'". El próximo podría comérselo sin preguntarte.

¿POR QUÉ NO USAR LAS ENERGÍAS DE LA INFIDELIDAD PARA MEJORAR TU MATRIMONIO?

Toda relación extramarital demanda toneladas de energía.
¿Por qué?
A ver... ¿Recuerdas los esfuerzos que pusiste cuando empezabas a salir con tu actual mujer para garantizarte tu propiedad emocional sobre tu pareja?
Te explico: cuando alguien te gusta, no es tuyo, y no sabes si podrá serlo. Entonces, debes dedicar una cantidad exorbitante de energía en captar su atención, sostenerla, y demostrarle que vale la pena que ponga su atención en ti. Para eso, vas haciéndole llamadas, regalos, invitaciones a lugares originales, y te muestras deliciosamente interesante y generoso con esa persona, para lograr que se haga adicta a ti. Debes acompañar el proceso con un incesante sentido del humor, una billetera siempre abierta y toneladas de mensajes de texto diciendo

"Te quiero", "Te quiero mucho" y "Te quiero morder una oreja", etc. Si acostumbras al otro a tu contacto constante, no puedes aflojar con esa intensidad a riesgo de que el otro crea que has perdido el interés y se busque a alguien más. Por eso, los enamorados se vuelven pesados, obsecuentes y obsesivos uno con el otro. Y la perseverancia se premia... ¡con largas décadas de matrimonio aburrido! Lo que nos hace pensar que si la mujer prefiere mirar una telenovela y el hombre prefiere dormir la siesta en los ratos libres, es que quedaron los dos tan agotados de los esfuerzos puestos en el romance y el cortejo, que les lleva décadas reponerse de semejante trabajo agotador. Ahora bien, cuando después de tantos años de siesta y tele sientes que falta algo en tu vida, lo primero que se te ocurre es salir a buscar romance fuera de casa. Y un romance extramatrimonial lleva la misma energía y esfuerzo que has dedicado a levantarte a tu esposo o esposa, para enamorarlo lo suficiente como para que quiera salir contigo aunque estés casado, pero no enamorarlo tanto como para que te presione con que debes contarle todo a tu pareja. Pero estamos hablando de gente, no de termostatos regulables a gusto, con lo cual puedes dominar la situación solo hasta cierto punto: el otro puede reaccionar como se le dé la gana. Y esto produce una enorme cantidad de estrés, que te hará arrepentirte de no haberse comprado un parapente, en vez de andar seduciendo a terceros. A estas alturas ya serías campeón olímpico de parapente.

Otros megatones extra de energía se precisan para mentir, cambiar horarios, inventar excusas para no dormir en casa, recordar cada mentira, anotarla en una agenda si tienes mala memoria, quemar la agenda inmediatamente para que ella no la encuentre, desesperarte porque con la agenda quemada no recuerdas las mentiras que le has dicho, querer esconder las cenizas de la agenda quemada y no saber dónde, tragarte las cenizas porque no tienes donde esconderla, acabar con una terrible obstrucción intestinal por cenizas ingeridas... ¡y te quiero ver, explicándole al médico de urgencias qué hacen esas cenizas en tu estómago! A esto sumemos que la culpa te corroe a cada instante mientras dura el romance. Tan culpable te sientes, que ya no tienes fuerzas ni para atarte los cordones de los zapatos, y eso hace que te caigas por las calles y termines siempre en la guardia del mismo hospital, donde te ven llegar y dicen: "Ahí viene el imbécil que come cenizas". Y tú que querías tener un romance para levantar tu autoestima, acabas cayendo en el más hondo pozo de la indignidad.

¿Por qué entonces la gente que pone energías en los romances prohibidos no utiliza esa misma energía para mejorar su matrimonio?

Una terapeuta amiga me contaba que ella cada vez está más convencida de que la energía humana funciona por el sistema de los vasos comunicantes: la energía es una, y si sube hasta cierto nivel en un vaso, baja en el otro. No tenemos energía ilimitada. Ella me contaba el caso de una mujer que estaba mal en su matrimonio porque su madre era muy demandante. Cuando pudo decirle "basta" a la madre, y regular el tiempo que le dedicaba, pudo recomponer la relación con su marido, porque la energía dedicada a la madre pudo volcarla en su matrimonio. Del mismo modo, si pones mucha energía en un amante, es energía que le quitas a tu pareja. Pero si pones esa misma energía en tu matrimonio, todo se resuelve antes. Más vale enfocar tanto desvelo en la pareja estable que buscar algún perfecto desconocido a quien hacer feliz. Tu pareja sigue siendo un desconocido a quien puedes seducir, que tiene mucho más dentro de él que lo que últimamente nos quiere mostrar.

¿CÓMO EVITAR LOS CUERNOS?

Los cuernos siempre se evitan por un motivo: no echar a perder la buena relación que uno tiene con su esposo o esposa. Y para no echar a perder una buena relación, primero debes lograr una buena relación.

Hay cinco claves para conservar el amor para siempre.

1. Ser primero amigos y luego amantes.

    Esto sucede cuando aprecias más a tu pareja como persona que como objeto sexual. Por supuesto, si además es buen objeto sexual, puedes considerarte doblemente afortunada.

2. Ser mutuamente corteses y gentiles.

    Que estén casados no los habilita arrojarse cosas por la cabeza o patearle objetos cerca para que los levante. Las mínimas reglas de cortesía tienen que ser vigentes en el matrimonio durante toda la vida.

3. Preservar espacios propios.

    El pegoteo mata el amor y provoca insensibilidad. Lo que mantiene el romance vivo es, justamente, alejarse un poco de tu amor, verlo a la distancia, como hacen los artistas para retratarte mejor; así, seguramente lo verás mucho más favorecido. Esto enriquece a la pareja, demuestra que no hay simbiosis, sino ganas de seguir juntos. Es bueno sentir que el otro te falta. Si hay broncas, vete de viaje y, a la vuelta, otra vez todo será romance. Encima, tendrás temas nuevos para compartir. Si sigue la bronca, te vuelves a ir… ¡y acumulas millas!

4. Nadie está garantizado.

    Tienes que luchar por conservar el interés de tu pareja en ti. No hay repuestos cuando el interés se rompe.

5. Tener proyectos juntos.

    Si te propones metas a cumplir a largo plazo, lo más probable es que ambos se unan y no se separen hasta verlas logradas. No importa que no las hagan; con el sueño compartido alcanza.

6. Hacer el amor más seguido.

    Esto genera un pegamento extrafuerte con tu pareja, que ayuda a poder seguir juntos y calmados.

Los tres reactivadores sexuales

Una cosa interesante que pasa en la infidelidad es que, a partir del conocimiento de las relaciones extraconyugales del cónyuge, la satisfacción sexual puede aumentar debido a la gran carga erótica que esta situación posee, por dos motivos: el ambiente está cargado de tensión y peligro y eso siempre es erótico. Se han hecho estudios en países en guerra que muestran que cuando más sexo se tiene es durante los bombardeos, aunque sea para garantizar reproducir la especie cuando un peligro extremo la pone en riesgo. Además, siempre entran en juego las fantasías sexuales de qué habrá hecho el otro con sus amantes, y la competencia de probarle a alguien que uno en la cama es mejor que el otro. Platón decía: "Amar es dar lo que no se tiene a quien no es". También decía: "El amor es un estado intermedio entre poseer y no poseer", y esa sensación de "te tengo, pero no del todo" también es erótica porque incita al otro a "apropiarse" del ser amado a través del sexo. Saber que tu pareja buscó a alguien por sexo también te recuerda que él es un ser sexuado, y siempre es bueno enterarse de que tu marido no es tu hermano.

Si aún te interesa recuperar la relación con tu cónyuge infiel, hay tres potentes reactivadores sexuales que te hacen recuperar la pasión con él o ella.

- Que él sienta que puede perderte (no te tiene segura al 100%).
- Los recuerdos del pasado.
- Las ganas contagiadas.

Veamos caso por caso:

1. Que él sienta que puede perderte.

Si él cree que hay alguien rondando, que te está buscando, su instinto territorial hará maravillas. Por ejemplo, invítalo a una fiesta y vístete como un escote enorme y una minifalda que haga voltear cabezas. Y siéntate a hablar en el grupo de hombres. Cuando él vea que ellos te miran y coquetean contigo, le saldrá del alma eso de "¡Esta mujer es mía!". Y pensará: "¿Qué hago retozando con otra cuando estos se comen con los ojos a mi mujer?". Si te metes en alguna actividad llena de hombres –cursos de boxeo, aviación o electrónica– tanto mejor. Muchas veces, una infidelidad –real o imaginaria, y siempre que no sea confesada al cornudo– acaba uniendo a la pareja, porque, de golpe, se dan cuenta de qué bueno era lo que tenían juntos y qué terrible hubiera sido perderlo.

2. Los recuerdos del pasado.

Tú compartes con él algo que la otra no tiene: recuerdos felices. Solo es cuestión de recordarle las escenas pasionales o felices que tuvieron ustedes dos. Reavívale la emoción, mostrándole que a ti el tema te entusiasma. Toma la iniciativa. Está casado contigo. Su amante no. Tienes más derecho, más terreno y más posibilidades de reivindicar la relación, intentar llevarla adelante, lograr un proyecto junto. Lo tienes todos lo días cerca de ti. Solo tú puedes hablarle todo el tiempo y tal vez hacerle considerar algo. Por ejemplo, que permanecer juntos es lo mejor para los dos, desde el punto de vista práctico, financiero y emocional. No sabes en el lío que te metes cuando te divorcias y tienes niños. Divorciarse resulta carísimo: tienes que conseguir otra casa, otra cama, otro refrigerador, otro marido… ¡todo doble!

3. Las ganas contagiadas.

Si alguno de ustedes dos tiene una aventura con alguien y se enteran de que la está pasando muy bien, los ratones circulan por la cabeza, preguntándose: "¿Por qué no?". Por eso, los medios gráficos, las revistas y la tele están llenos de sexo: si no se los haces recordar, los olvidan… ¡y se extingue la especie humana!

¿CUÁNTO TIEMPO CUESTA RECUPERAR LA CONFIANZA?

Al menos un año. Raramente vuelve antes a la normalidad. También puede ser que uno llegue a olvidar antes que el otro, y el otro tiene que adaptarse a eso.

Mantener la sensación de que comparten juntos algo de intimidad es lo más vital para ambos.

Lo primero que tiene que hacer la pareja que quiere recuperarse de una traición es hablar para saber qué fue lo que incitó la infidelidad.

Como el diálogo es siempre complicado y puede ser conflictivo en este caso, lo mejor es dialogar con un sistema que impida que todo acabe a los gritos.

SISTEMA PARA DIALOGAR CON RESPETO

- Es importante acordar un momento adecuado para discutir temas importantes. Relájense y olvídense de las responsabilidades.
- Cada uno tiene que decir lo que siente sin ser interrumpido ni corregido por el otro. Cada uno tiene que hablar solamente de sus propios sentimientos y pensamientos, sin adivinar ni interpretar al otro.
- Después de hablar cinco minutos, debe permitir que el otro repita lo que dijo, para saber si fue comprendido bien.
- El otro debe demostrar si lo estuvo escuchando con atención.
- No hay que opinar mientras el otro habla.

- Tampoco puede hacer gestos, ni poner los ojos en blanco, ni mirarse las uñas, ni lanzar bufidos impacientes.
- Apenas comienzan los gritos o descalificaciones, hay que suspender todo y continuarlo otro día. La idea es expresarse, no echar cosas en cara.
- Prohibido decir "Tú eres", "Tú haces". Hay que comenzar todo con la primera persona del singular: "Yo siento", "Yo espero".
- No proponer soluciones demasiado rápido. Buscar la raíz de los conflictos antes.
- Quien no esté preparado para comenzar la discusión debe comprometerse a hacerlo más adelante. Esto permite aumentar la confianza en su pareja de que usted está dispuesto a abordar el tema y que no está tratando de evitarlo. Hagan una lista con las actividades que les gustaría compartir juntos.

Cada uno debe elegir al menos tres.
Comprométanse a satisfacer a su pareja en esas actividades escogidas.

- Las mujeres deben aprender a decir lo que quieren en lugar de asumir que sus maridos lo deben adivinar: "Estaría mucho más cómoda y contenta y cariñosa si hicieras..." o "Me da dolor verte hablando con otras mujeres".
- En vez de negar constantemente y descalificar los sentimientos del otro diciendo: "Estás loca, yo nunca coqueteo", decir: "Oye, ahora que sé que te afecta tanto, dame una señal cuando empieces a sentir que hago algo que te molesta".
- Empezar los diálogos con preguntas: "Sé que no quieres que mis padres vengan a casa en las vacaciones, pero quisiera saber... ¿qué es exactamente lo que te preocupa de ellos?".
- No dialogar si el otro está furioso.

CÓMO SER AMANTES DENTRO DEL MATRIMONIO

Ya hemos hablado de cuáles son los motivos de la infidelidad en hombres y mujeres. Pero no hablamos de las causas que hacen que una pareja sea fiel. Se sabe que a las parejas que tienen una vida sexual satisfactoria no les pasa por la cabeza tener aventuras con terceros. Cuando decimos "satisfactoria para ambos", no hablamos de una frecuencia determinada, sino la que los haga sentirse mimados a los dos, sea una vez por semana, por mes o por año, y con una calidad de sexo tan estimulante que les den ganas de repetir la experiencia... con su estimulante pareja. Y si me dices que tu marido es un caso desahuciado, eso no es cierto; hoy en día, hay yohimbina y sildenafil, que hacen milagros en el más reticente, amén de terapias para todos los gustos. Primero prueba tú, quitándote la crema humectante y la ropa interior deshilachada, por si las dudas...

¿Qué mejor que tener una vida sexual plena con tu compañero o compañera de vida? Todo lo que pongas en la relación sexual, no solo llevará a que tengan más ganas de sexo el uno con el otro, sino que hará que ambos se respeten y mimen mucho más fuera de la cama, de puro agradecidos y anticipando el próximo encuentro íntimo.

La mayor parte de las parejas casadas se dicen "mamita" y "papito" y evitan besarse delante de los niños, porque a los hijos les da asco y no quieren saber nada con tener papás mimosos... ¡qué peligro! ¿Y si siguen con los besos y acaban gestando otro hermanito que les rompa los juguetes y les coma sus caramelos? Esto es un error. Lo que no saben los niños es que a ellos mismos les conviene que sus papás se sigan tratando como novios sensuales. ¡Si no lo hacen, en menos que canta un gallo, los niños conocerán a una madrastra insoportable que los retará por poner sus zapatos en el sofá importado de seda blanca que ella le hizo comprar a su actual marido!

Cuando alguien me dice que por su marido no siente ya nada, y que solo está obsesionada con su amante, yo me río. Porque nada de eso es totalmente cierto. Nadie se casa con alguien por quien no siente nada, y si esa mujer sintió pasión por ese marido que ahora ignora, puede recuperar la pasión. Así como uno puede enfriarse por el marido y calentarse con el amante, el proceso inverso es totalmente factible y es una decisión personal. Basta decidir intentarlo.

Cuando un hombre me dice que quiere serle fiel a su mujer, pero no puede controlar sus impulsos salvajes hacia las otras, también me río: ser infiel es una decisión. No existen los impulsos incontrolables. Uno puede, si quiere, sacar el foco del deseo de la amante y enfocarlo en su esposa, para verla como objeto de deseo sexual. Cuando deseamos a alguien apasionadamente, le ponemos atributos imaginarios que quizás no tenga. Podríamos hacerlo a la inversa: discutir con la amante, verle solo los defectos, imaginar que pide dinero y que huele a cebollas... ¡Mira qué divina es tu esposa a su lado!

No hace falta que nos quitemos al amante de la cabeza. Cuantas más fantasías locas tengamos con terceros, mejor para nuestro cónyuge (y que queden solo en fantasías).

Una actitud sensual ante la vida es empezar a apreciar con gusto tu cuerpo. Acaricia, abraza y baila, para sentirlo más tuyo y fácil de compartir. Toma tú la iniciativa del sexo y dile cómo quieres hacerlo. Si esperas que adivine que te da placer, estás frita: ningún hombre adivina nada.

No hagan el amor buscando proezas, como que siempre haya un orgasmo, o siempre sea fantástico. Díganle que no al sexo competitivo o de desempeño e intenta que estar simplemente abrazados sin apuros sea un placer compartido. Quita el televisor de la habitación: la tele mata el sexo. No tengan camas separadas, por mucho que el otro patee y te deje sin frazadas. Duerman juntos, abrazados y desnudos. Si hace calor, prende el aire acondicionado. Siempre conviene que la habitación esté más fresca, para que den más ganas de entrar en calor juntos.

Tener hijos no debe ser un atentado a tu vida sexual; dales de cenar temprano, métselos en la cama y ustedes dos vayan a la cama con un simple picnic de un par de sándwiches y una botella de vino, y cierren la puerta con llave. Y cuidado con el alcohol: puede hacer soltar, pero también puede inducir al sueño o dificultar una erección, igual que la marihuana u otras drogas. Sean egoístas en la cama, y disfruten explorando el cuerpo del otro, como quien juega al doctor. Descubran si en estos años juntos les han cambiado los gustos y ahora ella se deja tocar donde antes no quería, o él se anima a una postura que antes ni pensaba. Experimenten cosas nuevas como si fueran comidas distintas. Y si no les encanta, prueben con otras. Sean aventureros.

Prefieran siempre hacer alguna actividad física, como caminar, trotar, andar en bicicleta, antes que ir al cine o ver un video. Está demostrado que cualquier actividad que acelera las pulsaciones cardiacas produce endorfinas y estimula las ganas de tener sexo y eso a su vez te adhiere más a tu amorcito. Por eso, tantas mujeres se van a la cama con su profesor particular de gimnasia. Sudar y agitarse juntos es sexi.

Tengan sexo fuera de casa. Contraten una niñera y vayan a un hotel: todos parecemos distintos en otra cama. Es sexi cambiar el entorno o estar juntos donde nadie más sabe que estamos. Hagan cosas traviesas en público. Hagan memoria. ¿Qué les calentaba cuando eran novios? ¿Tocarse en el cine? ¿Hacerlo en el auto? ¿Tocarse delante de terceros? ¿Intentarlo en el ascensor, o en la playa, detrás de una sombrilla? Saber que podemos ser descubiertos le pone adrenalinas extras a la cosa. Tóquense en una piscina o en el mar. Sean traviesos sin ser exhibicionistas. Que tu marido se asombre de lo atrevida que puedes llegar a ser. Que tu esposa se sorprenda de que no puedes esperar a llegar a casa para quitarle la ropa. ¡Anímense otra vez!

Otro truco para recuperar la pasión es pensar en el "rival fantasma".

Piensen en que su pareja, así como es, con sus defectos y manías, puede llegar a ser la persona ideal para algún soltero o divorciada que anda suelto por ahí, buscando compañía. Es decir: podrías perderlo en garras de cualquiera apenas lo descuides. Hay mujeres que quieren un hombre, cualquier hombre, y estarían felices con tu gordito. Hay varones que querrían una mujer, cualquier mujer, y estarían felices con la tuya. Pensando esto, trata a tu pareja como si no fuera tuya, como si acabaras de conocerla y como si te viniera muy bien tener una aventura con él o ella. Y haz todo lo que piensas que haría otro para levantárselo. Sonrisitas, demagogia, caricias en la nuca, halagos, masajes, piropos seductores, intensas miradas a los ojos, alcanzarle un sándwich mientras está trabajando, quitarle una miga de los labios… ¡Cualquier cosa que haría otra para levantárselo y que le haga sentir que lo tienes en cuenta! No esperes tener ganas de seducirlo: las ganas se hacen.

¿Que estoy convirtiendo un matrimonio sano en una pareja de sexópatas? No, ni siquiera es el sexo lo que cuenta aquí, sino el hecho cotidiano de acercarnos al otro, pensar en el otro, disfrutar juntos, calcular qué le agradaría al otro y sentirlo un aliado en la vida. Es eso lo que mantiene a las parejas unidas: acumular vivencias íntimas hermosas hoy, para recordarlas juntos en el futuro. Es el cemento del amor a largo plazo.

PONTE DE NOVIO CON LA VIDA

Hay tres cosas que nos arruinan la vida: el miedo, la baja tolerancia a la frustración y querer saber qué le pasa al otro.

El miedo te paraliza y te impide probar cosas nuevas. No te deja lograr tus sueños, porque no te animas a probar lo que deseas. La baja tolerancia a la frustración te impide disfrutar de la vida y recuperar el amor. Tienes tanto miedo a intentarlo y fallar, que prefieres no intentar nada. Y por supuesto, la mejor manera de no conseguir nada es no intentar nada. La otra traba que tenemos es que la mayoría de las personas se preocupan en saber qué le pasa al otro, qué quiere su pareja, qué planes tiene el otro… en vez de preguntarse qué quiere él mismo.

Y tratando de ver qué efecto logran en el otro, siguen con una pareja en la que no están a gusto con tal de no quedarse solos. Así, muchas personas se van quedando en relaciones solitarias, con parejas con quien no pueden hacer proyectos[3].

¿Cuál es el problema central de aquellos que buscan amor y encuentran indiferencia? Que no se buscan un amante. Un amante es alguien que te da placer, energías y alegría, y que cree en ti. Un amante es alguien que te cuida, y en quien confías, alguien cauteloso y responsable. Un amante no te hace llorar. Un amante es alguien que primero, y antes que nada, es tu amigo del alma. Si después hay sexo, es por añadidura. Un amante no te resuelve tu vida y no debe ser responsable de tu felicidad. Todos debemos buscarnos nuestras fuentes propias de placer: una actividad que nos apasione, un diversión que nos haga sentir que el día vuela haciendo lo que nos gusta, un trabajo que nos haga sentir útiles y competentes, un deporte que no quisiéramos que se acabe jamás, una vocación que te defina y que te haga saber quién eres, aquello que amas hacer... ¡Eso es lo que debes buscar; no una pareja que te anime la existencia! Para animarte la vida, es más fácil y barato que contrates un payaso o un grupo de mariachis.

De tanto esperar "quién me haga sentir importante y feliz", muchas personas olvidan que cada uno es responsable de encontrar qué lo motiva y le da sentido a su vida, qué hace su existencia interesante y trascendente. Insisto: esto puede ser la docencia, los viajes, la decoración, ayudar a otros, juntarte con amigos, un deporte, criar gatos... ¡cualquier cosa que te haga levantarte a la mañana con ganas de seguir haciendo lo que te apasiona! Hace poco, escuché decir del actor Robin Williams: "Le gusta tanto trabajar que no quiere volver a su casa". Es por eso que lo vemos en mil películas; porque es un apasionado de su oficio. Búscate algo que te guste tanto hacer, que no quieras volver a casa.

---

3 Testimonios reales en mi *blog ¿Qué soy para ti?* En http://quesoyparati.blosgpot.com.

Hazte amigos entre personas que compartan tus intereses, recupera amistades del pasado y rodéate de personas que te apoyen y acompañen, para que no acabes eligiendo a personas equivocadas solamente por salir de la soledad. Los seres humanos son gregarios y si usas desodorante, están dispuestos a recibirte en cualquier grupo. Solo después de sentirte una persona completa, busca a quién amar, que no será alguien que te haga feliz –pues ya lo eres–, sino alguien con quien compartir tu buena vida.

Helen Gurley Brown, la mítica fundadora de *Cosmopolitan*, dice que tu trabajo tiene que ser tu gran amor, porque es lo que te da más satisfacciones y te devuelve el empeño que pongas en él: jamás te falla ni te engaña.

Si te haces amante de la vida, ella te lo retribuye con creces y no te engaña jamás.